執拗的低音

一些歷史思考方式的反思

（增訂本）

王汎森 著

商務印書館

執拗的低音

責任編輯　韓心雨
裝幀設計　郭梓琪
排　　版　肖　霞
責任校對　趙會明
印　　務　龍寶祺

執拗的低音——一些歷史思考方式的反思（增訂本）

作　　者　王汎森
出　　版　商務印書館（香港）有限公司
　　　　　香港筲箕灣耀興道 3 號東滙廣場 8 樓
　　　　　http://www.commercialpress.com.hk
發　　行　香港聯合書刊物流有限公司
　　　　　香港新界荃灣德士古道 220−248 號荃灣工業中心 16 樓
印　　刷　美雅印刷製本有限公司
　　　　　九龍觀塘榮業街 6 號海濱工業大廈 4 樓 A 室
版　　次　2024 年 12 月第 1 版第 1 次印刷

　　　　　ISBN 978 962 07 6761 6
　　　　　Printed in Hong Kong

目　錄

香港版序

2024 年訪問香港大學期間，香港商務印書館的韓心雨來訪，從她的談話中，我才回想起十年前（2014）《執拗的低音》初版出版時，香港商務的毛永波總編輯曾經來信要求授權。我當時因為事忙，所以曾請秘書答以「再覆」，沒想到這一「再」字，完全被我忘諸腦後。如果不是韓心雨示我當年的電郵，我已完全忘了這件事。

香港商務有意出版《執拗的低音》香港版，我一再提醒他們，可能會賠錢，但他們仍感興趣。既然如此，我也決定一方面加入兩篇新文章，一方面寫一篇短序，說明我的若干想法。

「執拗的低音」這系列演講來自於我內心非常深沉的感受。有很長一段時間，我一直被某種奇特的情緒所困擾，而我認為解決這些困擾的方法，應該是更寬闊的思想資源，而這些資源有一部分在過去百年中被啟蒙運動自覺或不自覺地從我們的日常生活中驅離了。這個小小的起點，促使我比較深入地考慮幾個問題。

第一，近代泛啟蒙、泛線性的思想，如何重新「編派」中國的歷史文化，而使得我們的人生資源只有一個淺層。我希望透過一種方法論的反思、了解潛流，或被壓抑、邊緣化的層次。第二，「歷史的層次」（layers of history）的問題。是甚麼使得我們忽略了歷史或思想是以不同層次、多元競合的方式前進着。第三，我深深困惑於「後見之明」所形成的「倒溯建立」的歷史——通常是有了眼前這一幕戲，再回頭去編此前的各幕戲，一直到片頭。這種「後見之明」式的歷史觀，或是誤以為人們可以隨時應用無限理性，誤以為歷史上的人隨時都是「知曉全局」地生活着，「未來」對他們而言並不是一個「或然率」的問題等，以及因為忽略了這些因素，使得我們所知道的歷史，往往與當時真正發生的歷史有相當的出入，而使得歷史對於我們沒有教訓。

以上是多年之後，我對「執拗的低音」各講背景的回憶。這本書出版之後，我在《思想是生活的一種方式：中國近代思想史的再思考》等文字中，乃至最近剛發表的慶祝歷史語言研究所 95 週年的〈「由下而上」的思想史〉文章中，也多少延續了其中的問題意識，這種延續往往是不自覺的。最近我偶然重閱一本學生時代讀過的書，發現其中一處的眉批，居然與上述關懷若合符節。

我為這個增訂本增添了兩篇文章：第一篇是前面提到的〈「由下而上」的思想史〉，它補充了我對「layers of history」的想法；第二篇是我為《執拗的低音》日文版所寫的長序，其中補充了關於「風」的若干想法。

最後，我想強調一點，我們不能「滿眼所見只有現在」，我們的資源是一個無限的縱深，而這個縱深之有無，決定我們是否能從「滿眼所見只有現在」的觀念解放出來，這也是本書關心的重點所在。

王汎森

2024 年 5 月 1 日於香港大學

初版序

2011 年 3 月，我應復旦大學之邀，擔任光華講座，進行四場演講。當初即言明講座的成果要集結成一本書。我最初的計劃是在講完之後，好整以暇，慢慢地將四篇文章寫出；然而演講之後，我雖曾寫過幾章，但是也有一部分只能退而求其次修改錄音稿。所幸復旦大學歷史系的博士生錢雲程度很高，提供了很大的幫助。這個講座的主題，實際上是我在接受復旦大學邀請時突然跳出腦海的。我當時覺得手中正在做的幾個研究，及一些對史學研究的視野及方法論的關注，似乎都指向同一個方向，即「執拗的低音」。

一

何謂「低音」？由於這個書名是後起的，所以我採取的是非常寬鬆的定義。最初的設想只是想重訪近百年來被新派論述所壓抑下去的聲音，但是後來我決定將被忽略而仍具有重要性的思維方式、觀念等也包括進來討論。本書所說的「低音」大致是四個層面：一是省視被近代學術及思潮一層又一層複寫、掩蔽、遮蓋、邊緣化，或屬於潛流的本質要素。二是對歷史研究而言，「創造性轉化」與「消耗性轉換」的同一性，以及這種同一性導致歷史研究產生「意義倒置謬誤」的現象。它還包括一些無所不在的學術框架，一些無所不在的假設 —— 假設西方是普遍的，中國的歷史是個案的。三是方法或視野上面的問題，譬如「後見之明」之類的思維如何影響我們的史學。[1] 四是一些長期以來被認為具有永恆性，在近代卻被長期忽略的主題。

一個世紀以來，關於新舊思想的爭論，大部分都把「史實的重建」和「價值的判斷」混在一起。新派人物因為鄙棄保守派人物的思想，對他們的學術觀點也一概否定。保守派人物也常常反過來做同樣的事情。對於一個歷史學者而言，這兩者都不是健康的態度，值得重訪。當然這兩者之中，又以前者的情形更為嚴重。這一百年來，新派逐漸成為主流論述，舊派對於歷史文化的看法卻因其思想保守，而常常被連帶地掃到歷史的邊緣，跌入被

1 談「後見之明」處有一部分原以〈對思想史研究的若干考察〉一文刊在《王元化先生九十誕辰紀念文集》(上海：上海文藝出版社，2011)中，因與題旨相關，故收入本書第一講〈執拗的低音〉中。

否定或隱蔽的層面。

在這裏我要強調幾件事：第一，我個人的研究主題之一便是中國近代的新學術，我深深相信近代學問的進步，仍然以新學術之建立為主。譬如用西方嚴格的語言學知識對中國傳統的語言音韻學做出的創新，或如胡適（1891—1962）所說：「治國學必須要打破閉關孤立的態度」（〈《國學季刊》發刊宣言〉），就是非常好的例子。第二，作為一個史學工作者，我這次演講是從歷史研究的角度出發。在追求歷史真相的過程中，所有用得上的資源都是有益的，不管中西，也不管新舊。第三，我認為近代思想在發展過程中所造成的一些學術上的偏蔽之處，是到了應該「重訪」的時候。現在將這些問題解放開來，重新加以省視，是一個有益的方向，進而改變過去趨於兩個極端的舊視野。採取開放的態度，也有可能獲得新的現實資源。第四，不了解「低音」，就不能真正了解「主調」，而且「低音」常常是可以輔助「主調」的。

新學的震盪其實是幫助人們「重訪」歷史。比如經過古史辨運動之後，出現了「疑古」、「釋古」、「考古」三派。如果沒有經過激烈的「疑古」，恐怕「釋古」、「考古」都不可能出現，不會注意到要先把先秦史書中的記載提起來抖一抖，再放下來重估其價值。沒有經過一番震盪，不可能平情地「釋古」、「考古」。現在很多人又毫不別擇地走回到「信古」，那也不是我的態度。舊派有可能因為太受仁義道德或「聖道王功」的影響而被嚴重地遮蔽，也可能處處為了把中國歷史傳統說成與西方相異，而掉入另一個陷阱，或是為了表示西方近代所有的，中國古亦有之，而反模仿了西方的近代，形成另一種扭曲。我的意見是要「重訪」，但不是要不經研究地復古，而是重新了解它的「正形」（套用傅斯年〔1896—1950〕在〈赤符論〉未刊稿中的話）—— 雖然這是不容易達到的。我的理解是人們往往要經過幾度類似現象學的還原工作之後，才能重新去掌握歷史文化的「正形」。

我之所以想要談「執拗的低音」，一方面是希望能檢視被近代激烈思想壓下去，或複寫，或不斷擦拭之後殘留的文本，或是被暫時淹沒的觀念，同時也意識到，要檢討近代保守派的論述。事實上許多人因為反對新文化，而弔詭地「反模仿」西方，也就是說認為凡與西方或新文化相反的那一面便是中國傳統文化之本質，但事實上是以與西方或新文化相反的思維來定義傳統。所以我想像中的「重訪」當然也包括這一面。

因此本書中所宣揚的是陳寅恪（1890—1969）所說的「與立說之古人處於同一境界」（〈馮友蘭《中國哲學史》上冊審查報告〉），為了做到這一點，本書所提倡的是「加法」，而不是「減法」，更不是退縮法 —— 我不是要退縮回近代以前的舊論述，而是要在新史學所奠定的基礎上進一步求索，所以既不是「第一種」（趨新），也不是「第二種」（守舊），而是改變視野成為「第三種」。換句話說，正賴有近代的各種新學術的成績，我們現代人才有可能真正做到「重訪」。要真正把握「低音」，不是靠退縮回到過去，而是需要用世界上所有用得上的學問才可能撥雲霧而見青天。

二

從事歷史研究的過程中，我發現「時間序列」的問題變得非常重要，而它包括了許多方面。

第一，我注意到創造轉化本身的消耗很大。當我們回過頭去看，會發現有些東西沒有被表述和彰顯，有些東西慢慢成為低音。例如梁啟超（1873—1929）說：「學案者，學史也」，這個說法當時風靡一時，被認為是對學案的新看法。可是現在回頭去看，梁啟超把生命的哲學轉化成為學術史後，其實把宋明理學中觀照生命的部分去掉了，很多東西都看不見了，只是在那裏尋求抽象的理論，這就是一種「消耗性的轉換」。

第二，「後見之明」作為一種歷史思考方式時所遇到的困難，以及我們在作歷史解釋時往往會設想歷史人物是處在「無限理性」的狀態下；我們該如何重新了解「風」，以及這種史學思維可能為歷史研究帶來何種新養分；又如在新史學中，「歷史」與「意義」如何分道揚鑣，以及這一問題為何總是揮之不去。

第三，歷史中的行為、事物之間的關係，很難用我們目前的詞彙與概念完整描述。譬如歷史上兩種文化交遇時的關係，常如兩種不同顏色流質的互相暈染，可是現在好像沒有足夠的詞彙可以狀寫。古代的歷史、文化也是一樣，其中有許多複雜的情狀，恐怕不是我們現代的學術語言所能充分表述。更何況，我們所使用的許多學術語言是從日本或西洋次第借來的新詞彙或新觀念。這一百多年來，我們對知識的了解、定義、詮釋、範圍，大多是跟着新式教科書走的，就像突然一陣風吹來，人們的思維世界悄悄轉換成教科書或其他新書中的新定義、新概念，此後大家相沿而不自知，幾乎不再意識到其中有一個很複雜的歷史過程。

第四，我們的思維世界受到近代西方思潮的洗禮後，經歷了如大海潮般的變化，使得我們看待事物及資源之態度，有了一種深刻的轉變，譬如線性進化歷史觀的影響。在這些新的思維框架下，往往認為只有最當前的、最科學的、最進化的，才是最正確而有價值的。[2]

第五，主流論述研究的重要性當然不在話下，但我認為現在的我們也應該要注意到主流之外有第二、第三層次的潛流。我們觀察一片樹林的林相時，也必須注意大樹下面樹根的活動。主流

---

2 這好比在我們眼前有兩家書店，一家新書店，一家舊書店，新書店只賣最近出版或長銷書，舊書店賣的是過去六、七十年出版過的書，這兩種書店合起來才可能提供我們比較充分的參照資源。

與非主流的種種層次常同時疊壓在一起，形成競爭狀態，這裏面還有很複雜、很精微的相互依存關係。主流上升為主流的過程，往往有幾個層次的競合關係。因為我們習慣只見到主流，沒能用主流所能接受的語言來描述其他複雜的存在。我們對長在地上的樹很了解，兩棵樹可以看來毫不相關，可是我們忘了下面的樹根可能糾纏在一起了。[3]

三

重訪執拗的低音，也是在尋找多元的資源。「資源」是資源庫中的東西，是供選用的，而不一定就是一個確切的答案。就像我們住飯店，不必從一號房間開始住，下次住二號，再下次住三號。有用的資源，不是一個一個前後排隊般地發生關係，而是開放性的，充分承認歷史工作對古今思想資源的開發及對思想資源的意義，而不是認定只有排在最當前的這一個才有現實意義，或是只有被打扮成與排在最當前的這一個一模一樣的歷史與思想，才具有現實意義，那麼歷史或思想史的工作將會豐富我們現實生活的資源。若我們想了解古代人物的狀態，則必須要設法與他

3　此處是用布希亞（Jean Baudrillard, 1929—2007）「地下莖」（rhizome）的觀念。

們處於同一境地，不能只套西方的理論。我們應把西方歷史個案化、再普遍化，把中國的歷史文化個案化、再普遍化，在交復往返的過程中，得到新的理解與新的資源。

做完這四場演講後，有一位歐洲漢學界的朋友告訴我，他認為「低音」的問題，應該牽涉到三個層次，也就是「史實的建立」、「價值的參照」及「低音事實上可能才是真正的主流」。我並不完全認為低音才是真正的主流，但是同意前面兩者，也就是前面提到的，在重訪之後，使得新、舊各種學術資源成為並置的、多元的、開放的資源，而不是簡單地認為最新的、西方的學術見解才是唯一的、真正有價值的見解，所以這種類似現象學的還原工作是一個解放。[4] 這樣做並不是要取代主流，而是想要提升資源的多元性。那些舊的、糾結不開的新舊文化之爭，應該隨着時代而新陳代謝，重訪的工作則能豐富我們對歷史文化的了解，同時也豐富今天的思想資源。

在演講中我也提到，西洋思想史上有過一些類似的例子。列奧・施特勞斯（Leo Strauss, 1899—1973）覺得，十八世紀以來，

4 我一向認為同一時間的歷史發展是由多個層次構成的，有些是主調，有些雖然存在，卻成了低音。我們今日需要對這些「低音」進行「重訪」的工作，從問題遮蔽的那一面看主流與邊緣的分叉點。日本地震後所導致的核能危機，讓很多人想到，美國在上世紀六十年代也曾經考慮要用熔鹽（molten salt）發電的方法來解決能源問題。現在慢慢有人想回到六十年代的那個分叉點，看看究竟是為甚麼岔出去了，並想了解熔鹽發電是不是一條新的出路，這便是一種「重訪」。

西方受到「科學主義」與「歷史主義」的影響，忽略了古希臘、羅馬文本的許多深義。而維科（Giambattista Vico, 1668—1744）為了了解為笛卡爾（René Descartes, 1596—1650）著作遮蔽的人的複雜性，花了二十多年的時間去了解古希臘羅馬。又如皮埃爾・阿道（Pierre Hadot, 1922—2010）的 *Philosophy as A Way of Life* 認為，現代人對古希臘哲學的研究，其實加上了太多後代的框架，經過幾度抽離，那些帶有生命實踐的部分被遺忘了。經過阿道的重訪之後，我們更能把握希臘羅馬哲學中精微的複雜性，就像維科擺脫笛卡爾思維的影響，發現了古希臘思想中很多後人感到陌生的資源一樣。又如諾貝爾獎得主阿瑪迪亞・森（Amartya Sen, 1933—）的《倫理與經濟》中對亞當・斯密（Adam Smith, 1723—1790）著作中「自利」與「競爭」觀念的探討，發現亞當・斯密對這兩者的主張都是有分寸的。透過阿瑪迪亞・森的重新審視，我們了解資本主義原來所聲稱的不是那麼簡單，則我們在考慮人類今天的經濟行為時，便可以有一種新的視野。但究竟如何取捨應用，就不是歷史學者所能全然置喙的了。

最後我們要問的是，究竟解決當今人類困境的資源，只有當今西方的主流思潮，還是可能加上其他的資源？我時常感覺，「近代性」標榜多元化，但近代思想界的情狀卻顯得單元化。這個現象學還原式的「重訪」工作可能開啟了禁錮，顯豁潛流，使我們的思想資源多樣化、豐富化，能得益的不只是歷史解釋，它也可能開闊了現實價值的參照資源。那麼我們的價值世界就不再只是單線的、扁平的。

我必須強調，我從未改變我對近代新學術與新思想的前驅的敬意。文化不斷向前發展，新價值不停地創造出來，這是必然的事情，所以我不是在宣揚簡單的復古。我知道有一種富含政治性的復古思想正在崛起，有很多研究很強烈地希望朝着政治、國族崛起的方向發展。不過我希望我的演講，不要跟這個趨勢劃上簡單的等號。我一直認為，我所談的這些「重審」的工作有一個前提，即未經過現代學術之洗禮，則所有學問不可能有進境，用王國維（1877—1927）的話說：「中西二學，盛則俱盛，衰則俱衰」（《國學叢刊》序），如果不經近代西方之一番震盪，對很多層面是視而不見的，沒有經過西方學說的引會，許多地方不甚清楚，或是雜亂無章，無法很有條理地表述等，不一而足。西方的理論、資源，常常能夠幫助我們好好了解古代歷史，而不一定會跟我們「重建」的目標互相排斥。例如李宗侗（1895—1975）先生寫了《中國古代社會新研》，還翻譯了《希臘羅馬古代社會史》，先不論他說的對不對，但他引用希臘羅馬社會中「家火」的觀念來解釋中國古代社會，的確為中國上古史的研究開啟一個新的面向。如果沒有對古希臘城邦的深入了解，他就看不見中國古代史中的那一面。

最後我想再次強調，這本書原本規劃是演講集，但我一直想把它發展成論文集。然而最後因為時間所限，不能一一寫成論文，所以只能以現在的面目見人。因為是演講集，所以論點比較寬鬆，註腳也做得很少。在編輯的過程中，我加入兩篇文章做為附錄，分別是〈傳統的非傳統性〉（簡體字版《章太炎的思想》之導論）及〈時代關懷與歷史解釋〉（刊於《古今論衡》第 23 期）。另外，《上海書評》中有一篇我與葛兆光兄的對談錄（〈尋找「執拗的低音」〉），亦請讀者參考。

最後，我要感謝一羣朋友。復旦大學的葛兆光教授、錢雲同學，尤其是葛兆光兄提出了這個邀請，並親自催稿，我要在這裏特別謝謝他。此外，也要感謝復旦大學的章清、周振鶴、陳思和教授在我演講期間為我主持講座，並提供了許多幫助。中研院的蕭高彥教授、林勝彩博士，北京師範大學出版社的譚徐鋒先生，台灣大學歷史所博士生陳昀秀等，以及許多在講座過程中促成、幫忙的朋友，沒有他們，這本演講集是不能成書的。

執拗的低音

一些歷史思考方式的反思

「執拗的低音」是日本上一輩思想史大師丸山真男(Maruyama Masao, 1914—1996)在他的兩三篇文章裏出現的題目。

我最初是注意到他所謂的「古層」理論,也就是指日本思想中最底層、不太變化的部分,後來我發現他的「古層」之外還有一個「執拗的低音」。因緣際會之下,我又看到葛兆光兄寫的一篇〈思想史研究的他山之石〉,介紹丸山真男的思想史方法論,也提到這個問題。因此「執拗的低音」便時常出現在我的腦海中。現在因為這個機緣,我把它拿來作為講座的總題。

我是以史學的角度來做這個演講的。事實上,是想與各位分享一些問題、困惑,特別是面對史學的態度,而並不是有甚麼真正的解答。在這裏談「低音」並不是在提倡「復古」或者是對傳統模式毫無保留的回歸,我所要說的是一種「重訪」(revisit),重訪許多在近一百年被新思潮壓抑下去的學術論述，重訪許多被忽略的面相，重訪一些基本的問題，重訪一些近代保守主義者為了回應新派所作的過當的扭曲，重訪近代主流論述形成之際發生重大分歧的過程等。我們回顧近代，常常忘了在過去一百年新思潮及反新思潮主導之下，被擠到邊緣的歷史及文化論述，忽略了它們是不是還有被重訪、再審的價值？這些邊緣或低音是否可能成為重要的資源？

要重訪的想法事實上在我腦海裏迴蕩了很多年，但一直沒有機會陳述。事實上這次演講的內容，包括第三講「王國維的『道德團體』論及相關問題」，還有第四講「『風』—— 一種被忽略的史學觀念」，都是這幾年來一直在思考的問題。

我之所以決定將盤旋腦海多時的想法整理出來，還有一點個人的因素。幾年前，我生了一場小病，在那之後突然發覺，幾十年來我對宋明理學中與「心體」有關部分的了解，可能值得再思。我發現我們應該回到清末以來新派之說全面勝利之前，了解當時人怎麼想這個問題，包括後來影響大局的「主流論述」如何形成，看一看有沒有可以重新梳理的地方。所以我一再強調自己的立場是要重訪這些「低音」，了解它們能否提供一些有價值的線索，來幫助我們的歷史研究，同時也提供一些可能的資源。

在過去一百年，全盤西化或反西化的論述，已經被反覆討論過無數次了。可是在尋尋覓覓之際，我們忘了當時競爭性的論述的極端化傾向，一方面是傳統或保守派學者對古代歷史文化的了解，被新思潮擠到一旁或是完全消失，另一方面是不少舊派人士為了對抗新派，而陷入另一種沒有生機的極端。

一、事實的釐清與價值的宣揚

在進入討論之前，我想先說明一點：在很長一段時間裏，對「事實的釐清」與「價值的宣揚」的混淆不分，造成人們錯誤的認知。簡單地說，因為看不起某些學者的思想，連帶也看不起這些學者的學術見解。

「價值的宣揚」與「事實的重建」這兩件事在古代並未特別分開，但是在近代中國新學術興起之後，可以明顯看出其日漸分離的趨勢。但另一方面，不管新派或舊派，往往在「價值」揚抑的同時，把「事實」的部分也貶入歷史的邊緣，或從此不再出現在人們眼界之內。一旦新思潮當道，舊思想的承擔者及其所抱守的學術見解，也同時成為被攻擊的對象。同樣地，舊派人物對新派人物不滿，也傾向於否定他們的學術見解。

比如馬一浮（1883—1967）先生的《泰和宜山會語》裏一再強調，「六藝」的分類已經包括所有分類了；現在的學科不管是物理學、化學還是心理學等，都不能超出六藝的分類，這當然不符合今天的認知，但如果要了解古代六藝所指為何，馬一浮的話還值得我們重審。但可能有許多人認為馬一浮思想如此陳舊，所以連帶也覺得他對古代六藝觀的了解完全不值得一提，但實情未必是如此。我指的就是這一類的反思，要把「價值的宣揚」跟「事實的重建」作某種程度的切分，再回去重審歷史。

在這裏我還想舉幾個例子。例如，政治哲學家列奧・施特勞斯（Leo Strauss, 1899—1973），他的著作這些年翻譯得非常多，我是個歷史學者，當然不算是最深入了解他著作的人。不過因為我過去在寫〈權力的毛細管作用 —— 清代文獻中「自我壓抑」的現象〉一文時，曾經參考他的 *Persecution and the Art of Writing*，這本書主要是在講政治或宗教壓力下的寫作。施特勞斯認為包括斯賓諾莎（Baruch de Spinoza, 1632—1677）的《倫理學》在內，都是秘密地應付外面的壓力 —— 不管是政治還是教會的壓力下的寫作。他說許多名著裏面有各種非常秘密的寫作方式，如果不留意外面這些壓力，便不能了解包括斯賓諾莎的《倫理學》在內的許多文本。

施特勞斯另外還有一本《甚麼是政治哲學？》（*What is Political Philosophy?*）也是個有意思的例子。他認為西方十九世紀以來詮釋希臘、羅馬的古典政治哲學時常有扭曲。從十九世紀起，有兩種思潮席捲了歐洲思想界，而研究古希臘哲學的學者被其影響而不自知。這兩種思維，一個是歷史主義，一個是科學主義。而秉持上述態度去解釋古希臘政治哲學時，有意無意間形成了許許多多的誤解。

施特勞斯認為，第一，歷史主義使得所有事件都從相對化的角度來看，因為歷史主義裏面有一個很重要的概念，所有歷史事件都是個別的、一次性的，它們分別和上帝直接相關，故對事情抱持相對化的看法。施特勞斯則認為政治哲學這門學問裏面如果沒有價值判斷，它的基礎就不存在了。他認為如果要好好了解古希臘政治哲學的話，一定要了解西方歷史主義對它帶來的無所不至的影響，而使得十九世紀以來的西方政治學家，尤其是研究古希臘、羅馬的政治學家，忘了古希臘、羅馬政治哲學裏有清楚的價值判斷這個事實。第二，同時也要了解十九世紀以來強大的科學主義滲透到每一個角落，使得人們回頭去看古希臘、羅馬，尤其是古希臘政治哲學時，往往都滲透了科學主義的影響而不自知這個事實。

施特勞斯提到，另外還有一種態度是不願意把政治哲學當做整體性來思考，而只願意對其中幾個單點作深入問題性的分析。他認為這是違反古希臘跟羅馬，尤其是古希臘哲學的重要特色，如果沒有重訪十九世紀之前人們對政治哲學的解讀，包括當時人們對古希臘哲學的註釋，將不容易看到剛才所講的那些層面。總之，施特勞斯希望人們以新的方式去解讀古希臘、羅馬的政治哲學，以求獲得新的了解，並開發新的政治思想資源。雖然施特勞斯所說的不一定都有道理，但值得我們省思。

另一個我想舉出的例子，是皮埃爾・阿道（Pierre Hadot, 1922—2010）的《哲學是作為生活的一種方式》（*Philosophy as a Way of Life*）。阿道認為古代哲學思想適切於日用人生，後人講哲學則是抽離日用人生。他說古代希臘哲學家不是為了要構建純思維系統，而是要將思想放置於日常生活的實踐中，也就是說他們注意到哲學的「living praxis」—— 我譯為「日常生活的面向」。阿道說十八、十九世紀以來對古希臘哲學的解釋，往往忽略了古希臘哲學不是一套抽象的學理，而是一種生活的方式，不管它談的是物理學、宇宙論、數學、自然論，所有這些東西事實上都跟生活方式有關，而不是要經過幾度抽象化之後成為一種純哲學的辯論。

阿道還提到口傳在古代的重要性。書寫則被口傳的形式所宰制，目的是為了方便再度口傳，所以口傳具有優先性。這與我們今天認為書寫、印刷優於口傳的想法剛好相反。如果我們不了解這一點，回去看古代希臘就會有所偏差。

阿道又說：「哲學化是為了學會如何對話」（To philosophize is to learn how to dialogue），所以對話的形式是非常優先、非常重要的。另外，精神的鍛煉（spiritual exercise）也非常重要。所以不能將哲學當作純知識的探索（doctrinal exposition），不只是為了得到抽象的知識，而是為了生活。哲學活動不只是智識的（intellectual），同時也是精神的（spiritual），人們要學習過哲學的生活。除了邏輯（logic）、物理（physics）、倫理學（ethics）等等之外，還有實存的邏輯（lived logic）、實存的物理（lived physics）、實存的倫理學（lived ethics），意思就是不能把邏輯、物理、倫理學當作純粹的知識來追求。換句話說，哲學不只追求原創性思考，同時也是靈魂的展現。

阿道還認為物理是作為精神鍛煉不可或缺的一部分；至於哲學是生活的一種藝術，有實存的、活動的面向，而不只是純粹的概念或理論的東西。因此，古希臘時代所有的學問都帶有「存在」的向度，帶有「生活」的層面。這些學問都是有機的整體，每次顯現的只是全體的一部分，用抽離分析的觀點去了解古希臘哲學，是十八、十九世紀以後才產生的做法。

此外，近代許多知識都經歷過一個重要發展，即倫理／價值與知識的分離。諾貝爾經濟學獎得主阿瑪迪亞・森（Amartya Sen, 1933—）在《倫理與經濟》（*On Ethics and Economics*）中檢討近代經濟學與倫理分道揚鑣的過程時，有一章提到近代經濟學中認為理性的經濟行為是個人利益極大化，並強調經濟的行為基本上是「自利」（self-interest）的，人們認為這兩者都出自亞當・斯密（Adam Smith, 1723—1790）的《國富論》、《道德情操論》。但阿瑪迪亞・森重訪亞當・斯密的著作，發現在亞當・斯密的著作中「自利」的思想不是普遍的，是很有限制、很有分寸的，不像後來那樣無限擴大，認為「自利」是一切經濟行為的中心。這種「再訪」，對我們重新了解亞當・斯密「自利」思想就有一定的價值，而這種研究工作本身也是對當代經濟行為的反思與除魅。

近代許多學科的知識把原來很強的倫理、價值或生活層次的意涵逐漸摒除。如果我們毫無節制地用「去倫理化」的學術觀點回去審視古代，就可能產生阿瑪迪亞・森所發現的出入。像是用不帶倫理意涵的經濟學觀念，回去了解從前的經濟觀念，即是我所謂的「意義倒置的謬誤」的一種（詳後）。

二、「學」是甚麼

順着上面的思路，我們要進入一些近代中國的例子。我發現以下所要談的部分，幾乎都直接或間接與意義倒置的謬誤有關。因為近代中國與傳統思想之間極激烈的斷裂，造成許多方面的影響。本講的前半部分主要在討論近代後起的學術定義，新詞彙、西方概念等，如何以後起者之身份而又回過頭來看被覆蓋的古代歷史；後半部分則主要是討論有關「後見之明」、「時間序列」、「有限理性」以及史家在兩種不同的時間序列下從事歷史解釋時所造成的盲點。

首先要談到近代「學科化」運動，在進入主題之前，我必須強調我完全了解且贊成近代學科的發展。在這裏是想從歷史研究的角度出發，如果用現代學科的觀念倒推回去看歷史上的相關知識時，所產生的無所不在的影響。

薛福成（1838—1894）說：「分之愈多，術乃愈精」（〈治術學術在專精說〉），就是說要學十九世紀的西方將學問分成各式各樣的科目，才能後出轉精、愈來愈發達。換言之，中國古代那種籠統的「六藝」，把學問全部混在一起的做法，在近代行不通了，要分得很細，所以才叫「科學」（分科之學）。近代很多學問都是古代所無之學，用的材料可能是古代所有，可是它的學科則是古代所無。錢穆（1895—1990）先生在《現代中國學術論衡》裏面討論現代的各種學問，其中很重要的一點，就是不管是教育學、心理學、考古學、政治學等各種科目，都是中國古代所無之學。我覺得這本書很有見地，但其中有一點我不太同意，它有點讓讀者覺得這些學問是不必要的，這兩者之間當然不能輕易劃上等號。況且人類不可能抽刀斷水，河流的水會流向大海，不可能倒着流回去。

但是我們心中可以有一種了解：因為這些學科都是原來所無之學，所以用現代這些學科所衍生的態度和方法回去看古代學問時，必須有一種微妙的覺知，覺知到它們在時間序列上是「後起」的，必須用許多努力，還要有非常曲折、細密的區辨功夫，才能弄清楚其中間有許多我們誤解而不自知的地方。

用今天的心理學概念、範疇、詞彙，未必真能好好掌握古人的心理世界，但是近代心理學的許多資源，確實可以幫助我們了解我們原先感到恍兮惚兮的古代心理知識。如果我們想好好了解古人的世界，要先承認他們有一個非常複雜而精微的世界，跟我們不完全一樣，其中有若干鴻溝要跨越。

在近代知識轉換的過程以及分科之學形成時，有些複雜、隱微的聲音被遺漏了。以王國維（1877—1927）為例，他在早年非常熱切地引進新學時，即對近人把學術分成幾塊後所造成的偏頗有所反省。王國維認為許多學問本來就是一個，不能分析成幾種。他早期的《靜安文集》說，古書中有許多原本是兼文學、兼哲學的，但後來人們卻把它們分開來看。譬如宋朝很多文獻，像《太極圖說》、《通書》、《皇極經世》等書都是「亦哲學亦文學」，但自宋代以後，哲學漸與文學離，「今捨其哲學而徒研究其文學，欲其完全解釋，安可得也？」[1] 反之，徒研究其哲學，而完全遺漏文學的層次，亦是「安可得也」。這一段話的意思是，哲學、文學在以前許多時候是不能完全分開的，但現代人要用分析的方法看它們，把它們拆解開來。王國維又說：「古人所謂學，兼知行言之，今專以知言」，[2] 意思是說以前的「學」是和「行」包含在一起的，可是後來人只注意到知識的層面，而忘了它還有「行」的

1　王國維：〈奏定經學科大學文學科章程書後〉，收於謝維揚等主編：《王國維全集》（杭州：浙江教育出版社；廣州：廣州教育出版社，2009），第十四卷，頁 37。

2　王國維：〈國學叢刊序〉，《王國維全集》，第十四卷，頁 129。

那一面。

胡適先生曾說：「我常感得學問是一件事，信仰是一件事，道德又是一件事。」[3] 他的意思是現代人要脫離倫理來看學問，我認為這是造成近代學術進步的一個重要原因。可是若用這個學問觀念回頭看古代學術，在研究、了解上恐怕會產生很大的出入。以前的學問、道德和信仰往往同是一件事，而非三件事，所以當我們把它分成三件事再回去了解古人的時候，總覺得其中有些出入，這就會產生我所謂「意義倒置的謬誤」。倫理跟經濟、倫理跟法律、倫理跟歷史、倫理跟其他許許多多學科的關係也都是一樣，我們處在一個已經「去倫理化」的時代，如果用這個態度回去了解過去的話，就不免會有所偏頗。例如只用現代政治學的觀念回去了解古代政治，就可能產生種種出入。

許多我們認為是別成一個範疇的東西，在古代有相當長的一段時間，未必是別有一事，它可能是有機整體中一部分的顯現。譬如經世致用的「經世」，是不是脫離道德、學問之外別有一事？譬如文章的「文」，是不是別有一事？清末的宋恕（1862—1910）曾經提到當時人以為「經世」是另為一名，即表示古代儒家理想學問觀之消失，因為孔門四科都是「經世」（〈經世報〉敍）。宋恕

3　見胡頌平（1904—1988）編：《胡適之先生年譜長編初稿》（台北：聯經出版事業公司，1984），第十冊，頁 3481。

用的是章學誠（1738—1801）之論點，意思是沒有學問的「經世」是沒有源頭的水。就宋恕看來，把「經世」另立一名，用近代的「經世」去了解過去的「經世」觀念，則將產生很大的出入。[4]

「學」到底是甚麼？「學」是分析的，還是所有相關綜合有機體的其中一面的表顯？加拿大哲學家查爾斯・泰勒（Charles Taylor, 1931—）的《黑格爾與現代社會》裏說，從十八世紀後期以來，西方有兩種真理的觀念，一種是分析式的，一種是認為學問是一個整體。我們看到的只是整體中一部分的呈現，當我們看到這一部分的呈現時，不要忘了它只是整體的一部分。

因此，我們現代學術中所謂的「學」，基本上是以客觀的、研究的角度，把我們研究的東西客觀化，然後取一「研究的態度」。我感覺「取研究之態度」是一個非常關鍵的現代觀念。熊十力（1885—1968）在有些地方反覆提到，「取研究之態度」使得知識和思想礦物化，剝離它原有的一些心性的、倫理的意義，或難以言明的、很微妙的層面。

綜上所述，從古代到現代的學問觀其實產生了很大的變化。在現代學科觀念的影響下，我們往往在將古代學問轉換成現代學科的過程中，把價值、生活、帶有現實意涵的部分打散開來，而

4　又如湯普森（E. P. Thompson, 1924—1993）談到西方近代以前的用「經濟」（economics）一詞時，所指的是一個更廣泛的領域，不只是現代意義下的「經濟」。

且賦予太多定律化、規律化的了解，這是我們從事歷史研究時應有的覺知。

三、「西方化」的歷程

近代中國有一個無所不在的「西方化」的過程，它至少表現為兩面，如大家所注意的是模仿西方（當然包括教條式的馬克思主義），用西方的概念、架構、方法去解釋古代；另一種表現是為了與西方競爭，故在表述中國歷史文化的時候，在內容、形式和重點上起了很微妙的變化，用模仿的假西方去對抗西方。記得有一次我去四川的李莊，看到當地有個清末民初蓋的小學，大門建築是西式的，但據說這間學堂是由當時一位非常保守的士紳所籌設，他因為非常痛恨新式學堂裏面的教育，於是蓋了一個大門幾乎一模一樣的學校，表示說「你能我也能」。

在許許多多的歷史敘述中，我們都可以看到這種投合西方標準的心態，或與西方既相爭卻又相似的表現。不管這種投合是羨慕還是抗拒，都顯示出幾種心態：「你有的，我原來也有」，「我原來有的與你有的相近似」，「你做得到，我也做得到」。譬如李建民在《華佗隱藏的手術——外科的中國醫學史》中提到，其實中醫原來也有外科，可是近代西方醫學認為中醫只有內科，而且中醫的外科是微不足道的，在這種氣氛之下，不管是在實踐或是表述上，愈來愈強調中醫內科化的過程，反倒遺忘了它原來外科的部分。劉咸炘（1896—1932）在給蒙文通（1894—1968）的信中說，近代有名的新派學者，大半是突出中國歷史裏面不重要、邊緣的那一部分，以迎合現代西方的思想與價值，使得人們誤以為它們本來就是中國歷史文化的重心。

史語所的一位老前輩王毓銓（1910—2002）先生，在〈研究歷史必須實事求是〉[5] 一文中舉了許多例子。他非常憤怒地認為：近代中國史學過度受到西方的影響，每每把古代現代化、把中國史歐洲化，用十九世紀以來所形成的很多學術概念或範疇回去套在古代，這些都是值得注意的現象。因為所形成的解釋架構，即是我所謂「西方化」的進程。

此外，像是解釋事物發展的時候，規律（law）的思維被有意無意地加上去，使得「發展」變得非常有規律；而不能包括在規律性格局，或不形成一個有規律樣子的發展，往往就被擱置一旁，逐漸成為邊緣；或是，原本沒有那麼截然劃分的性質，或者邊界不那麼明顯，或內在有極細微的區分，或發展過程並非線性化，或知識本身並不脫離日用人生的層面，或是「信」的成分比分析要多，乃至隱微而模糊的低音等等。上述這些知識的特質，

5 王毓銓：〈研究歷史必須實事求是〉，中國社會科學院科研局組織編選：《王毓銓集》（北京：中國社會科學出版社，2006），頁 308-317。

實際上非常重要，但很可能在現代新的「西方化的」格局和架構之下變得格格不入，因而被擺落到邊緣。

近代中國「西方化」的過程當然也包括從日本、西方引入的大量新詞彙，它們造成海潮般的變化，人們用這些詞彙和概念組成的大網回頭去了解古代歷史文化，產生了無所不在的影響。有人注意到法國大革命對中國辛亥革命的影響，從孟德斯鳩（Charles de Secondat, Baron de Montesquieu, 1689—1755）的《法意》中看到中國是專制的概念，才回過頭來講中國古代是專制的。[6] 當然有人對此看法不同，但值得思考的是：中國古代的政治形式是不是用「專制」就能形容？還是應該要有一個更精微、更複雜的概念才能描述、理解？也有學者在中國近代州縣的研究中提到，近代學者常常用三權分立的觀念，倒回去看清代州縣情形，可是這樣很容易造成若干誤解。[7]

另外一個例子就是「國家」（state）的觀念。近代「nation-state」的觀念形成後，人們毫無保留地用這個觀念回過頭套在近代以前的歷史，產生了無遠弗屆的轉變。在哲學上也有類似的例子，譬如近代學者常用西方「唯物」、「唯心」的概念來講中國哲學，熊

6　參見羅志田：〈中國文化體系之中的傳統政治統治〉，《戰略與管理》1996 年 3 期，頁 45-51。

7　里贊：《晚清州縣訴訟中的審斷問題 —— 側重四川南部縣的實踐》（北京：法律出版社，2010），頁 218-219。

十力說乍聞這一對概念時，「便起驚疑」，「余以為哲學家如只爭心物問題，終不是根本解決之道」。[8] 我們現在當然認為熊十力是守舊派，但從他的書中看出來，當時還有一羣人認為他不是「篤守舊學者」。事實上，熊十力已經吸收了很多新的看法，但他當時覺得以「唯心」、「唯物」回去解釋中國古代哲學，會引起極大的扭曲跟誤解。[9]

在這裏我想先談一談「意義倒置的謬誤」。「意義倒置的謬誤」有許多種意涵，這裏特別要提的是：意義一層一層像黑板一樣寫了擦掉、擦了又寫，英文叫做「overwrite」。在這個寫和擦的過程中，最後寫上的那一層，跟歷史上的一層又一層往往是有出入的。所以歷史的事實，跟現代心理的事實之間不盡相同，我在這裏嘗試討論幾種。例如前面提過的新詞彙，它們進來之後，好像 overwrite 一次中國古代的歷史、文化、思想。用後來形成的一套龐大的新詞彙網絡套回去，所形成的理解恐怕常常會產生很大的出入，這也是「意義倒置的謬誤」中的一種。

8　熊十力：《乾坤衍》，蕭萐父（1924—2008）主編：《熊十力全集》（武漢：湖北教育出版社，2001），第七卷，頁 506。

9　如熊十力在《乾坤衍》說：「近有篤守舊學者，復來難云：乾為天，為陽氣；坤為地，為陰氣，是乃乾坤之本義，大《易》之宗主在是也……今先生之論，直將漢、宋羣儒古今一致傳授之《易》說，根本推翻，恐難令人起信歟？」蕭萐父主編：《熊十力全集》第七卷，頁 512-513。

譬如近來有些韓國學者注意到「青年」這個詞是古書本來所沒有的，如果用「青年」這個觀念回去了解近代以前的「青年」，即會有不自覺的出入。至於「傳統」、「歷史」等詞彙也是如此。「傳統」在古書中，有時候是指血緣的意思（如君王，一代一代傳血緣這個統）；有時候是一種具體的事物或技藝，如某人「傳某之統」，或者有形的特質，例如工匠一代一代傳的統。可是後來像西方「tradition」那樣的「傳統」慢慢形成，具有壓倒性的影響，使得舊的「傳統」一詞的意涵變得越來越罕用，甚至消失。在現代的「傳統」觀念形成之後，它有強烈的吸納性和排他性，會無所不在地區辨這個或那個是否屬於「傳統」，其實際影響是非常巨大的。如果用「tradition」這個現代的、西方傳來的「傳統」觀念去了解以前人們可能稱之為「道尚」之類的東西，就會形成一些倒置性的謬誤。「歷史」是另一個例子，過去「歷史」一詞不是不曾運用，但數目較少，後來的「歷史」觀則給人一種事件之間相續不斷的歷程之感。如果用後來的歷史觀念回去了解過去的歷史觀，也可能會有相當微妙的出入。

不只是清末民初以來如此，近幾十年來，我們吸收了很多西方社會科學的概念，也無意間拿來比附古代，描述古代中國的社會，其中也有很多值得重新思考之處。譬如，我們受官、私對立的想法之影響，覺得它們好像必然是一個截然對立的局面。事實上是否真的如此？又如受地方化（local turn）理論的影響，總是把地方跟中央的關係想成對立的。其實這兩者有時說不定不是對立，而是相輔相成的，或者說，歷史上確實有官與私、中央與地方的劃分，但其形式與互動應該用新的方式來理解。

又如近代西方史學向來最為重視平民的力量，隱隱然認為「王權」沒甚麼作用，把朝廷與官方的作用看得很低，而又把民間、草根的力量看得過高。只要稍微了解中國歷史的人就知道情形並不一定是如此。過去，在承平的時代，「官」的權威性、說服性、道德性是非常強大的，官方權力所具有的影響是無遠弗屆的。

此外，「公理」、「公例」的觀念也曾發揮了許多意想不到的影響力。以「公例」來說，像張爾田（孟劬，1874—1945）這樣保守的思想家，在文集中也提到：按世界之公例，儒家必然經過宗教的階段，所以儒家當然是「宗教」，不是「學說」。劉師培（1884—1919）在《中國歷史教科書》中認為，要按照世界歷史發展「公例」來反推那些過去所未曾看到的歷史。他說：中國也有石器時代、銅器時代、鐵器時代，《爾雅》中描述石器的部分那麼多、那麼細緻，就是因為成書當時是石器時代的緣故。這些見解很有啟發性，可是按照「公例」來書寫歷史，也會篩掉很多原來各自不同文化系統的特色，同時也會有許多部分不恰當地被呈現出來。梁啟超早年極力提倡從歷史研究中可以得到普世的「公例」，可是到了晚期，他便不再這麼講，改說運用統計方法可以得到一種較大的或然率。這個例子告訴我們梁啟超的思想所經歷的變化了。

新詞彙、新概念、新框架登上近代歷史舞台，是強而有力，而又具有創造性的，它們使得許許多多的東西都需要跟着改變。像「國家」、「線性」、「公例」、「進化」等觀念進來之後，把很多相關的、遠近的東西都掃掠而過，產生或多或少的調整。這些解釋架構幫助我們了解許多事情，同時也使我們誤解許多東西。有的影響非常細微，就好像磁鐵一樣把東西都吸住了，有的則像風一樣吹掠而過，產生許多「消耗性的轉換」。

四、「創造性轉化」與「消耗性轉換」

近代學科建置的過程中產生了許多「創造性的轉化」，不過用歷史研究的角度看，原來人們以為很多傳統學問在轉化成現代學科的過程中，功能會得到繼承或改善，其實並不一定如此。有很多東西在轉化的過程中被人們遺忘，或是變成低音。儘管學問轉換得更科學、更現代，但也有些複雜細微的成分被摒去了。

章太炎（1869—1936）在《國學概論》中曾經提到，古代學者經常在進行「替換」、「轉譯」的工作，譬如漢朝學者對先秦的典籍就做了很多「轉譯」或「替換」。現在回想起來，他的觀察確實很有意思；我們今天所熟悉的東西，也有許多經過晚清民國以來的「替換」、「轉譯」，它們開啟了新的思想世界，但是從歷史的眼光看，它們同時也產生了一些消耗性。以下要舉梁啟超、胡適的一些例子加以說明。

梁啟超的《國學入門書要目及其讀法》、《最低限度之必讀書目》是近代有名的書單，很多年輕人以它們作為學問的指導。他在《國學入門書要目及其讀法》裏面提到，焦循（1763—1820）的《論語通釋》，乃是仿戴震（1724—1777）的《孟子字義疏證》而作，將全部《論語》拆散，標出幾個重要的概念，如仁、忠、恕等等，「列為若干目，通觀而總詮之」，認為這是研究《論語》的良法，且可用此法來研究其他書。有意思的是，晚清一位已經廣涉西方學問，且出使過西方的保守派思想家——宋育仁（1857—1931）在評點時說：「拆散便錯，與其主此，不如統治《經傳釋詞》，求之訓詁。」[10] 意思是說《論語》是一部全書通貫、互相照應的有機體，把它拆散成一個一個概念來研究就是錯的。我們也許會覺得宋育仁的議論很奇怪，但如果要重訪這些課題的話，就必須想想這些奇怪的話裏有沒有道理。因為這些奇怪的話，好像在說：「我所了解的古代不是這樣子」，這提醒着我們許多習焉不察的學問觀點是值得再重新審視的。

10　梁啟超：〈國學入門書要目及其讀法〉（宋育仁評點），收於桑兵等編：《國學的歷史》（北京：北京國家圖書館出版社，2010），頁 236-237。

又如梁啟超評《廿二史劄記》說：「學者讀正史之前，吾勸其一瀏覽此書。」宋評曰：「不必觀更好，著者已自誤。」[11] 宋育仁的理由我無從深知，因為史書體裁跟《論語》不太一樣。但無論如何，近代史家認為《廿二史劄記》最符合西方史學的「專題式」史體，我們今日早就習以為常的看法，對深受傳統薰陶的宋育仁來說，竟然認為拆散研究便是錯的。

梁啟超在討論《宋元學案》和《明儒學案》時，說過一句非常有啟發性的話：「學案者，學史也」。「學案」就是一種學術的歷史，這種講法非常新，是一個很大的創造，不過如果我們了解《明儒學案》原來的宗旨，就恐怕會有點出入。我們今天平心靜氣來看，學案當然不只是「學史」；「學案」所包含的東西，除了知識以外，還有很多屬於實踐的層面，不純粹只是「學史」而已。如今包括我在內，也都把學案只當成學術史材料來看，可是如果增加一個新的覺知層面，就會了解它沒有這麼簡單。它也有指引人們脫離生命困境的作用，有一個實際生活的實踐面相，這些面相是我們經常忽略的，就是我所要講的「低音」。

我在《古史辨運動的興起》一書中曾經用了很大篇幅談康有為（1858—1927）的《新學偽經考》。《新學偽經考》裏面有一個

11 梁啟超：〈國學入門書要目及其讀法〉（宋育仁評點），《國學的歷史》，頁 244。

重點，就是不相信《漢書・藝文志》，不相信古代諸子學出於王官的講法。後來胡適寫的〈諸子不出於王官論〉也是震盪一時的文章，他一方面受到康有為的影響，另一方面是循着《淮南子・要略》篇裏的思路，認為諸子都起於救世的要求。

在胡適之後，柳詒徵（1880—1956）寫了一篇〈論近人言諸子學者之失〉，文中說到：「若合《莊子・天下篇》、《淮南子・要略》、劉歆《七略》觀之，則諸子之學出於古代聖哲者為正因，而激發於當日之時勢者為副因。」柳氏認為「正因」與「副因」應合起來看，諸子學最初從王官來，後來的發展則與他們為了救世、回應時代的要求密切相關。而胡適認為先秦諸子是被時勢的需要所激發，是只看到它的「副因」，而不信古代諸子出於王官的「正因」；他認為胡適「舉副因而棄正因」。[12] 我不敢說柳詒徵一定對，不過合「正因」和「副因」來看，可能也是重新理解這個問題的一個契機。我曾經在一篇文章裏寫過，傅斯年（1896—1950）的《戰國子家敍論》裏有一個部分，其實是在委婉地批評胡適。傅氏並未說反對「諸子不出於王官」，卻說諸子出於古代的職業，他是用職業說取代了王官說。

梁啟超雖然沒有寫過「諸子不出於王官」那方面的文字，可

---

12 柳詒徵：〈論近人言諸子學者之失〉，收於柳曾符、柳定生選編：《柳詒徵史學論文續集》（上海：上海古籍出版社，1991），頁 524。

是梁啟超在早期非常有影響力的文章中，用「大同」和「小康」來區別古代經典的性質，等於間接不承認《漢書・藝文志》裏對這些書的態度了。梁氏用某些經典屬於「大同」、某些屬於「小康」來區分，也非常嚴重地影響了後世對古代經典的理解，也是一種「消耗性的轉換」。

又如胡適先生寫〈說儒〉，認為商周之間的變化很大，但李源澄（1909—1958）反駁說：「殷因於夏禮，周因於殷禮，並未大變。」[13] 他認為胡適在〈說儒〉裏面提出的殷周之間有大變化，說得太過。實情是不是如此？殷周之間的巨變，不只胡適這樣說，王國維、傅斯年也都這樣說。這麼大的問題，應該結合文獻與近幾十年出土的文物加以重審。

胡適在寫〈說儒〉時，其實曾經受到傅斯年的影響。傅斯年認為古代是一東一西兩個集團，殷人在東，周人在西。胡適在寫〈說儒〉的過程中和傅斯年有很密切的討論，深受傅氏〈周東封與殷遺民〉的影響；〈夷夏東西說〉雖然稍微晚出，但在〈說儒〉裏已經可以看出兩人交談過的觀點。此外，胡適寫〈說儒〉時，剛好讀了《聖經的故事》，《聖經》中有一種「懸記」之說，所以他將孟子（前372—前289）的「五百年必有王者興」當作像《聖經》中

13　李源澄：〈評胡適說儒〉，收於林慶彰、蔣秋華主編：《李源澄著作集》（台北：中央研究院中國文哲研究所，2008），第三冊，頁1148。

的「懸記」那樣來解釋。在這一篇長文中，胡適對於商周之間文化的斷裂有一套解釋，可是古書裏的說法是「殷因于夏禮」、「周因于殷禮」，認為商周之間確實有變，但沒有大變。實情究竟如何？將來如果材料充分，也是一個值得重審的問題。

胡適先生早年寫過一篇〈談談《詩經》〉。他不大願意繼承中國原來解釋《詩經》的傳統，所以認為《國風》裏的周、召二南全部都可以用情詩來解釋：〈葛覃〉講女工下工之情形，〈小星〉是講妓女與恩客。後來周作人（1885—1967）在一篇文章〈談《談談詩經》〉，質疑說當時有沒有女工跟妓女恐怕都還值得研究。後來顧頡剛（1893—1980）把胡適的文章收入《古史辨》時，便指出胡適已經將這個說法刪掉了。

胡適談《詩經》的時候，對《小雅》以下需要歷史背景的部分談得很少，大部分都是談情詩。經由胡適的影響，以情詩來解釋《國風》成為此後詩經界的一個主流。把〈詩序〉跟《詩經》分開，從朱熹（1130—1200）以來就是一個重要的論題。可是也有一派人不同意，他們認為《詩經》是貴族時代的產物，應該從貴族社會的角度出發來講。[14] 我相信隨着新出土的材料，這類問題中有很多可以重審和思考的地方。

14　林慶彰：〈民國初年的反《詩序》運動〉，《貴州文史叢刊》，1997 年 5 期，頁 1-12。

另外，胡適編《章實齋先生年譜》時提到「六經皆史」的「史」是指史料，這個新說產生非常重大的影響，是一個重大的轉化。現在我們也值得重新看看「六經皆史」的「史」，是不是就只是「史料」。

又如宋育仁評胡適的《中國哲學史大綱》說：「視孔老如鄉曲學究，其源出於木皮鼓兒詞。明末賈鳧西鼓兒詞，純以委巷鄙俗人行徑、思想，加於聖賢之身，說成鄙事」，[15] 意思是《中國哲學史大綱》對古代孔子（前 551—前 479）、老子的想像都是「委巷鄙人」，即用鄉野裏面那些俗人的想法套回去聖人身上。這些評語當然不一定是對的，但我覺得不無可以思考之處：在經過近代的轉化之後，是不是有消耗性的現象。

我們今天談這些問題的處境與我們的前輩不一樣了；以前老一輩如果講這些，人們便會說他是頑固派，但我不是這個意思，我只是認為：不好好理解舊的不足以知新，不足以開展區辨出多元、細微、細緻而有創造力的資源。

15　梁啟超：〈國學入門書要目及其讀法〉（宋育仁評點），《國學的歷史》，頁 241。

五、反思現代的學科建置

前面曾經簡略提到近「學科化」的過程，這裏要談的是在一九二〇到一九三〇年代興起一股思潮，要求反思若干「分科之學」的適用性，隱然認為近代對那些相關知識有過一種「消耗性轉換」，並要求一種非新非舊，但又尊重其原來特有性質的定義。他們的意思是認為當時在新學科典範下，對中國原有之學的研究出現了一種我所說的「消耗性轉換」。例如，黃侃（1886—1935）在 1931 年提到，當時的人研究經學，有的從制度、有的從文學、有的從史學出發，認為《尚書》就是史學、《詩經》就是文學、《周禮》就是制度等。可是黃侃認為那樣是不對的，用後來的學科去套經學的內容會有出入，用我們現在的話來說，那是一種「消耗性轉換」。

（一）經學

黃侃說：「經學者，中國特有之大本學說也。毀之無傷，尊之無益……故治經為四字訣，曰文、曰義、曰制、曰事。蓋明文以通其詞法，知義以宣其意理，核制以觀其典章，稽事以研其故實。然經書文采，不必盡善，制度不必盡備，史事不必盡詳。故治經者，不可以史事求之，不可以制度求之，不可以文采求之。惟經有制度，其制度可考；經有文采，其文采可法；經有史事，其史事可信耳。」這一段話相當曲折，它深刻地說明了傳統的「經學」的本質，與現代人文領域的「分科之學」—— 不管是文學、史學、政治學、哲學，有根本不同處。

黃侃認為經裏面有制度，其制度可考；經裏面有文采，其文采可法；經裏面有史事，其史事可信。但它不只是哲學，不只是歷史，也不只是文學，它自為一體，裏面的東西可以拿來作文學、哲學、歷史等研究之用，但經學還有自己的性質。如果我們只是用制度、文學、史事去講某一部經，事實上已經迷失了它原來作為「大本之學」的特質。前述這一段話說明了經學可以被研究，但不可僅以「研究之材料」視之；經學是「大本學說」，提供「大經大法」。黃季剛又說：「中國學問，有三大特質，不可不知，即『實』、『有』、『生』是也。試觀古聖先賢立言，無不以實用為歸，雖老莊之徒，道法虛無，亦由有而來，非全然無稽。至於中國以農為本，生活極艱，徵之史事，種族之得有今日，努力求生，良非易易。」[16] 說明中國舊學是實存的知識（「實」、「有」、

16　以上引文見尚笏、陸恩湧：〈季剛師得病始末〉，《量守廬學記：黃侃的生平與學術》（北京：生活・讀書・新知三聯書店，1985），頁 104。

「生」)，不是只供文學、史學、哲學來研究及解析的「材料」。[17]

我們也注意到，在一九三〇年代為經學辯護的人其實經歷了一種微妙的思想轉變，悄悄裝進了西方的科學思維。在一九三〇年代讀經問題論戰時，很多為了保護經學價值的人提出:「經學之所以為經，所以為常道，等於科學之有原則、有定律」，人們開始使用西方科學定律的關係來了解「經」的性質，因為經學裏有種種律則，等於是「公例」，所以它是有價值的。讀經問題論戰時尚有一種論旨，用「六經皆史」的觀念來為經學辯護。他們認為把六經當作歷史來研究，即是支持讀經的一種非常好的方式。但我要強調的是，不論認為「經」是一種「原則」、「定律」，或「六經皆史」，甚至有人說經是「材料」、「匯歸」、「信仰」等等，其出發的原意都是為了維護經書，事實上都與「經者，大道也」、「常道也」的原意相去甚遠，本身也是一種「消耗性轉換」。[18]

---

17 蒙文通在一九四〇年代的〈論經學遺稿三篇・丙篇〉中亦説：「自清末改制以來，昔學校之經學一科遂分裂而入數科，以《易》入哲學，《詩》入文學，《尚書》、《春秋》、《禮》入史學，原本宏偉獨特之經學遂至若存若亡，殆妄以西方學術之分類衡量中國學術，而不顧經學在民族文化中之巨大力量、巨大成就之故也。其實，經學即是經學，本身為一整體，自有其對象，非史、非哲、非文，集古代文化之大成。」《蒙文通文集》第三卷(成都：巴蜀書社，1995)，頁 150。蒙文通與黃侃的話有相當的彷彿性，他這一段話説得非常強烈，表示經學是一種特有之學，不是史學，不是文學，也不是哲學。如果以為用近代的史學、哲學、文學去講，就可以把它講完、講清楚是一個錯誤。黃侃、蒙文通的兩段文字代表一種強烈省思的潮流，它們也都間接地説出「消耗性轉換」之情況。

18 讀經問題的相關討論請參見蔡元培等著：《讀經問題》(香港：龍門書店，1966)。

（二）史學

在近代中國，史學也經歷了微妙的「轉換」。前面已經提過，古代文獻中「歷史」連用的情況很少。中國古代通常單用「史」來表述今天的「史學」，「歷」是「歷」、「史」是「史」，「歷史」一詞並不常見的。不過清末民初受了日本的影響（王國維說過，日本好將單字疊成詞，參見〈論新學語之輸入〉），「歷史」一詞變得非常流行。

除了「歷史」一詞的流行外，還有一個重要的轉換，即對「歷史」給予一種新的定義。在近代中國建立新知的過程中，新教科書的編纂具有異常關鍵的作用，很多學科的第一代或前幾代教科書，定義了我們後來對許多事物的看法，史學也是其中的一個。我曾經把第一代、第二代甚至第三代的教科書中對歷史的定義做了比較，發現除「歷史」兩字連用外，他們對「歷史」的定義也不同了。

古來關於「史」的定義，如《說文解字》上說：「史，記事者也」，但新一代史學及新一代的教科書大都定義說：「歷史是記載進化的軌跡」。在這方面梁啟超的史學觀點造成巨大的影響，他的〈中國史序論〉裏再三強調：「歷史就是記載進化的痕跡。」而梁啟超在新史學的里程碑文獻〈新史學・史學之界說〉中也說：「歷史者，敘述進化之現象也」；「歷史者，敘述人類進化之現象也」；「歷史者，敘述人類進化之現象，而求得其公理、公例者也」。[19] 當時很多相當傑出的史學家，如呂思勉（1884—1957）等，在歷史書籍第一課定義「歷史」時和梁啟超看法都是一樣的，認為有進化才算是歷史，沒有進化的不算是歷史。天然物沒有歷史，因為天然物沒有進化；鈾不會進化成石油，所以它沒有歷史。自覺的、有目的、會進化的東西，才叫「歷史的」，「歷史」就是記錄其進化的軌跡。

又如清光緒年間，汪榮寶（1878—1933）的《中國歷史教科書》也說：「（舊史）要之事實散漫，略無系統，可以為史料，不可以為歷史。歷史之要義，在於勾稽人類之陳跡，以發見其進化之次第，務令首尾相貫，因果畢呈。晚近歷史之得漸成為科學者，其道由此。」[20] 把歷史當作是「發見其進化之次第」，把進化拿來講歷史的例子非常多，它們悄悄地改變歷史的性質，使得我們如果拿這個定義回去講過去的歷史，會產生很大的出入。

對「歷史」這個學科的新定義隱含了不是進化的、看不出線性的、向上發展軌跡的林林總總的事物是「非歷史的」。把事情組合在線性進化的發展中，很多擺盪來回就看不到，很多的低音也不見了，能放入這一種架構中就是「歷史」；而不相干的、不

---

19 梁啟超：〈新史學〉，收於《飲冰室文集》（台北：中華書局，1970），第二冊，卷之九，頁7、9、10。

20 汪榮寶：《中國歷史教科書》（原名《本朝史講義》）（上海：商務印書館，宣統三年〔1910〕元月四版），頁2。

關聯的部分就不會在歷史敍述裏，不成為歷史學的重點，使得我們對歷史文化的了解造成很多的扭曲。

除了史學為記錄「近代之跡」外，前面已提到清末民初「公例」觀念極為流行，它也成為定義史學的另一個重要觀念。當時史學另一種流行的新定義 —— 即與「公例」有關。梁啟超認為「史學」的任務是求「公例」。1921 年，徐則陵（1866—1922）也認為「史」就是尋求公理、公例（〈史之一種任務〉），而陳訓慈（1901—1991）在一篇文章中說，史之本質為說明人類進化為務，作用是「求人事中之公例焉」（〈史學觀念之變遷及其趨勢〉）。歷史說明人類進化、求人事中之公例，是時代典型的代表。呂思勉也常說歷史是純粹為找公例之學。可是我們知道中國古往今來談到歷史時，有誰說過歷史是求「公例」之學？那完全是近代的想法。可見近代對這個學科的任務和性質的描述，跟上一代完全不同。

如果說歷史是進化的軌跡，那麼寫史的方式、敍述的方法，乃至史料的收集與史實的去取、價值的判定、詮釋等都有不同。梁啟超在〈中國史敍論〉或〈新史學〉都一再辯論，黑種人、黃種人到底算不算「歷史的民族」？結論是他們並沒有參與人類近代進化競爭之大局，故不能算「歷史的民族」。在這個定義下，歷史的取捨範圍變得非常絕對。這個歷史定義的轉變對學科知識產生了很大變化，然後一代一代地傳遞下來。如果以這樣的定義回去看歷史上的現象，往往有意無意之間會要求得一個單線進化的痕跡，要在其中尋找「公理」、「公例」，而忽略了歷史現象中非常複雜的面相，或忽略了古人對「史」其實具有另外一種很豐富、很有意義的看法。在對歷史的新定義流行之後，這些看法被擺落一旁。

譬如說，現代人已經很少留意《綱鑒易知錄》或《御批通鑒輯覽》等過去被廣泛閱讀的書。《綱鑒易知錄》是清代以來影響最大的歷史讀物；很多人如果要求得古代歷史一般的知識，他可能讀《史鑒節要便讀》、《綱鑒易知錄》，做官的人讀像《御批通鑒輯覽》等史書。這些書對史事的安排沒有連續、清楚、因果的密切關係，也幾乎完全不提最後一切事物會進化到甚麼程度，因此單線的、清楚的事件發展歷程是不存在的。如果用今天的觀點回去看，那就覺得到處都不對了，而且裏面會有很多的扭曲。但是如果要了解明清時期的歷史觀，則必須仔細釐清在近代歷史觀念形成之前，這些通用史書中的歷史觀是怎樣的。

（三）哲學

此外我也想到這百年來「哲學」的問題。我想大家知道，胡適出版《中國哲學史大綱》後，傅斯年寫了一封很長的信給他。這時候傅斯年正在從歐洲回國的途中，他對胡適先生當時研究小說史的成績非常佩服，認為他這方面的研究具有開創性，成績遠遠超過俞樾（1821—1907）。但是他對胡適中國古代哲學史的研究就頗不以為然，他認為中國古代本無「哲學」，只可稱為「方術」。我推測傅斯年可能認為一稱為「哲學」，把它視為純粹的思辯，起碼要有一個層次又一個層次的抽象化特質，但那不符合中國古代學術之性質。值得注意的是，胡適一九三〇年代以後逐漸放棄「哲學」或「哲學史」的用法，與對這個學科的反思有關。

早期的梁啟超常常用「哲學」一詞，但是到了後期，他與王國維一樣，認為這裏面應該有分寸感，不能用後來的概念倒扣回去了解古代中國相關的東西。譬如他在《儒家哲學》這本書中（清華國學院的講課稿，周傳儒〔1900—1988〕記錄），雖然標題上用的是「儒家哲學」，可是他在正文，尤其是〈序〉裏面說：「哲學」一詞不能符合中國思想之特質，應該稱作「道術」比較恰當。這個想法和傅斯年認為中國古代沒有「哲學」，只有「方術」的說法很像。所以梁書中提到戴震、章學誠等人的貢獻時，往往說他們對儒家的「道術」有如何的影響，而不再說他們對儒家「哲學」有如何的影響。所以梁啟超說：「由此言之，本學程的名稱，實在以『儒家道術』四字最好。」[21] 柳詒徵也曾說：「吾嘗謂中國聖賢之學，不可謂之哲學，只可謂之道學」，[22] 可謂異曲同工。

另外梁啟超在《先秦政治思想史》（1922 年東南大學演講稿）

21　梁啟超：《先秦政治思想史》（台北：中華書局，1967），頁 5。

22　柳詒徵：〈評陸懋德《周秦哲學史》〉，《柳詒徵史學論文續集》，頁 236。

的〈序論〉中，也一改以前的做法，主張突出中國思想的特殊性。梁氏早期總好把中國的思想說得跟西方思想一樣，可是在這裏他卻說：「我國文化發展之途徑，與世界任何部分，皆殊其趨。」[23]又說：「國故之學，曷為直至今日乃漸復活耶？蓋由吾儕受外來學術之影響，採彼都治學方法以理吾故物。於是乎昔人絕未注意之資料，映吾眼而忽瑩；昔人認為不可理之系統，經吾手而忽整；乃至昔人不甚了解之語句，旋吾腦而忽暢。質言之，則吾儕所恃之利器，實『洋貨』也。坐是之故，吾儕每喜以歐美現代名物訓釋古書，甚或以歐美現代思想衡量古人，加以國民自慢性為人類所不能免。豔他人之所有，必欲吾亦有之然後為快。於是堯舜禪讓，即是共和。」[24]這段話的前半部說明近代國故學的進步，是因為善用歐、美、日的概念與方法去了解古書，常有撥雲霧見青天的效果；而這段話的後半部，則是對這種作法的深刻反省。

《先秦政治思想史》中還有一段說：「吾儕如忠於史者，則斷不容以己意絲毫增減古人之妍醜」，認為我們不能以現代人的意思回去增減古人。梁啟超還說：「尤不容以名實不相副之解釋，致讀者起幻蔽」，[25]意思是不能用與歷史不相合的觀念去解釋，認

23 梁啟超：《先秦政治思想史》，頁 1。

24 同上，頁 13。

25 同上。

為這樣會遮蔽讀者的了解。「此兩種態度，吾能言之而不能躬踐之。吾少作犯此屢矣。今雖力自振拔，而結習殊不易盡。雖然，願吾同學勿吾效也。」[26] 梁啟超說自己在年輕的時候喜歡用現代的觀念去套古代、拿西洋的方法套中國，現在雖然想要改變，但習慣已經養成了。所以希望上課的同學不要效法。由上述諸例可知，在《儒家哲學》、《先秦政治思想史》等後期的重要著作裏，梁啟超已經開始對「意義倒置的謬誤」進行反省。

柳詒徵、王國維、熊十力、鍾泰（1888—1979）等也有類似的反思，他們認為以現代的概念回去理解儒家原意，會有重大出入。

像現在人說「政教合一」，可能忽略了在古代許多時候它本來就是一個東西，只是後人把它拆開來看，才以為有「合一」的情形。柳詒徵說《墨子》書中的「七法三表」之說，近人多採用三段論來解說，完全沒有道理。不僅如此，近人也多把先秦諸子書中的成句嵌入西洋三段論裏面，彷彿所有東西都有三段論。[27] 柳詒徵又說，現代人用西哲無政府之說來研究老莊，其實老莊之學，絕對與今人的無政府主義等思想不相合。[28] 鍾泰在《中國哲

26　同上。

27　柳詒徵：〈評陸懋德《周秦哲學史》〉，《柳詒徵史學論文續集》，頁 234-235。

28　同上，頁 238。

學史》中則多處提到胡適講墨子及墨辯一派的說法犯有「意義倒置的謬誤」。鍾泰批評胡適說：「此《墨經》應如胡氏之說，指〈兼愛〉、〈非攻〉諸篇，非今書之《墨經》也。而『倍譎不同，相謂別墨』，別墨者，乃指斥他方之辭，言其不如己所傳之正，非自稱為別墨也」，「至近人胡適之，乃辯《墨經》非墨子自作，而成於所謂別墨之徒，其見有過人者。然指施、龍皆為別墨，而謂古無所謂名家，並力詆劉子政父子以名家別於儒、墨、道、法為向壁虛構，不能不惜其於兩家之旨，猶有未盡釋然者也。」[29] 我把柳詒徵、鍾泰的意見錄在這裏，並不表示他們一定是對的，而是想指出經過八、九十年後，這一類的問題值得「重審」。

此外，我想要舉一個例子來說明意義轉換的實況。我們現在都知道先秦諸子就是哲學，可是用哲學來了解先秦諸子，事實上是很大的一個轉換，對以前人來說是很陌生的。《鄭超麟回憶錄》中有一段話：「胡適告訴了我，諸子學說就是哲學，都可以用科學方法去整理、去研究，其中許多問題，西洋哲學不僅討論過，而且更有進步。這種『國粹』已經失去神秘性了。」[30] 諸子學就是哲學的說法，在今天看來雖屬常識，但對新文化運動時期的

29 鍾泰：《中國哲學史》（瀋陽：遼寧教育出版社，1998），頁 67、65。

30 鄭超麟（1901—1998）著，范用編：《鄭超麟回憶錄》（北京：東方出版社，2004），頁 168。

那一代青年來說，則是聞所未聞。我舉這個例子是要說明，現在的「常識」，是經過很大的創造性轉換的結果，它們並非是天經地義的。

(四) 佛學

前述的學科反思潮流也發生在佛學。歐陽竟無(1871—1943)在1922年講〈佛法非宗教非哲學而為今時所必需〉(由王恩洋〔1897—1964〕記錄，該文載於《民鐸》三卷三號)，強調「佛法就是佛法，佛法就稱佛法」。他說:「宗教、哲學二字，原係西洋名詞，譯過中國來，勉強比附在佛法上面。但彼二者，意義既各殊，範圍又極隘，如何能包含得此最廣大的佛法？正名定辭，所以宗教、哲學二名都用不着。佛法就是佛法，佛法就稱佛法。」[31]

歐陽竟無為何認為佛法不是宗教？他說世界上所有的宗教皆具有四個條件，而佛法皆與之相反。第一，「凡宗教皆崇仰一神或多數神，及其開創彼教之教主」；第二，「凡一種宗教，必有其所守之聖經，此之聖經，但當信從，不許討論」；第三，「凡一宗教家，必有其必守之信條與必守之戒約。信條戒約即其立教之根

---

31 歐陽漸：〈佛法非宗教非哲學而為今時所必需〉，收於王雷泉編選：《悲憤而後有學：歐陽漸文選》(上海：上海遠東出版社，1996)，頁3。

本，此而若犯，其教乃不成」；第四，「凡宗教家類必有其宗教式之信仰，宗教式之信仰為何？純粹感情的服從，而不容一毫理性之批評者是也。」[32] 而佛法最終皆反對這四條。所以歐陽竟無說，你不要講佛法是哲學、是宗教，佛法就是佛法，佛法的名稱叫做佛法；佛法不能僅以哲學或宗教去定義它。他又說，佛法不是哲學。第一，「哲學家唯一之要求在求真理，所謂真理者，執定必有一個甚麼東西為一切事物之究竟本質，及一切事物之所從來者是也。」第二，「哲學之所探討，即知識問題，所謂知識之起源、知識之效力、知識本質，認識論中種種主張，皆不出計度分別。佛法不然。」第三，「哲學家之所探討，為對於宇宙之說明，在昔則有唯心、唯物，一元、二元論，後復有原子、電子論……夫既無本體，現象復何由而生？」「總而言之，彼諸哲學家者所見所知，於地不過此世界，於時不過數十年間，不求多聞，故隘其量，故局其慧。若夫佛法，則異乎此。」[33]

我注意到楊文會（1837—1911）也有類似的看法，《等不等觀雜錄》裏有一篇〈佛法大旨〉：「近時講求心理學者，每以佛法與

32 同上，頁 4-6。

33 同上，頁 6-14。

哲學相提並論，故章末特為拈出，以示區別。」[34] 按照楊文會的理解，佛學就是佛學，佛學不是哲學也不是心理學，如果只把它看作哲學、心理學，形同「消耗性的轉換」—— 把那些曲折的、細微的、特有的，屬於它所有的特質遺漏了。

我們當然可以用心理學、哲學、歷史學、宗教學去看佛學，也都可以找到所要的材料，但是不能忘了前面的反思，佛學本身還是它自己。歐陽竟無與楊文會兩人講了類似的話，讓我們有所感觸。近代學術研究是用十九世紀以來西方的各種分科之學回去講古代，確實開拓了無限的天地，創造許多新知識，但是不要忘了，當我們要進行歷史的理解時，每個學問本身還有它自己的特質。

六、有限理性

多年前我發表過一篇〈中國近代思想文化史研究的若干思考〉，在那一篇文章中，我提到在歷史研究中「後見之明」式的解釋傾向太強了，所以我一直希望區分「史家的邏輯」和「事件的邏輯」。當時我還不及進一步談到這一點，即我們研究歷史時，

34　楊文會：《等不等雜觀錄》卷一，收於周繼旨校點：《楊仁山全集》（合肥：黃山書社，2000），頁 326。

往往以為歷史中的人物是處於「完美理性」，而忽略了歷史中的人物是處於「有限理性」，因此在倒回去進行歷史解釋時，可能犯下誤以為他們是「完美理性」而作了錯誤的解釋。

為了比較深入了解這個問題，我曾經比較深入地探討歷史行為中「有限理性」（bounded rationality）的這個問題。在這裏要借用諾貝爾經濟獎得主司馬賀（Herbert Simon, 1916—2001）著作中的「有限理性」觀點，說明歷史行動者是在不確定、不完美理性的情況下，一步步向未知探索。他的著作中有一部分對我們今天了解歷史中行動者（agent）的狀況是有幫助的。司馬賀早已注意到，所有的行為或抉擇都不是窮盡（maximize）所有可能後的選項，或是充分了解特定選項的所有可能的結局之後才做的；他們大多是在不完整的信息狀態下，甚至應該說，總是在信息很不足、有限的幾個選項、很倉促的時間、很模糊的情況下，憑一點經驗、一點直覺與理性而作的決定，而且往往夾雜濃厚的情緒與偏見。司馬賀的理論當然不是為歷史研究而發，我則想借它來說明歷史解釋中的「後見之明」，也就是說人們常常在「後見之明」式的倒溯理解中，忽略了歷史行為者的「有限理性」——不完整的信息、不可能窮盡各種選項，大多是在「未來」對他而言並不透明的狀況下行動，其中充滿着含混、模糊、兩難、不放心，時時想要購買雙重保險，甚至是既想掌握未來，又希望未來的發展在意料之外的心態中。但我們在看歷史時，卻總隱然以為「未來」

對歷史行為者是「已知」的，或是歷史人物總是在「完美理性」下行動。這種現象也發生在我們日常生活中的推斷，我們已經在歷史著作及人們的日常生活中，反覆看到這種思維所帶來的錯誤解釋與推論。我們如果是歷史上的行動者，那麼歷史過程對我們來講應該是一個不透明的世界，我們所擁有的是「有限理性」。

回想起來，我最初應該是對柏拉圖的《理想國》第七卷開端「洞穴喻」感到興趣，這個比喻是全書的樞紐。比喻常人所見事物，只不過是洞穴中被束縛的人看見牆壁上的影像。人應該脫離束縛，離開洞穴，在光天化日下看清萬物，最後直視存在的根源。哲學家認為只有離開洞穴才是已啟蒙的人，然而要了解歷史上的行動者正是得要發現他們仍置身於洞穴之中，才能比較恰當地提出解釋。

司馬賀另有一本《人類事務的理性》(*Reason in Human Affairs*)，在這裏我要比較集中地利用此書中的觀點來說明人類從事實際事務時的傾向與歷史家研究這些事務時的傾向。《人類事務的理性》提到要區別「冷靜的認知」和「熱情的認知」。為甚麼這個區辨對我們討論的題目有意義呢？因為在考量歷史人物的行為時，我們往往以為他們總是非常冷靜、理性地考慮所有條件及所有可能性之後才做下決定，忽略了在大多時候是「熱情的認知」比較起作用，也忽略了人們在判斷事物時，「情緒」是很重要的因素。情緒對判斷事情的重要性，不但被忽略，而且被認為是負面的。但司馬賀告訴我們，情緒非常重要，因為它可以篩選特定事物以集中注意力。如果沒有情緒、沒有偏好，進餐廳點菜可能要一道一道研究，得花上幾個鐘頭；因為有情緒、有偏好，所以可以集中在某部分的菜色上，使得點菜的工作很快就完成了。

司馬賀還提到：「在全知模式中，所有問題是永久而同時出現在處理的議程中。」但事實上，人類真正的行為模式，往往只選擇一部分的議題加以處理，而直覺、情緒在此顯得非常重要。直覺、情緒猶如手電筒，只照亮黑暗中的某一部分，而不是想像在這整個黑暗的房間會有甚麼東西。司馬賀提醒我們，信息的產生是在情緒的脈絡上，而不是在無感性的環境之中。我之所以一直引用這些話，是想強調一點，我們常誤以為歷史行動者的主觀預期效用中是全知的方式，而忽略了被情緒、熱情所影響的部分。

當然武斷性也是影響行為不可忽視的因素。我們常責備別人先有前提才有結論，但司馬賀認為如果沒有前提就不可能有結論。在許多時候，前提當然充滿偏見，所以他提到「當我們在思考事物時，事實、價值與情緒交互影響」,「我們不是生活在一個幾近真實的世界」。我們生活在一個「有限理性」(bounded rationality）的世界，而我們在從事歷史研究和解釋歷史行動者時，卻常常以「全知模式」來思考。

我們還常常認為歷史上的競爭是一種「完全競爭」，而忽略了大部分的競爭是「不完全競爭」。如果所有的競爭是完全透明的，並以這個前提出發考量事情時，會產生許多盲點。我對「完全競爭」和「不完全競爭」的了解，完全是受到哈耶克（Friedrich August von Hayek, 1899—1992）的啟發。

七、「時間序列」與「後見之明」

在討論「後見之明」時，我要先談「時間序列」與歷史解釋的問題。

在〈中國近代思想文化史研究的若干思考〉中，我着重強調「後見之明」在歷史解釋上的弊病，當時卻忽略了一點：一個比較好的歷史重建或歷史解釋，應該是 A → Z（史家的邏輯）及 Z → A（事件的邏輯）兩者交互循環的。譬如我們觀賞一部電影，從順着放映中（A → Z）得到一種理解，然後再看第二遍，也就是由已知之後再回過頭去看，往往會發現幾個動作或幾句對白，揭露了對後來發展至為重要的意涵，而那是由 A → Z 看不出來的。一個歷史工作者應該循迴往復於兩種邏輯之間：順着時間之流往前看，前面是未知的，要用很大的力量來使自己未知，是傅柯（Michel Foucault, 1926—1984）所講的「去熟悉化」。但「去熟悉化」是非常難的事情，對於我們明明知道的事情，我們很難裝作完全不知。史家要慢慢往前，看歷史行動人物面臨的所有可能性與限制。另一方面，還要回過頭來看，一些事情的意義才會更顯豁出來。

在〈若干思考〉一文中，我還來不及指出，後見之明式的推斷有一個特色，因為太了解後來的結局，所以不知不覺地誤以為對於歷史行動者而言，未來是「已知」的。

為了說明這一點，我想以「日記」及「自傳」兩種文體的差異略作說明。除非是像某些偉大的人物在寫日記的時候就已經預想到將來要公開，否則大部分的日記是順着事件發生之流寫下去。對日記主人而言，他可能計劃着「未來」，而且「未來」對當下而言雖不一定是絕對不透明的，但是未來絕對不是「已知」的。自傳就不一樣，寫自傳時，「未來」是已知的，傳主是有意識地，或在一個架構下選取自己生命史的材料，並賦予一個意義架構。前者是 A → Z 的，後者是 Z → A，兩者之間並非截然不同，但是其間的出入是很明顯的 —— 日記中的未來是未知的，自傳中的過程是已知的。

我要舉一個例子說明在不同的時間序列中，人們對歷史所作的判斷是很不一樣的。汪士鐸（悔翁，1802—1889）的《乙丙日記》把陸建瀛（1792—1853）等人罵得狗血淋頭，認為道學應該被消滅。有人就說如果他是在太平天國平定之後，了解曾國藩（1811—1872）等道學家旋乾轉坤的貢獻之後才寫這段日記，語氣和思想一定不一樣。《乙丙日記》中那種可怕的、悲觀的、殘酷的，充滿毀滅性的想法，是寫在太平天國平定之前。這就是

「時間序列」在歷史解釋中的重要性作用。

同樣地，對歷史人物的評價也會隨着「時間序列」不同而不同。例如李鴻章（1823—1901）如果在太平天國、捻亂平定之後就逝去，後世對他的評價一定不同，連帶地談到他在太平天國、捻亂時的角色的方式也不同。[35]

接下來我要再舉一個例子來說明因為忽略「後見之明」式的推斷與歷史解釋的問題。

學生時代常到一位哲學教授家請教一些問題，看到他家牆上掛着一幅他父親 —— 林月汀（1870—1931）的照片，衣服上別滿日本的勳章，很好奇地問他為甚麼你父親有這些勳章呢？原來他父親在日本佔領台灣之初，因為具有武舉的身份，曾經領導學徒及鄉人展開抵抗。後來因為丘逢甲（1864—1912）離開，眼看抵抗無望，就率眾出來投降，並替日本人招降仍在山中抵抗的舊屬，故日本人授予勳章，還給他某種專賣。因此，不同的地方誌在評論他時有截然不同的看法，一種認為他勸人投降日本，所以是漢奸，一種認為他曾抵抗日本，所以是抗日志士。也有人說兩者都對，但是有一位台灣史學者卻說這兩者都不對。他說在現代

35　錢穆在《兩漢經學今古文平議》的〈序〉中講，今、古文之爭是清代學術後期爭論的問題，不能原原本本地把它套回去漢代，就是說用晚清今、古文的區辨、分期、範疇或套語回去看兩漢學術，不是說完全沒有用，但不能完全適用。

國家概念出現之前，台灣只要有新政權來，人們一般都會先抵抗一下，沒有辦法抵抗或新政權看來還能接受時就妥協，這是一種習慣性的作法。如果這個看法是對的，忽略了現代國家概念形成之前的模式、慣例，歷史評判會有很大的出入。

章太炎在他的一些文章裏面，常常斥責清朝的某些讀書人，說他們出仕清廷，沒有守住漢人的節操，然而這不正是革命史學的「後見之明」嗎？章太炎從晚清革命家的眼光倒扣回去，總認為清代漢人都會不自覺地問自己是否應該出仕的問題。所以他總是說：「昔戴（震）君與全紹衣（祖望）並污偽命」（〈謝本師〉），或「雖余蕭客（1729—1777）、陳奐（1786—1863）輩，猶以布衣韋帶盡其年壽」（〈說林上〉），好像他們都是經過一番深思熟慮之後，才作了上述的決定。其實生在清代盛世的人，腦海中恐怕從來不曾出現過「污偽命」的問題，他們對於能出來做官高興得不得了。各位有沒有注意到，戴震的文集裏有一篇講到「海寇鄭成功」（〈鄭之文傳〉），如果他有很強的漢族意識，他怎麼會稱鄭成功為海寇呢？章太炎完全是以「後見之明」在看歷史；我們是不是也經常和章太炎做一樣的事？

每一段歷史的發展過程都是邁向「未知」，每一次都是無法重複的選擇。在這裏我要以蘇格拉底（Socrates, B.C.469—399）要學生挑選一顆最大蘋果的故事為例。

蘇格拉底把學生帶到一片蘋果林，要大家從這頭走到那一頭，挑選一顆最大最好的蘋果，不許遺漏、不許走回頭路。蘇格拉底等在另一頭，但是每一個學生都空手而回。有的是看到一顆很大很好的蘋果，卻想着下面還會有更大更好的；有的是看到一顆又大又好的，就馬上摘下，可是後來又發現更好的。他們要求老師再讓他們選擇一次，蘇格拉底說：「這就是人生，人生就是一次無法重複的選擇！」歷史無法重複，在歷史的發展過程中未來具有不透明性，可用信息非常有限，因此任何行動的結果都是一種或然率，是有限理性、有限選項下的選擇。

除了上述之外，在這裏我還想對「歷史世界的不透明性」再作一些申述。我想先強調兩點：第一，應充分體認社會的不透明性、人與人之間的隔離性，不能總是假設人與人之間一定有着窗戶，而窗戶總是打開的。第二，時間之流像一環一環切片，環與環之間往往是絕緣的，代與代之間的文化傳遞不一定自動發生，先一代流行的書下一代不一定會再重印，先前的傳統不一定會自動傳遞到下一代人身上，而是需要靠辛苦學習。[36]

因此，史學工作者應該轉變思維方式，由假設事物是自然而

---

36 在這裏我想引用詩人艾略特（T. S. Eliot, 1888—1965）的〈傳統與個人的才能〉（*Tradition and the Individual Talent*）一文，它說當偉大的作品出現時，不僅是簡單地放入一個新東西而已，古今所有文學史中的作品的相對位置都要因它而進行形形色色的調整。Thomas Stearns Eliot, "Tradition and the Individual Talent," *Selected Essays* (London: Faber and Faber Limited, 1951), pp.13-21.

然可能的、自然而然可以透見的、自然而然傳遞的，改變成慎重考慮「歷史世界的有限性」及「歷史世界的不透明性」。先想像人類活動的限制再來考慮其可能性。這樣在有限性到可能性之間，就有許多層次需要去探索，因而比較能了解哪些是自然發生的，而哪些是歷史行動者（agent）有意作為的結果。

如果我的了解沒錯，自閉症的症狀之一，是嚴重忽略了人與人之間的不透明性，在言談之間，每每以為對方完全知道我心中所想的一切，所以會有許多奇怪的言語與舉動。這個病症提醒我們，人與人之間不是全然透明的，如果誤以為人與人之間完全透明，即可能產生許多嚴重的誤解。但是，如果我們仔細檢查許多歷史解釋的構成時就會發現，史家常常有意無意間輕估歷史世界的不透明性，因而忽略或誤判許多潛在的、錯綜複雜的部分。

法國大革命二百週年的時候，西方史學界出版了不少專書，我覺得其中有一大部分著作把法國大革命的來臨寫得太確定，認為它一定會成功影響到歐洲、全世界，把這一切都視為理所當然。彷彿大革命爆發前的種種跡象，都已經「預知」了革命的發生。但托克維爾（Alexis de Tocqueville, 1805—1859）的《舊制度與大革命》說：當時法國的君主和大臣們並不真的相信這會是一個「革命」，他們認為這是趁火打劫。因此我們應該要問在法國大革命前，人們真的隱隱約約有大革命即將來臨這樣的概念嗎？還是像托克維爾講的，法國君主和大臣認為的，這只不過是一場週期性的疾病呢？「未來」到底怎麼樣，沒有人知道，不像後代史家那樣一切都已經知道。托克維爾這本書最吸引我的地方，就在於他回到「大革命」之前去看那些舊人物的觀點。他看各種舊人物的陳情書，看各省的檔案，看君王之間的通信，他發現他們都不知道眼前來的是怎麼回事。「未來」對他們而言是未知的，但我們不一樣，我們知道國王被送上斷頭台，整個社會翻天覆地地改變了。因此我們是先知道結果再回去試着了解整個過程。

這裏我還要舉一個當代的例子。美國前副總統戈爾（Al Gore）在《不願面對的真相》（*An Inconvenient Truth*）中嚴重警告地球暖化的危機，另一派卻認為這只是個週期性的問題。未來結果如何，我們不知道。我們就像歷史中許許多多的時代一樣，並不知道未來，到底是戈爾還是另一派人比較對。當然，大多數人是支持戈爾的，很多人認為所謂週期性問題的許多參數都不相同了。舉這個例子，是為了說明：對我們而言，未來並非已知，將來如果有人從歷史的角度研究人類對地球暖化問題的看法時，就不能以未來是已知的方式來解釋。

在這裏我還要再以「創新者」跟「模仿者」之間的區別來說明「未來是已知」與「未來是未知」之不同。模仿者是從「已知」倒溯回去，是 Z → A 的邏輯；而創新者是由 A → Z，向未知的未來摸索而成功，這是兩種不同的歷程。模仿者是 me too，或者稍微改進一下，使得它比創新者更有效、更便宜、更精簡，但這終歸是不同性質的工作。就像晚清的徐壽（1818—1884）和徐建寅（1845—1901）父子。他們完全用模仿的方式造了一艘西式輪船，驚動了許多人。[37]可是看到人家有輪船跟着去重建，與原生地發展出輪船，其困難度不可同日而語，其意義亦不相同。就像禪宗的「受業師」和「得法師」。受業師事先將教授的內容都規劃好，而得法師則是在你的基礎上加點東西，讓你自己頓悟，這兩個傳授方式是有區別的。為了讓讀者更能體會「創新者」與「模仿者」，與「未來是未知」或「未來是已知」之間的彷彿性，我想以兩位諾貝爾得主的例子做說明。

很多獲得諾貝爾獎的學術研究，現在回過頭去看相當簡單，相當順理成章，可是達到這些創新的過程卻非常困難。例如 1993 年諾貝爾化學獎得主加理・穆理斯（Kary B. Mullis, 1944—）是一個嬉皮般的科學家，放蕩不羈，愛情生活多彩多姿，大部分時間受僱於美國的一家生物科技公司，還曾在加州經營過商場。但是這樣的一個人發現了「聚合酶鏈鎖反應」（polymerase chain reaction，簡稱 PCR）的 DNA 複製技術。很多人也許會覺得諾貝爾獎頒給了這樣一個人很不可思議，但不能否認他的 PCR 對生命科學研究所造成的重大影響。我後來也試着去了解一下

37 王揚宗：《傅蘭雅與近代中國的科學啟蒙》（北京：科學出版社，2000），頁 24-26。

PCR，發現連我這個外行人都能了解。穆理斯說他原本以為這麼簡單的東西，應該早就有人做過吧！結果一查，竟然沒有。這個實驗，今天在生命科學界中大家都會做，跟許多原本門檻很高的實驗一樣，後來大家都會了。為甚麼穆理斯得到了諾貝爾獎，而其他人沒有得到？因為後來的人只是複製者，是 me too，後來的人做這個實驗，就等於在讀一篇科學論文，一讀就懂了。

又譬如華裔諾貝爾化學獎得主錢永健，他創造出熒光蛋白色彩的應用方式。許多人說這項技術現在非常普及、非常簡單，因而訝異他為何獲獎？這同樣也是創造者與複製者之間的不同。也就是說在未知狀態中的創造，與後來的複製者所感知的完全不同。

創新者的邏輯是「事件的邏輯」，是 A → Z，是充滿未知、不確定性的，從完全不知道未來下一步是甚麼到逐漸豁然貫通。而後人看它們創造出來的東西後，往往覺得每一步都合情合理，其中道理都可琅琅上口，也不難照着複製一個。我們雖然知道有許多「後來者」在市場上比原創者成功，但事實上這兩者的邏輯是不一樣的。

因此我們從事歷史研究時，如果只是倒扣回去看，就看不到旁邊空氣的部分，而只看到實質的部分。我們都想追溯王陽明（1472—1529）思想的興起，這是一個很大的題目，這件工作之所以困難是因為我們能倒扣回去，找到連續性的部分，但是「風」

的部分卻很難把握，而這個整體才是影響後來的部分。我們看到的是大的漏斗下面的一部分，大的漏斗裏面有個氛圍，可是我們研究歷史時，往往忘了整體氛圍。只是從已知推未知，而不是從未知看未來的發展。

當然也有人會問，該如何解釋歷史中的人物的方向性？年鑒學派的「長時段」(longue durée) 又該如何解釋？

我個人認為，歷史人物當然有方向性，歷史的「長時段」還是可能存在的，但我們對這兩者要進行比較深入的了解，它們是在許許多多複雜的過程中才慢慢落實的，不是像射箭一樣，一箭就射到對岸。所以不是沒有方向性或長時段，而是需要經過很多曲折、努力、克服，加上整體社會、氣氛的支持才有可能。也有人問過，上述的反省與昆汀・斯金納 (Quentin Skinner, 1940—) 有甚麼不同？斯金納主要受奧斯汀日常語言分析的影響，重視從語言約定俗成的層面去將一個文獻放回它的歷史情境中。此外，斯金納還發展出若干可操作的步驟，但他並沒有區辨「事件邏輯」(A → Z) 和「史家邏輯」(Z → A)。他所做的工作主要是把思想或文獻放回歷史脈絡，而且非常着重於重建歷史人物的意向性，要把歷史人物的意圖客觀地建立起來，並沒有考慮到前面提到的種種問題。

西方有句諺語：「Spinoza could not have foreseen」，意思是說即使像史賓諾沙這樣偉大的人都沒有辦法預測未來。對於歷史行動者來說，未來是已知的，或未來是未知的有很大的差別。我們總是以未來是已知的實情來做「未來是未知」的歷史研究，但是讓我們來想想：誰會料到在葉利欽（Boris Nikolayevich Yeltsin, 1931—2007）之後，是由 KGB 出身的普京（Vladimir Vladimirovich Putin, 1952—）連續執政 12 年之後，現在又再度擔任總統呢？誰想得到當初被各方所讚美的歐元現在搞得一團糟？未來是未知的，我們雖然可以做某些預測，但未來畢竟漆黑一片，這是從事歷史解釋時應有的覺知。[38]

八、潛流

我對歷史的了解是，歷史是由很多股力量競爭或競合前進的，一個時期並非只有一個調子，而是像一首交響曲，有很多調子同時在前行。而且，歷史是一個未完的牌局，我們此刻則是把它凝結在一個定點來研究。我們書寫歷史，往往只着重當時的主調，而忽略了它還有一些副調、潛流，跟着主調同時並進、互相競合、互相影響，像一束向前無限延伸的「纖維叢」。如果忽略了這些同時競爭的副調、潛流，我們並不能真正了解當時的主流。

38　因為現在看到歐元造成的種種嚴重問題，猛然回頭去看才了解柴契爾夫人（Margaret Hilda Thatcher, 1925—2013）當初為甚麼要反對它。

潛流就像布希亞所說的地下莖（rhizome）：樹與樹之間不能移動，但是它們的樹根卻可能延伸、交纏在一起，「潛流」一詞可能會讓人們誤以為它也是有意志地在活動着。如果用亞里斯多德的「形式」（form）與「材料」（matter）來區辨，有時潛流是以零散的「材料」的方式存在着，但有時候它有了「形式」。沒有「形式」的材料，沒有方向性、原則性；然而有些時候，當它不再只是「材料」，它凝聚成具有一定程度的方向性，它會與主流競爭或競合。

描述一個時代、一個社會，除了主調之外，還應包括潛流在內的許多競合力量，它們交光互影，關係異常複雜。如果我們不能了解其中的各個層次、各個脈絡，以及主調、副調等等之間的複雜關係，便不能好好了解一時期的歷史。在這裏我借用洪席耶（Jacques Ranciére, 1940—）所說的「regime of aesthetics」來談為甚麼有些奇特、新穎的思想可以在某些時代冒出來，成為大家可見的，有些時候卻隱藏在下，沒有辦法被看到。但不能因為它沒有冒出來為大家所見，就覺得它實際上不存在，它也有可能在甚麼時候會擺脫潛伏的形式成為一種主調。底層的東西也在前進、也在改變，而且一直跟主流在對話，甚至在某個時候也可能「顛倒正面」成為主流。

且讓我再次引用鄭超麟的回憶錄，鄭超麟說他在 15 歲時第一次讀了《紅樓夢》，「結合過去讀的小說，知道結婚之外尚有『愛情』。又從小說中知道：結婚應以『愛情』為基礎。但舊社會的道德勢力太大了，認為以愛情為基礎的婚姻必然要演悲劇。《紅樓夢》、《西廂記》就是實例。」[39] 我為甚麼要引這一段呢？鄭超麟的話提醒我們，那個時候至少有兩種愛情觀並存着，一種是正統派，另一種是在傳統愛情、婚姻觀念之外，被小說戲曲感染的愛情觀念，是傳統道德所不容，是要壓抑下去的情感。到了辛亥革命、新文化運動之後，這種小說式的愛情觀，反而「顛倒正面」，成了主流。那一代許多新派的人物，便往往把原來不入流的小說中的東西變成新正統。胡適即是這樣。他在民國以前讀了很多舊小說，跟他所讀的程朱思想同時存在心中，可是慢慢地，小說中的世界「顛倒正面」，成為他思想與美感的主流，所產生的變化與衝擊就變得非常大。

所以我們研究歷史的時候，如果只看到當時的主流論述，而沒有注意到各個層次並存互相競逐的方式，沒有看到當時的低音、潛流，很多事情會變得沒有辦法理解。在清朝，皇權最強的時候，小說、戲曲裏面還是有很多調侃皇權的內容，譬如清初賈鳧西的《木皮散人鼓詞》中便充滿用路人的口吻調侃古往今來統治者的內容。我們不能說因為它是戲曲、小說，所以認為它們不

39 鄭超麟：《髫齡雜憶》，收於范用編：《鄭超麟回憶錄》，頁 124。

存在，或不具意義，這實際上是各個層次中間的一層。很多人是從戲曲、小說中得到政治思想，譬如晚清以忠耿聞名的太監寇連材（1868—1896），他所上的政疏便往往取材自小說、戲曲。小說和了不起的政論都在同一個時代存在，而且也可能發揮重要作用。

前面提到過，有時候潛流只是一些散亂、沒有方向的材料，可是到某一個時候，受到某種觸發，也可能成為一個有方向、有目的的潛流。在這裏我還要舉一個例子。最近研究美國一九六〇年代歷史出現一個修正運動，即不只注意當時的學生運動，也注意當時抑而不揚的許許多多保守團體，它們如何被喚起、轉型、結合。如果不深入了解這些潛流，就不能解釋保守派的列根（Ronald Wilson Reagan, 1911—2004）何以在一九七〇年代當選美國總統。

除了潛流之外，被統治者、在地者、失敗者也都是在原來的歷史寫作中不被「再現」（represent）的一羣。我們對他們的的歷史了解非常少，我們所了解的大部分都是勝利者。

英國史家卡爾（E. H. Carr, 1892—1982），有一部流行最廣的《歷史是甚麼？》（*What is History?*）。最近我看到商務印書館的譯本前面有埃文斯（Richard Evans, 1947—）所寫的介紹。這個介紹裏面把當時批評卡爾的意見列在裏面，裏面引用羅珀（Trevor Roper, 1914—2003）說卡爾總是非常技巧地跟即將勝利的人站在一起，意思就是說卡爾對同時代其他競爭的勢力、多元的聲音是不太理會的，他的歷史寫作裏面總是替即將獲勝的那一方留一個像草蛇灰線那樣的線索。

這幾十年來，我從不看連續劇，但前兩年我看了一部日本電視劇《篤姬》，我覺得這是從德川幕府的角度，也就是從失敗者的一面在講歷史。過去講明治維新歷史，都是像羅珀所說的，總是不聲不響地和勝利者站在一起，講的是明治天皇（1852—1912）、大久保利通（1830—1878）、伊藤博文（1841—1909）等人，忘了還有德川家和數量龐大的忠心的臣民，他們如何抉擇、以及他們後來以甚麼樣的面貌在歷史中存在着？法國年鑒學派 Nathan Wachtel（1935—）的《被征服者的視野》（*The Vision of the Vanquished: the Spanish Conquest of Peru through Indian Eyes, 1530—1570*）也是一個好的例子。在這部名著中作者提到，一般人只注意到西班牙殖民者的作為，但作者說他要找尋被征服者的聲音和面貌。他認為如果沒有相當程度地了解他們，便無法完整地了解當時歷史的全貌。這就是我所謂的低音的部分。如果忽略了被征服者、被統治者、在地人、弱者、低音者的歷史，那麼對主流者、統治者或勝利者的了解也不完整。當然，這些探討必須要放在多元競爭的、多層次的歷史架構（也就是我在別處所說的「layers of history」）下來看，而不是誤以低音部為高音部。

我個人的一份研究，說不定也可以拿出來作為一個例子。

二十多年來，我一直在蒐集地方上的百姓除打轎、拆毀官衙、罷市、京控、變亂等抗議方式之外，是不是還有另一種方式可以表述底層的聲音或底層的評價。我蒐集了許多史料說明老百姓時常透過讚美性的象徵性行為，來設定他們對地方官表現的評價標準及它們的考評。政府有鄉賢祠、名宦祠等，地方上的老百姓也有表達他們評價的非正式系統。老百姓對他們認可的好官，在離任時有各種行動，譬如脫靴、送乞留狀、萬名（民）傘、萬名（民）衣，刻勤政碑、去思碑，甚至罷市，或是將好官的事跡演成戲曲小說等。這些行為表示人民也有他們自己的一套評價系統，這也是「弱者的武器」。弱者並不只是像斯科特（James Scott, 1936—）所說的那樣用罷工、不合作，甚至到發起民變等方式作為武器，他們也用讚美或不讚美作為武器。[40]

九、結論

本章是透過各種反思，希望歷史研究能做到陳寅恪所說的「與立說之古人處於同一境界」。「與立說之古人處於同一境界」，並不是指完全退回過去那種道德、禮法，或聖道王功所支配下

40 請參見 James Scott, *Weapons of the Weak: Everyday Forms of Peasant Resistance* (New Haven: Yale University Press, 1985).

的史學。以民國保守派學者張爾田的話為例。王蘧常（1900—1989）在〈錢塘張孟劬先生傳〉中提到：「時有以遠西遺法治我國學者，先生曰：『國學自有真目，當以我法治之』。」[41] 我同意「國學自有真目」的前提，但是為了了解這個「真目」，必須運用所有用得上的資源、方法、工具、理論等，不管它屬於中國或西方。

要了解國學的「真目」必須經過「自我坎陷」（self-negation）。[42] 以近代考古學的發展為例，如果不經「疑古」這一段，難有後來的科學考古。李濟（1896—1979）回憶說，沒有經過新文化運動的洗禮，決不會產生近代中國的考古學。我們也相信如果沒有晚清以來的「名學」，恐怕人們也不可能廣泛、深入地了解先秦諸子的論證方法。同樣地，如果沒有近代西方傳來的數學，恐怕也不容易了解、評估中國古代的數學的。

所以要用一切學術的資源來幫助我們。要把西方個案化，也把中國個案化，不是西方普遍化，中國個案化，也不只是西方個案化，中國普遍化。[43]

41 王蘧常：〈錢塘張孟劬先生傳〉，收於錢仲聯（1908—2003）編：《廣清碑傳集》（蘇州：蘇州大學出版社，1999），頁 1363。

42 「Self-negation」是黑格爾的詞彙，此處借用牟宗三（1909—1995）的譯法。

43 參見謝國雄：〈百年來的社會學：斷裂、移植與深耕〉，收於王汎森編：《中華民國發展史 ‧ 學術發展》（台北：聯經出版事業公司，2011），上冊，頁 379。

問答部分

葛兆光：

我想王院士今天講的兩個問題很重要，我把它總結一下，一個是「回到起點」，一個是「消耗性轉換」。「消耗性轉換」跟林毓生先生所說的「創造性轉換」同樣是轉換，但一個強調了創造，一個強調了消耗。今天王院士講的很多問題都很重要，現在就開放給大家，大家有甚麼問題可以向王院士發問。

提問 A：

王老師您好，我有兩個問題想請教您。剛才您提到把中國傳統的道術、思想戴上哲學的帽子後，傅斯年批評胡適說這樣就把它從很多原始的情境中脫離出來了。西方對哲學這類思想的歸類可能也是經過十八、十九世紀的重新構造，之後才把這類思想重新歸到哲學之下。我想問問，基督教早期西方的思想跟中國有沒有被剝離出來的思想之間其實有些可以對等、對話的共通之處，或者都可以被認為是生活的學問？

第二個問題，您剛才提到有一個不斷消耗性的轉換，消耗之前已有的思想資源。我想問，這種消耗性轉換產生的原因可能有哪些呢？比如有沒有可能是語言的改變，就好像早期中世紀時用拉丁文轉寫或翻譯保存希臘的原典，這裏面會不會產生消耗性轉換？我們的文獻記錄方式從口誦到書寫、從抄本到刻本等，這個語言傳播的過程是不是產生這種消耗性轉換的成因之一？

王汎森：

你的問題裏已經有答案了，我都同意。我一直持有一種看法，即許多歷史上的事情常常是「啄啐同時」，好處與潛在的危機常常存在同一個內核中。對目前這個問題，消耗性轉換事實上還有一部分原因，當時的人認為那不是消耗，而是創造。剛剛我一直在強調，我在談歷史研究，如果是談現代生活則當然需要有這樣的轉換，所以從一開始我就講要把「歷史的事實」跟「價值的宣揚」分開來談。每一個時代的人都在做轉換的工作，在當時也是為了要適應現實。不過今天我們要回去了解以前的歷史文化，就要了解到這一層，才能比較好地掌握，我整個要講的其實就是我們如何與古人處於同一境界。

其實我本來要談的是四點，其中也有談到一些語言的問題。其實近代語言的轉換太多了，不可估量，轉換過程中語言的變化非常大。王國維在〈論新學語之輸入〉那篇文章裏講，古人好用單詞，經過日本輸進來後往往用了雙字。譬如以前英是英，雄是雄，圖是圖，畫是畫，曆（歷）是曆（歷），史是史，後來都變了，日本人常用兩個字，有時還用四個字把它講得更清楚。王國維認為這很重要，現代事物這麼複雜，當然要用非常複雜的新詞才能表達那些原來表達不準的。如果是要了解古代就要了解到這些詞是後來的。事實上新詞織成為非常大的網，我們是透過這個網去了解這個世界、解釋這個世界，我們對政治的看法，對所有東西的看法都是透過轉換過的這些詞彙編織成的一張視網來看的。同時，在了解古代歷史時，也透過這張網去理解。

中國中古時代佛教傳入之後，也出現了大量的新詞彙。台灣過去有位學者，他把這些詞整理在一起，你看看那些詞，那些詞所構建的視網影響後來中國思想之大。每個地方它都在，這些詞也使得我們回去看古代時隔了一層。譬如演講中提到的「傳統」一詞，在過去指的是「傳某一種特定東西之統」，出現不多，最多都是在五胡十六國，比如某人將王位傳給某人，就說是「傳某人之統」為「傳統」。但現在不是，好像是有一個過去、有一個整體，像河流一樣流下來到了我們今天的東西叫做「傳統」。這種轉換非常之大。清朝一些很有成就的考據學家，包括阮元（1764—1849），都希望把佛、道家的觀念從原來隱藏性地或明顯地出現在儒家經典的注疏裏趕出去。阮元曾經說他在皇侃（488—545）的《論語義疏》裏都看到摻雜了很多佛教的觀點，那是很早的一本關於儒家經典的註釋，裏面摻了許多佛學思想，如果從古代順着時間序列一步步看下來，就會在文獻的一個一個層位中發現它各種成分的摻入，現在我們是倒着回去看，就看不出來了。

胡適之先生在哈佛大學三百年校慶時發表了一篇〈中國的印度化〉，胡先生說他看到許多原來不屬於中國的東西從印度傳入中國，包括那麼嚴峻的天堂和地獄的差別，包括許許多多的東西。他說，從先秦古書裏看不到這些痕跡的。所以，如果我們想要好好了解先秦，如果倒着拿這些東西回去套的話，是可以有很大的出入。

此外，在十八、十九世紀，尤其是十九世紀之後各種學科產生，是另一個動盪，是很大的變化，從此以後有了「學科化」及「學術化的」東西。我個人認為，學科化時代之後產生的各式各樣學科都有變化，我們當然也受它的影響，我們認為學科化也造成了近代學術很重要的轉變，沒有學科化，後來很多東西不可能發展成這樣，各位也不會坐在這裏用這些東西了。

提問 B：

王老師您好，我想問一個問題，和您剛才回答的提問有關，您剛才提到要和古人站在一塊兒去了解古人的心情，我覺得實際就是孟子所提的「尚友」，即「頌其詩，讀其書，不知其人，可乎？是以論其世也，是尚友也。」他對「尚友」的理解，按照歷代經書家的注疏，基本和您說的是一個意思。我覺得在那個時期，每一個階段的歷史轉角處都會有人提出經典要重新回到原點的位置。這裏面涉及到中國傳統史學現實功能的問題，按照今天的話就是史學的主體性，對於傳統的史學都有非常現實的意義，比如您後來講的「風」的觀察。我想你提到的「消耗性轉換」中的「消耗性」就是原來的史官變成今天的研究制，其中就包含了這種史學功能的喪失，想問一下您對於史官功能喪失的看法。

王汎森：

陳寅恪的「與立說之古人處於同一境界」，當然和「尚友」有相似之處，不過陳寅恪更是以史學家追求知識的角度出發，我個人認為，他的《柳如是別傳》即是想「與古人處於同一境界」的嘗試。他常常說要試驗一種新的史學，要回到古人的世界，了解各種生活現實，才會了解他會怎麼做，包括取一個名字，做一個抉擇，人跟人交往的方式等等。不能像今天一樣很簡單地想當然，我在猜，《柳如是別傳》就是要做這樣的展示。

有位史學界非常重要的人士講，陳寅恪後來幹嘛花十幾年時間寫柳如是的故事，他認為這是史學才能最大的浪費。但我的看法不一樣，我覺得陳寅恪是在展示一種史學的方式。

另外您提到「史」，王國維的「道德團體說」一講就跟這個問題有點關係，但我那一講裏還有很重要的一點是要說他本身的矛盾。他的學術工作與生命關懷凸顯了兩種矛盾、拉扯的力量在同一個人身上時產生了困局。

提問C：

您前面報告講了第一個部分，我聽到您舉的例子基本都是晚清民國學術轉型時期的學者，我也很同意您的基本看法。我自己，因為也關心這些相關的問題，有一個困惑。您也講到，學術往往是要回應當時一些生活問題或壓力的，這些精英的部分，像黃侃，包括王國維，有沒有可能他們沒有成為主流，就是因為他們自己在當時處的時代本身，在回應當時的壓力或生活問題時，本身就處在不夠有力量的位置，他們對於所謂古代的研究或想像本身也有些問題，會不會是這樣的？其實我根本的問題和我自己經常的困惑是，怎麼處理，或者說怎麼評價這些東西，當你去做研究時，其實你心裏一定是有評價態度在的，不知道王院士怎麼看這個問題？

王汎森：

這個問題非常難以回答，所以我一開始就說，要儘量把研究歷史和宣揚價值分開來，我是在談史學研究。

如果就現實生活來講，我想提胡適跟梁漱溟（1893—1988）那番對話。梁漱溟曾寫信挑戰胡適，但胡適回答說，幾十年來，是我們這一條路帶來國家的進步還是你們？胡適還是認為他那條路是對的，梁漱溟他們固守那個東西是行不通的。所以我舉了陳獨秀（1879—1942）〈孔子之道與現代生活〉，當然當時還有很多人寫過這類文章。近百年來的中國有兩條相衝突的路，一個是十九世紀以來西方學術那一套規範，一個是強大的道德要求。我覺得王國維本身就是這兩個聚在一起的，所以用我的話就是「永遠的矛盾」。我想很多人是這樣，不只是王國維，王國維只是一個有意義的代表人物，在那個時代很多人都是這樣。但也有一羣人認為我原來的方式便是完滿具足的，然而整個時代的變化，科學的時代、現代的時代、西方的時代、物質進步的時代，當然就被排斥到邊緣。對你的問題我沒有非常好的解答，這就是歷史上轉換時代常見的現象。

有意思的是，你看西方討論保守主義，尤其是近代保守主義的書，西方保守主義者有個特色，承認這個世界不會完美，所以不要隨便去追求烏托邦，然後要用激烈的手段來達成它，這是保守主義重要的定義之一。可是你看近代中國這些保守的知識分子，他們沒有不完美的概念，他認為我這個世界是完美的，我固守着的這個世界是完美的。

剛剛我偶然提到了梁巨川（濟，1858—1918）自殺前的遺書，我有一種感覺，他是另外一型的保守主義者。他知道他的「道」如果要具體化，和現代生活是不合的，完全是陳獨秀講的孔子之道，非常了不起，可是不適合現代生活那樣的想法。梁巨川代表其他一羣人，包括陳寅恪也有這個味道，把歷史切成一環環，我盡忠就是盡忠這個，我一旦盡忠了清朝，殉了清朝便完成了我的「忠」，則這件事雖然特殊，但是它本身的意義是普遍的。如果你能為民國死，就是盡忠於你的事情，其意亦同，所以我把它抽象化，以抽象的具體為普遍，所以是既具體又普遍的。為甚麼陳寅恪會以那樣的方式來歌頌王國維？陳寅恪〈王觀堂先生輓詞〉，我想在座很多人都非常熟悉。我感覺它裏面有幾層意思，第一層告訴我們，儒家這些道德、思想、文化要附麗在一定的具體的經濟、社會環境下的，可是經過晚清以來，具體的那部分已經消失了，所以三綱五常和原來儒家的道德，大本、大根、大源，已經無處附麗了，成為了抽象的。抽象之後，王國維的殉清，就像剛才我講的梁巨川之殉清，即使孔子之道和現代生活不合，可我還是要為孔子之道而殉教，以具體方式帶出普遍的意義，如果你做這件事情，盡了這個職分，則這件具體的、小小的事情，其意義就是巨大的，在這裏，具體和普遍是同一個東西，分不開的東西，以具體來顯現抽象的普遍意義，其實這是一個變化，與陳獨秀的孔子之道和現代生活的思考是同一光譜的東西。他們以抽象的具體作為普遍，我具體化地來實現一個抽象的理想而造成普遍意義，你看梁巨川的遺書裏講，是你在民國時代即應該為自由民主殉身。他認為，我的死雖然是為了忠於清朝，但事實上是對民國有益的，對以後各代都有益，因為我的行為彰顯了一個貴重的道理，即人們應該忠於他的職分、忠於他的理想，他認為這樣一個具體的事情就具有普遍意義。

《桂林梁先生遺書》我在二、三十年前看過，可是當時並不能感受其中的意義，當時我以研究五四運動的角度來看，覺得這裏面的話不大能自圓其說。可是如果我們轉換一個角度來看，就會覺得相當震動，雖然那些思想我不一定贊成，可是我相當震動，而這就是態度的變化。我要講的其實不是答案，剛一開始我就講了，我是跟各位分享一個問題，我所困惑的問題。如果擺脫三十年前對這本書的看法而採取比較同情的理解，去了解在這個時代這樣處境下的人是怎樣地想這個問題，而不只是看他內在的矛盾，那麼我就有了新的看法，我就不再覺得它是充滿內在矛盾的東西。

梁巨川似乎認為他的主要工作便是盡他的職分，所以梁巨川的遺書裏寫「我殉清是盡我的職分」，我殉這個特殊的對象，並不表示我完全贊同它，但我用「殉」這個行動來維護世道人心，你們民國人士也有你們的職分，好好做民國共和制的事情，即是盡了作民國國民的職分。他痛恨的是在民國這麼大的名義下，做的都是亂七八糟的事情，所以他覺得非自殺不可。當然他其中有些很有趣的想法，他說清朝亡了竟然沒有一個人自殺，是可恥的事情，《二十五史》裏最後一頁沒有人寫，他說他要寫這一頁。他說一個王朝亡了居然沒有一個人自殺，不行，他一定要自殺。

三十年前我不全懂，三十年前只覺得他的思想很含混，但現在仔細聽他的「低音」，覺得是有一個邏輯在裏面的。

「心力」與「破對待」

近代思想中有一種道德熱情極度泛溢、膨脹的現象，它既吸收了新的時代所能提供的一切養分而形成種種新的變化，同時又打破了歷來的禮法秩序或社會制約，最嚴重的是鼓吹把整個社會粉碎成原子，然後在過度泛溢的道德熱情的趨力下重新組織，譚嗣同（1865—1898）的《仁學》正體現了上述的思維傾向。

譚嗣同出生於 1865 年，在戊戌政變失敗之後被斬首，死時只有 33 歲。《仁學》一書在他生前並未出版，但是當時已經有所流傳，譚氏死後，梁啟超（1873—1929）將它整理刊行於《清議報》，後來《亞東時報》也有刊載，但內容微有出入。[1]

《仁學》一書表述了非常繁雜的思想，它顯然是在幾年之間

1　湯志鈞：〈《仁學》版本探源〉，收於湯志鈞、湯仁澤校注：《仁學》（台北：台灣學生書局，1998），頁 104-140。

陸續寫成，故有一個發展的過程。在給唐才常（1867—1900）的信中，譚嗣同即非常清楚地表示自己所宣揚的是一種「衝決網羅」之學。《仁學》的下半部，顯現出「衝決網羅」的對象之一便是滿清政權，書中強烈的排滿言論，對1900年以後到辛亥革命這十年間的思想氣候影響至大。

一、生平

譚嗣同的生平並不複雜。他出生於北京時，其父譚繼洵（敬甫，1823—1901）是戶部主事。譚繼洵後來一路高升，升至湖北巡撫兼署湖廣總督。張灝先生早已指出，因為譚氏「自少至壯，徧遭綱倫之厄」，對他的個性與思想的發展有相當大的影響。[2]

譚氏曾隨父長期居住在西北（尤其是甘肅），所以他的傳記資料中常有在西北過着行走大漠、遊俠生活的英雄形象，因此我們不能忽略「俠」的心理對他後來的影響。他在《仁學》中即表示

2　張灝：《烈士精神與批判意識：譚嗣同思想的分析》（台北：聯經出版事業公司，1988）。

特別欣賞日本明治維新因為有「遊俠」的努力而能成功。[3]

譚繼洵於 1890 年調任湖北巡撫，故嗣同曾在湖北居住幾年，而後回到湖南。譚嗣同在湖南時，開始接觸到晚清以來的湖南學風，尤其是受到濃厚王夫之（1619—1692）色彩的學說薰陶，並結識了唐才常、貝元徵等對他思想產生特別影響的人。

30 歲以前的譚嗣同與 30 歲以後的他思想大為不同。30 歲以前的他，經歷（career pattern）與一般士人比較相近，曾經醉心於桐城文，甚至非常用心於考據學，跟一般士子一樣以科舉功名為唯一出路，故六度赴南北省試。但 30 歲那一年（1894）夏秋間，甲午戰爭爆發，清廷陸、海軍均失敗，譚嗣同的思想、行事因而起了劇烈變動。[4]

甲午之敗改變了譚氏原來的學問之路，他給老師及友人寫信，極力主張變通、行西法，從摸索各種西法、西學之中大變舊法，並開始與四方士人交遊、議論。他到北京謁見發起公車上書的康有為（1858—1927），但因康氏回到廣東，未獲見面，然而他

---

3 譚嗣同說：「與中國最近而亟當效法者，莫如日本。其變法自強之效，亦由其俗好帶劍行遊，悲歌叱吒」，見《仁學》，收於蔡尚思（1905—2008）等編：《譚嗣同全集（增訂本）》（北京：中華書局，1981），頁 344。本文所有《仁學》的引文皆出自此本，此後不另出註。

4 此前他有用世意、醉心《周禮》，認為西學往往符合《周禮》，可是在此之後，他慢慢與康有為周圍的一羣今文家熟識，而轉向主張《周禮》為偽造。

與康氏弟子梁啟超深談，聽聞康有為的講學宗旨後，大為感動，自稱為康氏之私淑弟子。

此後，譚氏於 1896 年在北京結識一羣佛學者，如吳嘉瑞、夏曾佑（1863—1924）、吳德瀟（1848—1900）父子，後來又在上海晤見傅蘭雅（John Fryer, 1839—1928），相談非常投契，對在傅蘭雅那裏所見到的新奇事物，如化石、算機、人體照相等印象深刻。尤其重要的是譚嗣同在傅蘭雅處讀到《治心免病法》，這本書中「心力」、「乙太」的觀念，對他後來建構思想體系起了重大作用。後來又在南京拜見佛學家楊文會（1837—1911），譚氏當時與之交遊，得以遍觀佛典。深受佛學洗禮的譚嗣同，家中收藏佛像、經典、法器甚多，思想變化非常大，在《仁學》中，佛學之影響隨處可見，這也是他開始撰寫《仁學》之年。梁啟超在為譚嗣同所寫的傳記中說：「需次金陵者一年，閉戶養心讀書，冥探孔佛之精奧，會通羣哲之心法，衍繹南海之宗旨，成《仁學》一書」，[5] 雖然言詞甚簡，但已大致把握《仁學》成書始末的大概了。

1897 年，譚嗣同積極參與各種新政，任《時務報》董事、成立測量會，商購各種儀器。同年十月，由於湖南巡撫陳寶箴

5 梁啟超：〈譚嗣同傳〉，收於蔡尚思等編：《譚嗣同全集（增訂本）》，頁 553。

（1831—1900）一再催促，他才從金陵回到湖南，積極參與時務學堂的創辦，延攬梁啟超、李維格（1867—1929）來任中文、西文總教習。時務學堂總、分教習均崇尚陸王之學，講民族大義，有時印發《明夷待訪錄》、《鐵函心史》、《揚州十日記》等書作為課外讀物，在學生年假返家時，引起湖南守舊士紳的恐慌。譚氏在湖南又與陳寶箴商量設立「南學會」，並將大量藏書捐贈於此。隔年（1898），譚嗣同在南學會開講，是年七月，赴北京參與變法。在政變之後，他不肯逃逸，慨然就逮，於七月中被殺。

二、思想淵源

近代西方科學知識傳入中國，對一部分人來說，不但不覺扞格不通，反而看到了一個前所未見的契機，想要藉着科學知識把儒家原有的道德意識改造成一個新的系統。這一個全新的改造，不是單純地用「新」的取代「舊」的關係，而是一方面互相套疊，一方面偷樑換柱。

譚嗣同的《仁學》與康有為的《新學偽經考》、《孔子改制考》一樣，都是自成系統而又驚天駭地的著作。兩人皆大膽地使用了一些全新的思想質素，並全面地重構古來的道德理想——「仁」。

這個大膽而新穎的建構，有相當複雜的思想淵源。康有為便是一個代表性的例子，康氏在《孟子微》等書中，大量引用電學、力學、氣學、數學、化學來解釋人性及人事。《孟子微》中說：「其乙太之所含，能與懿德合而攝之。如陽電陰電之相吸也。非本有其電，則不能與他電相吸，此人獨得於天者也。」又說：「不忍人之心，仁也」，[6] 用「電」及「乙太」混在一起講「仁」，是康有為的特創。他有時是用新科學知識來講儒家原有的道德詞彙，如用「乙太」來講「性」，講「仁」，用吸力來講「愛」。有時大量使用各種「力」，如動力、愛力、吸力、張力、壓力、速力來講人事世界，[7] 或用原子、化學元素（質點）的觀念，把整個世界質點化，使得拆毀與構建這個世界成為是一件任意而澈底的工作。康氏在自訂年譜中強調，他從早期在長興講學起，即「大發求仁之義」。[8]

康有為早年的學說往往在成書之前，便已透過講學或口說的方式傳播出去，像《大同書》，由口頭演說到正式成書，其中經過了幾十年之久。又如與本文密切相關的《孟子微》正式成書在1901 年，但是書中的意思早就以口說的方式傳開，譚嗣同在《仁學》中已經吸納了它的宗旨。《孟子微》中用現代科學知識對孟

---

6 樓宇烈整理：《孟子微 · 禮運注 · 中庸注》（北京：中華書局，1987），頁 30、9。

7 林樂知（Young John Allen, 1836—1907）翻譯的《格致啟蒙》中說，動力、愛力、吸力、張力、壓力、速力等都可以用來說明人類之間的情感道德關係。林樂知譯：《格致啟蒙》，熊月之主編：《晚清新學書目提要》（上海：上海書店出版社，2007），頁 91。

8 樓宇烈整理：《康南海自編年譜（外二種）》（北京：中華書局，1992），頁 19。

子思想作了許多革命性的詮釋，如用「乙太」詮釋「仁」，以「電」的觀念解釋人的本性。這是一個前所未見的「創造性轉化」，被譚嗣同繼承過來。

值得留心的是，在《仁學》最前面譚嗣同列舉了讀此書前所應懂得的種種學問，包括：佛書（華嚴及心宗、相宗之書）、西書（新約、算學、格致、社會學之書）、中國（《易》、《春秋公羊傳》、《論語》、《禮記》、《孟子》、《莊子》、《墨子》、《史記》，及陶淵明〔約 365—427〕、周茂叔〔1017—1073〕、張橫渠〔1020—1077〕、陸子靜〔1139—1193〕、王陽明〔1472—1529〕、王船山、黃梨洲〔1610—1695〕之書）。這張書單反映了譚氏思想的淵源，其中最為關鍵的是王夫之。不在這張書單中的傅蘭雅的《治心免病法》也一樣重要。

《治心免病法》中大談「心力」，這個觀念經譚氏在《仁學》之發揮後，前所未有地膨脹開來，「心力」即是一例。它是一個解放了的、無限主觀的能動力量，在古書中常常出現，但都是指人的努力。然而在《仁學》的脈絡中，它卻指一種毫無束縛、毫無限制的意志力量。

譚嗣同還接上了清季湖南地區的一種思想特色，即表現對王夫之及其所突出的道學傳統的興趣。王夫之的《張子正蒙注》，顯然對譚氏影響最大。為何是王夫之的《張子正蒙注》呢？曾國藩（1811—1872）曾說張載的《正蒙》展示了「為仁之方」，[9] 這句話是有深意的。張載的《正蒙》非常繁重細密地展示「仁」者如何眾生平等，為何孟子（前 372—前 289）所說「四海之內皆兄弟」是可能的，又為何「民吾同胞，物吾與也」。因為構成宇宙的質點是「氣」，既然構成萬事萬物的原質是一樣的，所以相親相愛有其理論基礎。另一方面因為天地間皆「氣」，物之成是因為氣之聚，物之散是因為氣之散；而氣是來來往往、互相交「通」的，在一呼一吸之間，你的氣與我的氣，乃至與宇宙眾人、眾物之氣互通，所以互愛、博愛有了最根本的基礎。甚至於人的生死，也可以因此得到一個非斷裂性的解釋。由上可見張載的《正蒙》等於給「仁」一個穩固的基礎，解釋了為甚麼是「仁者愛人」、「仁者與天地萬物同體」，故它是「求仁之方」。有了上述理論，張載在〈西銘〉中提倡一種近似「宇宙的大家族」的學說；這種「宇宙的大家族」或「宇宙烏托邦」的構想，在他的時代引起許多人的批評，覺得近於墨學無親疏、無等差之「兼愛」。[10]

值得注意的是，在宋明理學中，「仁者與天地萬物同體」的思想是相當普遍的，人們也都由他們各自的理論體系來闡發這個

9　曾國藩：〈王船山遺書序〉，《曾國藩全集 ‧ 詩文》（長沙：岳麓書社，1994），頁 278。

10　參見余英時：《朱熹的歷史世界：宋代士大夫政治文化的研究》（台北：允晨文化實業股份有限公司，2003）。

思想，而張載是其中相當激進的一種。十七世紀湖南思想家王夫之的《張子正蒙注》，正是對張氏思想做進一步的發揮。不過，我們必須特別注意，王夫之是個強烈的禮教主義者，他並不被這一烏托邦思路的激進色彩所牽引。

王夫之的遺書在同治年間經曾國藩兄弟刊印成《船山遺書》，這些書在湖南形成極大影響。譚嗣同一方面受他深刻的影響，但同時進行全面性的改造。《仁學》中批判最為激烈的是「禮」，整部《仁學》幾乎都在破除禮教，因此他雖然受到《張子正蒙注》的影響，卻完全不受「禮」的束縛，自由自在地塑造一個毫無束縛的「道德社羣」。

在以「仁」為主軸的新的道德團體中，宋明儒學以來「仁者與天地萬物同體」的偉大理想得到一個更具物質性、更易於把握，而且更有科學性的基礎——「乙太」。這一個當時被許多人認為最科學的學說，將人為何可以「仁」，「仁者」何以與天地萬物同體，乃至人何以可以「同德」，可以慈愛，可以感通，甚至於包括人的意志力量、不生不滅或一念萬年等觀念，都得到最物質性、最可把握、最科學性的解釋。

三、從《治心免病法》到《仁學》

譚氏及晚清以來若干人士將「心力」、「乙太」兩個觀念加起來，並賦予無限大的運用，這多少與《仁學》撰成不久前剛出現的一本《治心免病法》的中譯書有關。

新「心力」觀與近代中國一股極力擴大人的主觀能動性的思想運動密切相關，它高揚自我意志、思想的勝利。毛澤東（1893—1976）的「服從神，何不服從己？己即神也」[11] 可謂其代表。這一股運動與清末心學有關，康有為即深受其影響。但清末流行的「心力」說與陸王心學之間還有差別，將「心」及「我」擴大到前所未有的「自我神化」地步。[12] 它強調心的力量可以完成無限的事情，這個思想的形成、擴散，是由《治心免病法》到譚嗣同《仁學》之間的發展。

《治心免病法》是亨利・伍德（Henry Wood, 1869—1944）英文書 *Ideal Suggestion through Mental Photography* 的中譯。亨利・伍德是十九世紀末、二十世紀初在美國大為流行的「新思想運動」之一員，這個運動在二十世紀二十年代逐漸衰微。關於這個運動，有若干書可以參考，此處先以威廉・詹姆士（William James, 1842—1910）的《宗教經驗之種種》（*The Varieties of Religious*

11 毛澤東：〈《倫理學原理》批註〉，收於中共中央文獻研究室、中共湖南省委《毛澤東早期文稿》編輯組編：《毛澤東早期文稿》（長沙：湖南出版社，1990），頁 230。

12 張灝：〈扮演上帝：二十世紀中國激進思想中人的神化〉，收於第三屆國際漢學會議論文集思想組編：《中國思潮與外來文化》（台北：中央研究院中國文哲研究所，2002），頁 323-339。

Experience）中的介紹開始。詹姆士稱這個運動為「療心運動」（Mind-cure movement）。它極力貶低科學，也貶低物質的力量，認為過度誇張科學及現代醫藥的力量是走錯路，主張神意合乎自然規律，而不一定是自然科學才掌握這些規律，高揚思想及意志的力量。引用威廉・詹姆士的話，「新思想運動」主張者認為「思想就是事物」，而「上帝的生命與人的生命完全相同，所以是一個生命」，所以「我們的生活與上帝的生活是一個」。又說：「世上除了心，沒有東西」，「一個人怎樣想，他就是那麼樣」，另外一個更激進的觀點是「惡只是個謊話」。[13]

新思想運動鼓勵用善念充滿內心，極力擴大「好」的念頭，使「惡」念頭沒有存在的空間，所以它也反對一切可引起惡念的文化事物，如電影、書籍、娛樂等，認為這樣可以療心，也可以療病。前面說過它貶低（並不完全摒除）醫藥治病的能力，認為「思力」可以治病，而且比醫藥更為有效。亨利・伍德在「新思想運動」中佔有重要地位，人們認為他是首位通俗宣揚這個運動的人，他的若干小冊子銷售了數十萬冊。

亨利・伍德原本是一位成功的商人，可是在他 54 歲時，居然被極度的心理疾病所困擾，用盡各種方法都無法治癒，最後

13　威廉・詹姆士著，唐鉞（1891—1987）譯：《宗教經驗之種種》（北京：商務印書館，2002），頁 103、96、100、102。

卻在「新思想運動」中找到解脫。所以 *Ideal Suggestion through Mental Photography* 原是心理治療方面的書，而且書中所使用的方法主要是「催眠術」。

故這部英文書中，亨利・伍德雖然鼓吹「思力」的力量，但是並不像傅蘭雅的中譯本那樣誇張。該書中每每提到催眠術，認為在催眠過程中催眠者與被催眠者的「思力」有大小之別，但該書被傅蘭雅譯成中文後，卻有了許多改變。傅蘭雅在中國譯書二十幾年之久，翻譯的書以自然科學方面為主，像《治心免病法》這類談心理治療的書是極少數的例外，也許代表傅蘭雅後來對中國社會心理危機的一種關懷。

Ideal Suggestion through Mental Photography 與中文譯本《治心免病法》之間的出入，是不能以三言兩語說盡的。關於這些出入，我最近注意到事實上已有人研究過，[14] 其中有幾點與本題有關。第一，在英文本中有若干不同的詞，如「power of thought」、「mental activity」、「mental operation」、「pure ideal」、「higher and spiritual selfhood」等，在《治心免病法》中一概譯為「心力」，這些詞彙與「心力」之間是有些距離的。而且中譯本經過脈絡的重現，使得這些「心力」觀念逸出了英文原本中比較樸素的意涵，

14 參見劉紀蕙：《心之拓樸：1895 事件後的倫理重構》（台北：行人文化實驗室，2011），頁 368。

而是有高度強化心的力量的意味，使得「心力」帶有一種神秘的、足以完成任何艱難或不可能的事情之力量。第二，英文本中很少出現較類似「乙太」的意思，但是有時用、有時未用「ether」一字，而是說成「a small stream of turbid water」，[15] 而且相信一個人的「心力」，可以透過「乙太」之傳遞歆動他人的心，但並未像傅蘭雅的中譯本那樣將「心力」與「乙太」加以無限神化。第三，亨利・伍德的英文原書確實很注意「電」，而且有「心力如電」那樣的想法，[16] 但並未直接表達，而只說電等待人們的運用已經很久了。

前面說過譚嗣同熟悉佛學、宋明理學，他對傳統的心性之學也相當熟悉。宋明理學認為心是至善無惡的，人可以透過自我使得自己的境界得到提升，或是重視念頭的力量，故說要正念頭，強調「慎習」、「復性」等都是傳統心性之學所有的觀念。在 *Ideal Suggestion through Mental Photography* 及中文翻譯本中，我們也可以看到與上述心性思維相近的想法，所以宋明理學的思維與西方的新知，不是以一個取代另一個的方式進行的，而是以一個套疊另一個，並加以改換的方式出現。譚嗣同等人正是把《治心免

15 Henry Wood, *Ideal Suggestion through Mental Photography* (Boston: Lee and Shepard Press, 1895), p.51.

16 Ibid., p.53.

病法》的思路套在中國固有的心性之學上，加以改變、激化，並把「心力」擴充到難以想像的地步。

但是譚嗣同等人與《治心免病法》仍大有出入，其中最重要一點是沒有「神」的觀念。亨利・伍德及「新思想運動」的最基本想法是「思力」或「心力」必須合於「神」才有力量；「神」是這一切力量的最終保證，「思力」之所以能治人病，也是因為它合於神意。在《治心免病法》下卷中，提出心理治療的實作方法，最重要的也是要與「神」合而為一。無論是譚嗣同的《仁學》或當時其他「心力」說的提倡者，如梁啟超、康有為、唐才常、李大釗（1889—1927）等，都沒有「神」這個部分；他們的「心力」完全是由每一個人的思想意志所操控，不必有任何信仰上的保證，毛澤東所說的「己即神也」，便是最好的註解。

前面已提到過在英文原書中，所謂「心力」之大小與催眠術有關，可是在中譯本裏「催眠術」的意味極淡，如不仔細看，不易察覺出這本書是在講催眠術。到了譚嗣同、梁啟超等人那裏，就更完全看不到催眠術的影子，完全變成有人心力強，有人心力弱，而前者能改變後者、支配後者。如果「煉心」得法，用力夠深，則其心力可以強大到改變世界，甚至改變宇宙，「電」及遍佈整個宇宙的「乙太」就好像是供「心力」驅使的工具，是完成這些不可思議活動的好幫手。一個心理治療的運動，居然在中國成為一種全新的唯意志力運動，這恐怕是傅蘭雅譯書時所完全未料及的。

這裏還有一個值得再深入探究的問題：是不是在此之前，晚清中國的思想界已經開始一個唯意志力的傾向？對這個問題的回答必須非常謹慎。從晚清孟、荀二派的爭執，及孟子擴充「心」的作用一派之得勢，乃至晚清後來「排荀」運動中去除「禮教」的呼聲，是可以看出這個端倪的。此外，康有為一再強調他的整個學說是以求「仁」為宗旨，且再三強調陸王重視「心」的極大作用力。龔自珍（1792—1841）零星提及的「心力」說，在此時重新得到注意，也應在這個脈絡中來理解，但是它們與《仁學》中的「心力」說相比，簡直是小巫見大巫了。

譚嗣同對《治心免病法》的「心力」說做了許多超出原書的發揮，其「心力」思想很多樣，譬如：第一，腦即電、心力即電、心力能「通」一切。第二，以力學講心力之大小說：「吾無以狀之，以力學家凹凸之力之狀狀之。愈能辨事者，其凹凸之力愈大。」第三，心力即願力，即意志力。它有待訓練、培養；如果訓練得法，心力可以無限大，亦即意志力可以無限大，而此力驅策「乙太」可以改變一切，包括宇宙物質的成敗聚散。他說想開一「求心之學派」來教人煉「心力」，如言：「心力不能驟增，則莫若開一講求心之學派，專治佛學所謂願力」。第四，如果全天下人皆善其心力，則「治化之盛當至何等地步？」也就是說，如果全天下人皆培養其好的「心力」，互相感通，則人類新的道德團體可以因此成形。

前面已約略談到，譚嗣同受《治心免病法》等書影響的第二個重要觀念是「乙太」。從張載的《正蒙》到王夫之的《張子正蒙注》，這一脈的思想特別講「氣」；如果仔細比照王氏的《張子正蒙注》與譚氏的《仁學》，可以看到譚嗣同非常全面性地用「心力」及「乙太」來取代中國傳統思想中的「氣」。晚清民初思想界這一波替換轉化的工作，尚未引起足夠的重視。在這個以近代西方的「科學」觀念來詮釋中國原有的道德或人事的風潮中，力學、物理學、化學等都被進行意想不到的應用，譬如用力學中的「吸」、「斥」二力解釋人的愛、恨，即是一個例子。

「乙太」是希臘以來就有的物理思想，認為空間中佈滿一種物質。早在1870年（清同治九年）江南製造局所譯的西書《光學》中，便已經提到無所不在的「傳光氣」，一般咸信這是「乙太」介紹到中國的最早例子，此後也陸續有人介紹這個觀念。《治心免病法》的英文原書只是浮光掠影地提一下「乙太」，但是傅蘭雅在譯成中文時卻加入大段有關「乙太」的內容，[17] 使得中國讀者得到一種印象，彷彿它與「心力」是天生的配對。譚嗣同〈乙太說〉中形容說：「是蓋徧法界、虛空界、眾生界，有至大至精微，無所

17 劉紀蕙：《心之拓樸：1895 事件後的倫理重構》，頁 95。

不膠黏、不貫洽、不筦絡而充滿之一物焉。目不得而色，耳不得而聲，口鼻不得而臭味，無以名之，名之曰：『乙太』。其顯於用也，為浪、為力、為質點、為腦氣。法界由是生，虛空由是立，眾生由是出。無形焉，而為萬形之所麗；無心焉，而為萬心之所感，精而言之，夫亦曰『仁』而已矣。」[18]

譚嗣同不是唯一一位如此發揮「乙太」的人。晚清「乙太」觀的影響非常廣泛，從戊戌前後到民初，它說服了許多士人，認為宇宙中確有這樣一種無所不在的「微氣」，並把它與中國思想中原有的許多元素套疊在一起。譬如光緒二十六年（1900）孫詒讓（1848—1908）在〈論下元日展假事示瑞安普通學堂學生〉說：「蓋天地間有最精之微氣，西人謂之『乙太』，亦曰『亦脫』。凡地球外空氣包裹，漸遠則漸薄，不過數百里即幾成真空。惟『乙太』則彌滿大千世界，毫無間隙。光電即藉之以傳，動植諸物亦資之以生。」在這篇短文中，孫氏這位研究《周禮》的大師用「乙太」解釋了古往今來的萬事萬物，連靈異、術數都可由此得到新解。他又說：「人得之為腦氣，西人謂之有電氣，亦即此也。故凡人類精神所專注，便暗中結成鼓盪之大力」，[19] 也就是說意志藉

18　譚嗣同：〈乙太説〉，收於蔡尚思等編：《譚嗣同全集（增訂本）》，頁 434。

19　孫詒讓：〈論下元日展假事示瑞安普通學堂學生〉，收於張憲文輯：《孫詒讓遺文輯存》（杭州：浙江人民出版社，1990），頁 229。

着「乙太」、「電氣」可以超越人與人之間的隔閡，造成一種像颱風般的鼓盪之力。

《仁學》一書中到處都可以看到譚嗣同的「乙太」觀，譚氏力主「仁」即「乙太」，而這正是康有為《孟子微》中的新說。前面已提到《孟子微》出版在《仁學》之後，但是「仁」即「乙太」的觀點，可能早已透過口傳影響了譚氏。在《仁學》中，「仁」即「乙太」及「心力」說被發揮得很全面、很徹底、很激進。「乙太」是比「原質」更小、更基本的物質——「然原質猶有六十四之異，至於原質之原，則一乙太而已矣」。「仁」是「乙太」，所以「仁」變得物質化，成為可把握、可傳遞、可累積、可散去，可以藉心力指揮的東西。在那裏，宇宙、人生被「乙太」全面性地解釋，而且比《張子正蒙注》所講更為透徹、更為合理、更為科學。

「乙太」的另一個特色是足以溝通一切，譚嗣同說：「獨至無形之腦氣筋如乙太者，通天地萬物人我為一身，而妄分彼此，妄見畛域，但求利己，不恤其他。」因為天地萬物人我皆由「乙太」所構成，所以天地萬物都是平等的，而且又因為「乙太」像「氣」一樣，人們所吸進呼出的「乙太」，皆與天地萬物的「乙太」互通，所以天地萬物可以互相感通，因此天地萬物人我皆為一體。在這裏，宋明理學家所時時標舉的「仁者與天地萬物同體」的偉大理想得到一種物質化的實證。此「乙太」長存宇宙，故不生不滅，故古今為一體、千載為一時，而且此時之念、此時之「乙太」，萬年之後仍然存在。故三祖僧燦〈信心銘〉中「一念萬年」的觀念，亦從「心力」、「乙太」說得到物質性的、科學性的解釋。

「乙太」那種「通」一切的特質，也為譚氏的「去分別」、「破對待」，乃至破古往今來禮法、專制、君權、五倫，甚至破除男女、老幼及種種「不平等」的分別提供了思想基礎。在破除所有對待性的關係之後，才能更進一步達到「仁者與天地萬物同體」這種類似道德社羣的境界。

《仁學》中除了「乙太」，還廣泛援用聲光化電氣重之說來講「仁」、「心力」、「乙太」，這是因為聲光化電氣重之說都有一種沒有隔閡、貫「通」一切之特質，足以打破對待性的關係。譚氏說：「聲光化電氣重之說盛，對待或幾幾乎破矣！欲破對待，必先明格致；欲明格致，又必先辨對待。」又說：「格致明而對待破，學者之極詣也。」科學界的定律、通則都是通貫性的，對任何時地都是一致的，都不是「對待」性的，故他又說：「真理出，斯對待不破以自破。」

在譚嗣同所想像的理想社羣中，「通」及「平等」是兩個關鍵的主題。我覺得他認為這個世界之所以有這麼多的悲哀與不幸，有一個根本原因，即所有的人、團體都像是被鎖在一個又一個的小格子中，互相不能溝通。譚嗣同說：

> 仁以通為第一義；乙太也，電也，心力也，皆指出所以通之具。

> 通有四義：中外通，多取其義於《春秋》，以太平世遠近大小若一故也；上下通，男女內外通，多取其義於《易》，以陽下陰吉、陰下陽吝、泰否之類故也；人我通，多取其義於佛經，以「無人相，無我相」故也。

「通」是譚嗣同《仁學》的核心，他主張「上下通」、「人我通」、「中外通」、「男女內外通」，「通」的最理想境界，則必須破除所有「對待」才能達到。

在〈仁學界說〉裏，譚嗣同充分表示他的最高政治理想是「平等」，它必須通過「通」，破除「名」、「破對待」、「參伍錯綜其對待」來完成。可以說整部《仁學》是以「破對待」為第一義，所以〈仁學界說〉一開始即提到：

> 仁，一而已；凡對待之詞，皆當破之。
>
> 破對待，當參伍錯綜其對待。
>
> 參伍錯綜其對待，故迷而不知平等。
>
> 參伍錯綜其對待，然後平等。
>
> 無對待，然後平等。
>
> 無無，然後平等。

譚嗣同一生提倡數學最力，而晚清學風亦認為數學為西方格致之源，故他甚至幻想以代數來「參伍錯綜」其「對待」。

譚嗣同認為一切罪惡的根源，皆起於「妄生分別」;「妄生分別」故有「名」產生。《仁學》上說 :「學人不察，妄生分別，就彼則失此，此得又彼喪，徘徊首鼠，卒以一無成而兩俱敗。只見其拘牽文義，嫌疑罣礙，分崩離析……而相率以疊斃於分別之下。」譚嗣同認為「名」是無實體之物，忽彼忽此，極易生亂。故俗學陋行之以名為教，而又動言「名教」，最為他所反對。他說如果主張以「仁」為「共名」，則君父責臣子，臣子亦可反責君父。古來之君父對此感到不便，所以設「分別等衰」之「名」來保持自己的威權。他又說 :「中國積以威刑，箝制天下，則不得不廣立名，為箝制之器」,「又況名者，由人創造，上以制其下，而不能不奉之；則數千年來，三綱五倫之慘禍烈毒，由是酷焉矣。君以名桎臣，官以名軛民，父以名壓子，夫以名困妻，兄弟朋友各挾一名以相抗拒，而仁尚有少存焉者得乎？」「然而仁之亂於名也，亦其勢之自然也。」人與人在實際上本來是平等的，差別的「名」是一部分人們創造出來，用以合理化尊者對卑者的宰制與欺壓，其範圍包括很廣，三綱、五常、君與臣、官與民、父與子、夫與妻都是，原來人們都是平等的人，但是有力者創造出虛假的「名」來合理化不平等的從屬關係。

譚嗣同反對「親疏」，反對尊卑貴賤，反對「名教」，反對一切禮教，認為倫常之別是「亂世之法也」，反對「三綱」，只提倡

「朋友」一倫。故他說:「若夫釋迦文佛,誠超出矣,君臣父子夫婦兄弟之倫,皆空諸所有,棄之如無,而獨於朋友,則出定入定,無須臾離……夫朋友豈真貴於餘四倫而已,將為四倫之圭臬。而四倫咸以朋友之道貫之,是四倫可廢也」,「其在孔教,臣哉鄰哉,與國人交,君臣朋友也;不獨父其父,不獨子其子,父子朋友也;夫婦者,嗣為兄弟,可合可離,故孔氏不諱出妻,夫婦朋友也」。又說:「其在佛教,則盡率其君若臣與夫父母妻子兄弟眷屬天親,一一出家受戒,會與法會,是又普化彼四倫者,同為朋友矣。」譚氏認為佛教廓除所有尊卑或親屬關係,把所有人都當作「朋友」,是一件很值得稱道的事。關於譚氏對「朋友」一倫的強調,稍後還會談到。

譚嗣同反對「人我」之別,認為是因為「妄生分別」、妄生對待性關係,才會導出「人我」之別。他亦主張「無我」,而且主張「一多相容」、「三世一時」,認為不信這些觀念的,皆是被「對待」性的觀念所欺瞞。他說:「一切對待之名,一切對待之分別,殽然閧然。其瞞也,其自瞞也,不可以解矣。」所以,「破對待」與譚嗣同《仁學》中所要構築的新道德團體密切相關。

譚嗣同構想中的這個新的道德共同體,很像康有為在《大同書》中所描述的,要做到「無家」、「無國」的境界。《仁學》中說:「無國則畛域化,戰爭息,猜忌絕,權謀棄,彼我亡,平等出;且雖有天下,若無天下矣。君主廢,則貴賤平;公理明,則貧富均。

千里萬里，一家一人。視其家，逆旅也；視其人，同胞也。父無所用其慈，子無所用其孝，兄弟忘其友恭，夫婦忘其倡隨。若西書中百年一覺者，殆彷彿《禮運》大同之象焉。」甚至要無教主，無君主，做到「遍地民主」。他說這大概等於是公羊三世中之「升平世」或「大一統」——「天統也。地球羣教，將同奉一教主，地球羣國，將同奉一君主，於時為大一統，於人為知天命。」

四、排君權與排滿

在構想這樣一個新的、帶有烏托邦色彩的道德團體同時，《仁學》中批判、打破了許多「網羅」。「衝決網羅」與建立新的「道德團體」正是一體的兩面，它成為清末最後十年革命思潮中重要的組成部分。「衝決網羅」的範圍是非常廣的，譚嗣同在《仁學》的〈自敍〉中大聲疾呼說：「網羅重重，與虛空而無極：初當衝決利祿之網羅，次衝決俗學若考據、若詞章之網羅，次衝決全球羣學之網羅，次衝決君主之網羅，次衝決倫常之網羅，次衝決天之網羅，次衝決全球羣教之網羅，終將衝決佛法之網羅，然真能衝決，亦自無網羅，真無網羅，乃可言衝決。故衝決網羅者，即是未嘗衝決網羅。循環無端，道通為一。」「衝決網羅」論與後來的革命風潮相關，即它一面批評儒家，一面打破專制皇權，一面想顛覆滿族政權。

譚嗣同《仁學》中，最引人注目的一個論點是對專制政治的文化基礎進行深入的批判。《仁學》中揄揚黃宗羲，痛斥顧炎武（1613—1682），原因之一便是顧氏崇禮教，而黃氏批君權、揚民權。

《仁學》中提倡打倒君權、反君主、反君統，主張有真孔子，也有假孔學。荀學即是假孔學，因為荀子代表君學、君統；荀子盛便汩沒了真正的孔學。譚氏說：「君統盛而唐、虞後無可觀之政矣，孔教亡而三代下無可讀之書矣」，「由是二千年來君臣一倫，尤為黑暗否塞，無復人理，沿及今茲，方愈劇矣」。他又有一段膾炙人口的名言：「故常以為二千年來之政，秦政也，皆大盜也；二千年來之學，荀學也，皆鄉愿也。惟大盜利用鄉愿；惟鄉愿工媚大盜。二者交相資，而罔不託之於孔。被託者之大盜鄉愿，而責所託之孔，又烏能知孔哉？」

譚嗣同早在甲午戰爭之後，在寫給他的老師歐陽瓣薑（1849—1911）的信中已約略提到排滿。他說：「君以民為天，民心之渙萃，天心之去留也」，「及覩和議條款，竟忍以四百兆人民之身家性命，一舉而棄之，滿漢之見，至今未化，故視為儻來之物，圖自全而已，他非所恤！豈二百五十年之竭力供上，遂無一點好處耶？」「此時西人視中國官吏，比於禽獸……又以『穢、賄、諱』三字批評中國」。後來因為接觸到維新派，排滿思想稍稍隱伏，但到了《仁學》下篇，我們清楚看出他明白提倡排滿，這方面的言論對辛亥革命起過不小的作用。《仁學》中說：「奈何使素不知中國，素不識孔教之奇渥溫、愛新覺羅諸賤類異種，亦得憑陵乎蠻野兇殺之性氣以竊中國。及既竊之，即以所從竊之法還制其主人，亦得從容靦顏，挾持素所不識之孔教，以壓制素所不知之中國矣。而中國猶奉之如天，而不知其罪！」

此外，他說：「奈何四萬萬智勇材力之人，彼乃娼妓蓄之」，「其土則穢壤也，其人則羶種也，其心則禽心也，其俗則毳俗也，一旦逞其兇殘淫殺之威，以攫取中原之子女玉帛」，《仁學》中還大談《揚州十日記》、《嘉定屠城紀略》說：「夫果誰食誰之毛？誰踐誰之土？」他同情太平軍，恥惡湘軍，甚至認為白人來後可以幫忙解救漢族，脫離滿人之宰制。而在晚清革命志士中，有不少人深受譚嗣同的影響，譬如吳家瑞曾創「仁學會」，宣講該書。[20]

除了前述種種之外，《仁學》中還提倡許多新思想與新價值，它們大多是「通」及破「對待」的思想，有些具有王夫之思想的因子，有些受到晚清思潮的影響。而這些價值對當時士人或儒家的思想傳統產生莫大的衝擊力。如主張變法，提倡「日新」（「則新也者，夫亦羣教之公理也」）；又說「日新」是「乙太之動機而已

20 章士釗（1881—1973）：〈疏《黃帝魂》序〉，收於中國人民政治協商會議全國委員會文史資料研究委員會編：《辛亥革命回憶錄》第一集（北京：中華書局，1961），頁225-227。

矣」；講求動的人生觀，反對節儉，提倡奢侈；主張「形色天性」，反對「天理」、「人欲」之分，並常引王夫之的「天理即在人欲之中；無人欲，則天理亦無從發見」的名言。他痛責世俗小儒以「天理」為善，以「人欲」為惡，「不知無人欲，尚安得有天理？」

《仁學》中還痛斥名教、禮法，提出廢三綱、五倫。前面提到他突出「朋友」一倫，關於這一點此處還應進一步談，譚嗣同說：「夫惟朋友之倫獨尊，然後彼四倫不廢自廢。亦惟明四倫之當廢，然後朋友之權力始大。」他說古今中外談變法者，如果不廢四倫而突出「朋友」，則一切皆無從談起。讀到這裏，我們當然不無驚訝，在譚嗣同的思想中「仁」居然只剩下「朋友」一倫。

譚嗣同說每個個體從舊的倫常束縛中解放出來之後，應該加入新的「大羣」，組成「會」，羣策羣力為理想目標而奮鬥，並以耶穌創教為例來說明「大羣」之力量。值得注意的是，《仁學》中非常強調宗教的力量，提倡一種宗教優先論，認為孔、耶、佛三教的教義皆強調轉不平等為平等，「平等」正是譚嗣同所高倡之思想。他說：「故言政言學，苟不言教，則等於無用，其政術學術，亦或反為殺人之具。」

受到康有為的影響，譚氏主張建立孔教，認為「儒」與「孔教」不同。「孔教」範圍寬，「儒」不過是孔教中之一端而已，「以儒蔽孔教，遂專以剝削孔子為務」。他的意思是不承認兩千年來為專制君權服務的儒家，而主張回到「真孔子」並建立孔教。他主張模仿基督教，建立「孔子教堂」。

此外，《仁學》中還高揚佛教至上論，認為三教之中，由小而大排列下來是孔、耶、佛，佛教提倡「無父」、「無君」，故高於各教之上。他認為萬教最終應統於佛教——「故言佛教，則地球之教，可合而為一」。譚氏以「無父」、「無君」為最高理想，則其思想在當時的衝擊力之大可以想像矣！

譚嗣同將「心力」加上「乙太」的思想發揮得非常之廣，甚至說可以創造「新人類」。受到進化論的影響，他提倡「進種之學」，他說，「使一代勝於一代，萬化而不已，必別生種人，純用智，不用力，純有靈魂，不有體魄」，如果能出現一種「純有靈魂」、「輕滅體魄」的新人類，則人也就再不困於倫常了。

最後，要談一下譚嗣同的思想與他的生死觀。順着王夫之《張子正蒙注》中「氣」的思想，可以產生譚嗣同「乙太」思想中那種把人的生死當作像「乙太」那樣無論如何聚散都長存在宇宙的「不生不滅」的想法。《仁學》中說所有人「皆用天地固有之質點黏合而成人，及其既敝而散，仍各還其質點之故」。人死了，其質點散開之後可以形成新的人，即使地球毀了，新的星球也可以用已毀地球之「質點」形成新星，所以對死亡不必有任何畏懼。宋儒每好以氣之聚散講人的生死；明末清初王夫之說：「一聖人死，其氣分為眾賢人」，也是這一路思維的進一步發揮。而譚嗣同在政變失敗之後，甘心受捕處死，恐怕與此思想背景有相當直接的關係。

五、《仁學》在清末民初的影響

譚嗣同的思想內容有光譜濃淡之別，其影響不一，有的受他「衝決網羅」或排君權、排滿思想影響，有的將他巨大的、全面破壞現有秩序以重建新中國的思想架構繼承過來。以下將從「淡」至「濃」，將他的影響略作陳述。

如所周知，《仁學》對清末革命者的影響非常巨大，如吳樾（1878—1905）、鄒容（1885—1905）、陳天華（1875—1905）等，其激烈的意態與文字也鼓盪了許多後死者。在清末最後十年間，新式報刊媒體出現不少譚嗣同思想的影子，特別是有關「衝決網羅」一詞的發揮。譬如《辛亥革命前十年間時論選集》內，即收有許多言論，以《覺民》雜誌為例，「敢生」所寫的〈新舊篇〉，作者說：「總而論之，大宇長宙之間，無新無舊，即新即舊，新與舊平等，不新與不舊平等，新黨與不新不舊亦平等。惟其平等故無分別，無分別則不見新舊而新舊滅。雖然，物力常住，宇宙本無新舊也，非能滅也。」[21] 這整段文字可說是《仁學》的仿版。

---

21 〈新舊篇〉，收於張枬等編：收於《辛亥革命前十年間時論選集》第一卷（北京：生活・讀書・新知三聯書店，1960），下冊，頁 852。

又如〈廣解老篇〉(原刊《大陸》第九期)提倡老莊式的自治，說:「歐洲十八世紀以前之世界，亦所謂壓制虛偽之甚者也。故用十八世紀諸學士之說以衝決歐洲壓制虛偽之網羅，即不得不用老莊之說以衝決支那壓制虛偽之網羅。」[22] 用「衝決網羅」的思想講歐洲歷史。1901 年《國民報》第二期的〈說國民〉篇說:「衝決治人者與被治者之網羅，則人人皆治人者，即人人皆被治者;衝決貴族與平民之網羅，則人人皆王侯，即人人皆皁隸;衝決自由民與不自由民之網羅，則律例之中無奴僕之文字……衝決男子與女子之網羅，則男子有參政權，即女子亦有參政權。夫然後一國之內無一人不得其平。」[23] 全篇「衝決網羅」之說，當然是受譚氏的影響。

又如〈唯物論二巨子(底得婁、拉梅特里)之學說〉(原刊《大陸》第二期)一文說:「捨吾身實能得之幸福，而求諸渺不可知之靈魂，非大愚而何!知是則人當堂堂正正，獨來獨往，圖全羣之福，衝一切之網羅，掃一切之蔽障。」[24] 也是受「衝決網羅」思想之影響。

---

22 〈廣解老篇〉,《辛亥革命前十年間時論選集》第一卷,上冊,頁 431。

23 〈說國民篇〉,《辛亥革命前十年間時論選集》第一卷,上冊,頁 73-74。

24 〈唯物論二巨子(底得婁、拉梅特里)之學說〉,《辛亥革命前十年間時論選集》第一卷,上冊,頁 412。

〈權利篇〉(原刊《直說》第二期):「吾痛吾中國之禮儀三百威儀三千也,胥一國之人以淪陷於卑屈,而卒無一人少知其非,且自誇為有禮之邦,真可謂大惑不解者矣。禮者非人固有之物也,此野蠻時代聖人作之以權一時,後而大奸巨惡,欲奪天下之公權而私為己有,而又恐人之不我從也,於是借聖人制禮之名而推波助瀾,妄立種種網羅,以範天下之人。」[25] 用「網羅」來說「禮」,仍是師法《仁學》之旨趣。

「衝決網羅」一詞一直到新文化運動時期仍在流行,「新民學會」發起人之一蔡和森(1895—1931),於 1918 年 7 月 24 日寫給毛澤東的信中說:「吾人之窮極目的,惟在衝決世界之層層網羅,造出自由之人格,自由之地位,自由之事功。」[26]「衝決世界層層網羅」一說,當然襲自譚氏。此外,蔡和森又曾在給老師楊昌濟(1871—1920)的信中說:「思大仁大勇,普渡眾生,非入地獄不行。」[27] 譚嗣同即曾說:「今使靈魂之說明,雖至闇者猶知死後有莫大之事,及無窮之苦樂,必不於生前之暫苦暫樂而生貪著厭離之想」,「知身為不死之物,雖殺之亦不死,則成仁取義,必無怛怖於其衷。」蔡和森的這段話是從《仁學》脫胎而來,足見其對

25 〈權利篇〉,《辛亥革命前十年間時論選集》第一卷,上冊,頁 479。

26 羅紹志編:《蔡和森傳》(長沙:湖南人民出版社,1980),頁 159。

27 同上,頁 50。

這位早期共產黨前驅的影響之大。

毛澤東也是受到他的老師楊昌濟影響，非常推崇《仁學》。斯諾（Edgar Snow, 1905—1972）的《西行漫記》中有一段說毛澤東在楊昌濟課上寫過〈心之力〉。毛澤東說：「給我印象最深的教員是楊昌濟，他是從英國回來的留學生，後來我同他的生活有密切的關係。他教授倫理學，是一個唯心主義者，一個道德高尚的人。他對自己的倫理學有強烈信仰……我在他的影響之下，讀了蔡元培（1868—1940）翻譯的一本倫理學的書。我受到這本書的啟發，寫了一篇題為〈心之力〉的文章。」[28]「心之力」是用《仁學》中的心力觀來講《倫理學原理》，楊昌濟給「心力」這篇文章一百分，可惜我們現在已經看不到這篇文章了。

毛澤東力主張心力、意志力可以左右一切、改變一切，而且人可以「煉心力」，使得心力無限巨大，這也是受到譚嗣同的影響。他說：「且人心能力說，余久信仰，故余有以譚嗣同《仁學》可煉心力之說。」[29] 此外，他常提衝決一切之網羅，當然也是受《仁學》之影響，他說：「中國人沉鬱固塞，陋不自知，入主出奴，普成習性。安得有俄之托爾斯泰其人者，衝決一切現象之網羅，

28 斯諾著，董樂山譯：《西行漫記》（北京：生活・讀書・新知三聯書店，1979），頁121-122。

29 毛澤東：〈張昆弟記毛澤東的兩次談話〉，《毛澤東早期文稿》，頁638。

發展其理想之世界。行之以身，著之以書，以真理為歸，真理所在，毫不旁顧。前之譚嗣同，今之陳獨秀，其人者，魄力頗雄大，誠非今日俗學所可比擬。又毛君主張將唐宋以後之文集詩集，焚諸一爐。又主張家族革命，師生革命。革命非兵戎相見之謂，乃除舊佈新之謂。」[30]

除了前述之外，我覺得《仁學》中的道德社群與政治彌賽亞，還有整個世界易成易散、聚散不定、完全可以靠着「心力」操縱的想法，也影響到毛澤東。

六、代結論：一股改造世界的巨大力量

譚嗣同身後，他的思想影響甚廣，構成清末民初一股強大的破壞秩序、改造世界的力量。譚嗣同用「乙太說」、原子說、化學元素說，把整個宇宙質點化，形成可聚、可散、可成、可毀；新的世界不是以我們原先想像那樣的方式漸漸積累或漸漸毀壞，而是可以用人的意志去形成，也可以用人的意志瞬間通通消滅，然後在某個地方再重新聚攏。另一方面藉着「心力」加「乙太」，形成意志可以改變一切的思維。如譚嗣同所說：「乙太之用之至

30　同上，頁 639。

靈而可徵者，於人身為腦」，「於虛空則為電」，「腦為有形質之電，是電必為無形質之腦」，「人知腦氣筋通五官百骸為一身，即當知電氣通天地萬物人我為一身也」，所以發一念、出一言，皆可以使人與我同念同感，而且可以影響千里之外之人。所以說，「乙太」能「通天地萬物人我為一身」，超越一切彼此隔閡、畛域、生死、利害、分別，貫通一切，全球為一家，而成一種新的道德團體。

因為「心力」與「乙太」相通，所以「心力」能無限擴大，可以操縱構成宇宙的新的質點。質點化一切後，可以構成新的世界、可以構成東西，也可以消滅東西。所以「心力」和「乙太」加起來，正好構成一個龐大的力量，可以藉由心的力量來驅使宇宙的所有的事情，包括道德、國家。如此一來，便容易形成很大的破壞力量和建設力。這些在今天看來迷迷糊糊、恍恍惚惚，夾雜着科學、道德、人心等的概念，在譚嗣同這裏形成一個新的系統，甚至是新的羣體。在這個新羣體中，一切都可以打破，衝決原來所有的網羅後，重新製造一個平等的社會。對於上述的思想，只要繼承其中一枝一節，就可以溶解宗法社會，建立新的烏托邦式的道德團體，為政治彌賽亞提供了強大的可能性。

中國近代知識分子在尋求未來的遠景時，像譚嗣同那樣主張打破一切以重新塑造新道德團體的想法，並不是孤例。柳亞子

（1887—1958）即說：「我待要山河破碎，把祖國新造。」[31] 章太炎（1869—1936）亦有「墟中國」之議。此外，強調「大殺戮」以帶來革新的言論，充斥清末民初思想界。1901 年《國民報》的刊載〈亡國篇〉中便說：「吾知非一大殺戮，則奴隸之根永不能除，而身家之念終不能亡。天下斷未有新舊雜揉而可與言國也。」[32] 以上這些構成晚清以來一個重大的政治論述，對後來的影響非常巨大，是研究中國近代思潮與政治者所應關注的！

結束本文前應稍作說明，譚嗣同所講的新道德團體，與王國維（1877—1927）在〈殷周制度論〉中所提到的「道德團體」完全相反。王國維的道德團體是要通過宗法去統合道德社羣，而晚清民初的道德社羣是要將一切通通溶解以後，用人的意志再加以重組。限於篇幅和題旨，王國維的道德團體進一步闡述，就有待另一篇文章來處理了。

31　楊天石：《南社》（北京：中華書局，1980），頁 37。

32　〈亡國篇〉，《辛亥革命前十年間時論選集》第一卷，上冊，頁 92。

問答部分

提問A（葛兆光）：

我剛才注意到，王汎森先生所講的譚嗣同思想過去的資源，主要講的是宋明理學的那一脈。但是從我個人的角度來講，我就更注重另外一面。因為我當年在看《治心免病法》的時候，注意到與《治心免病法》發生糾葛的晚清人物，基本上都是一羣信仰佛教的人，包括譚嗣同、宋恕（1862—1910）、夏曾佑，這些人除了關注《治心免病法》之外還有一個共同點，就是他們在當時都對佛學有興趣，而佛學又剛好給他們提供了一些強調心的力量、主觀力量的理論。所以，我覺得是不是也可以從一方面說「改造」的思想資源來自於宋明理學，另外一方面則是跟另外的一個脈絡，夏曾佑、章太炎，當然最重要的是譚嗣同和宋恕等聯繫起來？

王汎森：

我覺得葛老師說的完全正確。說到佛學的影響，您剛剛說到的這幾位，因為譚嗣同本來是一個很舊的人，甲午戰爭使得他的整個思想開始大轉變，他很快地在南京、北京受夏曾佑、楊文會、宋恕等人的影響，使得他的思想起了極大的變化。不過我以前從來沒有注意到《治心免病法》對佛學的影響，我覺得這個值得寫一篇文章。這個時代，尤其是《治心免病法》誇大心無限的力量，尤其是超出原來傳統禮法的一切限制的思維，在當時產生的震動力量非常大，而且大家都看得心有戚戚焉。我想這個在佛學，恐怕在其他的學，也有很大的影響。而譚嗣同把它發揮到這樣的程度。我在猜，如果譚嗣同沒有被處決，這本《仁學》敢不敢出，這是一個問題。事實上，這是後來人們幫他整理出版的。

周振鶴：

大家不要怕專門，不要怕提問題會不會讓人家覺得我提的是一個蠢問題，我經常提蠢問題的。

提問 B：

王教授您好。我看到梁啟超的《德育鑒》中專門有一章就是「存養」，先講「主敬」、「主靜」，後來講到「主觀」，他便提到譚嗣同的《仁學》是發揮了張載的《西銘》、大程的《識人篇》，他還引用了羅念庵（洪先，1504—1564）的一段話，認為譚嗣同的《仁學》確確實實就是從這個部分發揮出來的。我注意到，康有為教梁啟超的「主觀」、觀想，不同於儒家宋明理學那種主流的觀想。我想梁啟超是認為譚嗣同的《仁學》是具有儒家神秘主義的成分在裏面，是通過自己的親身實踐來得出的。我還發現《康有為自編年譜》中寫道，康有為自身有三次的頓悟過程，前兩次還屬於宋明理學的範疇中，但是第三次其實通過顯微鏡這樣的西方學問來發現大同之理。從梁啟超的《德育鑒》和《康有為自編年譜》兩份材料中，我感覺譚嗣同的《仁學》是不是靠有一種神秘主義的體驗加上西方科學而結合成的成果？

王汎森：

《德育鑒》裏面是提到譚嗣同受到〈識仁篇〉、〈西銘〉的影響，但是已經轉化過了。張載和程顥（1032—1085）都不會像譚嗣同後來講的那些話，認為宇宙可以打破重來，所有關係可以重新組織，可以變成一個新的道德團體。章太炎提醒我們，王陽明學說最重要的是八個字「外絕牽制，內斷疑悔」(〈議王〉)，但是章太炎說王陽明還是一個傳統的士大夫，所以他的「外絕牽制，內斷疑悔」還是要在整個的儒家社會裏面講的。譚嗣同不一樣，他把他的外界環境通通打破了，在這個環境中所講的「道德共同體」跟原來產生的結果完全不一樣。當然，如你所講，近代沒有這樣一部書，這樣系統地說這件事情。近代很多的政論，尤其是1870、1880年以後，出現很多政論性的書，但沒有這樣自成系統、打通後壁說法的書。這本書對毛澤東的影響非常之大，事實上毛的很多想法裏面，包括所謂的「大無畏」後面都有這種思想調子，這是受到楊昌濟影響的，他們都是湖南人，這是晚清湖南學風的一部分。江浙就不一定，你看晚清江浙所形成的政論就不大一樣。康有為的《大同書》與《仁學》比較近似。雖然康有為的

《大同書》構思甚早，但是成書甚晚，他的書出版的時候已經很晚了，他的想法可能有一部分出現在《仁學》中了。近代思想中有一路是類似要形成不分親疏、不分對待的道德共同體的傾向，宋恕也是，這與後來的共產革命是連接在一起的。這裏面是有那麼一羣人，比方說宋恕，他最有名的《六齋卑議》，還有一個《卑議》他藏起來不給人看。但是我想《卑議》裏面所想像的世界應該也是這樣的一種世界。這個也不是譚嗣同一個人的思想，只是譚嗣同把它說得非常徹底、激進。張載有一篇〈大心篇〉，認為我大事小，我的心如果非常大那麼事就非常小。像這樣的思想對晚清的人的思想都有影響。康有為在《南海康先生口說》裏面，很多地方強調要「觀」、「我大則事小」，我覺得這些話都跟張載有關。康有為在儒家思想中，不太繼承程朱這一脈，主要還是陸王的思想，因為陸王的思想有獨斷獨行、排除一切的味道在裏面。

至於儒家的神秘主義，我就不太敢說。儒家確實有一個面，這個面在儒家不覺得神秘，我們覺得它神秘。比方說在《德育鑒》裏面，其實抄了很多明代王陽明的思想，如何使人成為既是道德又是有用的人，以及解決人在行動中的困惑和不安，而且要在一個禮法都廢墜的時代，要提出一新的脈絡下的傳統道德。這是我對《德育鑒》的印象。章太炎寫過〈革命道德說〉，晚清在日本的革命家中有許多人認為革命就是要打破一切，甚至蔑視道德。章太炎不同意，他說革命本身還是要有道德，他把當時中國人分為六種，種田人最有道德，革命家最沒有道德。梁啟超當然不屬於革命派，但是他應該也注意到當時的革命家把廢棄道德和革命當作是同一件事情來看待，所以他的《德育鑒》蘊含着很強的道德意識。不過梁啟超也很清楚，時代的脈絡不同了，所以他認為這些傳統的道德思想要在新的時代脈絡，在現代國家、現代社會的脈絡下來講。所以他雖然抄了很多《明儒學案》的東西，可是他的講法是在一個新的時代的國家、社會脈絡下來講。我想他的儒家神秘主義中比較強調的是從靜坐中得到頓悟的部分，當然這也是譚嗣同很重要的一面。

提問 C：

王院士您好。你在生活當中的實踐，或者說你作為歷史學家，把冥冥當中的偶然變成必然，比如命運或者天意這樣的事件，那您認為這些事情在史學家還原歷史本來面貌，不破壞內部本來活生生的邏輯的情況下，怎麼樣來看待它？我們確實有這樣的信念，這與史學家求真之間要如何調和？

王汎森：

怎麼樣來解釋偶然事件？我想這就是以賽亞・伯林（Isaiah Berlin, 1909—1997）批評卡爾（E. H. Carr, 1892—1982）很重要的一面，在卡爾的著作裏面很少自由的選擇，也沒有偶然的事件。各位知道卡爾認為革命是一種歷史的必然，所以伯林才會這樣挑戰他，好像你的歷史是一個必然的確定的歷程，裏面都沒有 contingency。不過也有人說，所有的偶然都是必然，你所看到的偶然背後都有必然的。所以偶然和必然之間應該是要互相融合的，當然偶然的事情也不是都成為必然。像我上次提到的梁巨川（濟，1858—1918）的自殺，非常 drastic 的一件事情，充滿戲劇的張力。在他死之前，他還寫信給他所有的朋友，說要他們共同來讀他的遺書，以證明他是為了給民國一個警告而殉清自殺，而不是為了其他的事情。可是這件事情沒有造成任何影響，為甚麼，因為那個時代是新文化當令的時代。連陳獨秀（1879—1942）這樣不贊成他思想的人，都寫了一篇文章來談梁巨川之自殺，表示佩服。不過當時，沒有任何事情來表現他的轉變。連他的兒子梁漱溟（1893—1988）都有點怪他父親思想的混亂，這就是一個偶然和必然。我常常用一個比喻來表述這件事情。我不會打麻將，但是我小時候看大人打麻將，每個人拿到的牌和牌局的最後結果就有一種「結構性互含」的關係，有人就可以大部分都贏，拿到再差也還是會贏，有的人就是會輸，拿到再好也會輸。這個事情與他的才能和整個結構之間都有關，究竟牌決定一個賭局到甚麼程度，個人的牌技又決定一個賭局到甚麼程度，一個成功的牌局是這兩者交互決定的。所以偶然的事件和整個結構之間互相決定，偶然的事件可以是一個完全偶然的事情，也可以引起重大的結果。

提問 D：

王老師您好。剛才您在報告中已經提到，在當時有這樣一種思潮，大家開始用近代的一些科學來詮釋傳統的道德理念，但是我們也知道，在西學傳入中國的時候，我們使用一種「西學中源」說的方式去接受它。可能在當事人的觀點裏面，那些天然合理的是我們傳統的道德觀念，從而需要用這些天然合理的去理解西方的科學知識。可是等到您所講的這個時期，我們需要反過來用西方的科學知識來詮釋傳統的天然合理的道德理念的時候，我們是不是可以這樣判斷，在當時，至少在譚嗣同這些人認為接受他們文章的這樣一批羣眾的心中，傳統的道德理念已經不再具有天然合理性了，而需要用當時被認為是合理的科學來解釋。可不可以認為在當時形成了這樣一種氛圍？如果有的話，那麼天然合理的怎麼從最初的傳統道德轉變成是西方近代的科學觀念？

王汎森：

你的這個問題很值得思考。我想中西這兩列火車之間經過很複雜的過程，其中有很多細微的區別，我自己都沒有把它很仔細地區別開來。我岔出去講一句話，錢穆（1895—1990）先生在他的《國學概論》裏面，最後一章寫「三民主義」、戴季陶（1891—

1949），當時就有人批評他說「三民主義」和戴季陶不能算國學，怎麼能寫在《國學概論》裏面，這個批評當然有道理。可是我們回過頭去看，他為甚麼在最後一章要這樣寫，實際上他很重要的是要討論民族的自信力的問題。戴季陶的著作裏面有一個部分是錢穆所關注的，就是民族自信力為甚麼在近代就一步一步地消退了，還有如何恢復民族自信力的問題。剛剛我講到，晚清還有很多人認為，要趁東西大通之機會使孔教大行於歐美，但到後來都變成完全另外一面的論述。所走過的路就像你剛才講得那樣，一開始認為我這邊才是對的，你需要向我靠近，慢慢變成我需要向你靠近。我覺得這中間有好幾個關鍵，其中最大的關鍵是 1895 年的甲午戰爭。我覺得甲午戰爭改變了很多人思考的方式和人生的軌跡，大家可以去看近代人的文章，到那一年都有一個震動。在歷史上凡遇到這種大震動的時候，往往會改變、擴散到所有相關的事情，這種大震動一旦出現，很多事情都要以各種各樣的方式，獨特的或雷同的方式來回應這個大震動，我覺得甲午戰爭就是一個大震動。包括應該讀甚麼書，甚麼東西要怎麼樣思考才是對的……其中有一個就是你剛提到的，非得要用西方的科學來重新解釋，傳統道德不行了。但是我覺得譚嗣同的情形還有一點點值得說的是，他和其他人稍稍有點不同，他在某方面覺得是這些東西使得傳統的東西變得更加有力。就好像「仁」，鄭玄（127—200）講的、清儒講的就是「相人偶」，這個講得有點抽象。譚嗣同講得更清楚，因為構成萬事萬物的材質是相同的、互通的，所以仁就可以自然通到你的腦袋裏面，你同情我，我同情你，就好像我們的「乙太」在互相貫通。了不起的考據學大師孫詒讓有一篇文章大講「乙太」，他說：有「乙太」說之後，我為甚麼能同情你，你為甚麼能同情我，因為我的東西和你的東西是互相流動的，你心能通我，我心能通你，所以你我之間就能以摯愛心、仁來相互對待，而不會以仇恨心來對待。如果你沒辦法實踐仁德，那是因為你的心力不夠強。當時這樣的東西很多，它不是簡單地拿來比附而已，它還使抽象的道德獲得一種可觀察的、物質性的、更強大的表現，我覺得這才是它能吸引人的地方。各位知道，這樣的兩列火車對開，在人類、國家的歷史上不是經常出現，在整個中國歷史上，如此強大的火車對開也就幾次而已，但是這次的壓力、震盪力很大，為甚麼？因為現實的挫敗。我想任何重要的思想都有兩面性，一面是具有普遍性、長時間的價值，還有一面是時代針對性。如果純粹只有長遠普遍的那一面價值，那麼它在那個時代不會非常有影響力。但是如果只有時代性，那麼它通常會被時代所綁住。正因為兩面都有，所以一方面在當時有影響，也會在以後引領人們不斷地思考、體驗。所以，晚清以來很多重要的思想也無不具有這種兩面性。我知道很多人認為，余英時先生考證的朱熹（1130—1200）的思想世界把朱熹的形上世界破壞了，可是如果我們換一個角度想：任何重大的思想都有兩面性，甚至更多面，有一面是具有普遍性的意義，而有一面則是對着時代說的。把他對着時代說的這一面發掘出來、重建出來，並不代表它不具有普遍性的那一面。《明夷待訪錄》亦復如此，它所針對的很多都是十七世紀的事情，可是它也有一個長遠性的面相，如果沒有這個長遠性的部分 —— 這個部分對很多時代都是通的，那麼它的歷史價值也會受到壓制。章太炎曾經寫到，晚清要經過一番大殺戮才會有希望，可以見到那個時代的風氣壞到一個甚麼樣的地步。我這兩天一直提到的梁巨川的遺書，雖然他如此忠於清朝，可是他對晚清是那樣的痛恨。所以譚嗣同一定也回應了這些現實，他一定也看到了那個時代的特定問題，可是《仁學》還有另外一面的價值，這兩面不一定互斥。

周振鶴：

王先生剛才的問答也很精彩，他剛講到的那些專門的東西，更能讓我們學習，我們再一次感謝王先生的報告。

王國維的「道德團體」論及相關問題

這一講所關心的是史學與倫理、史學與意義這些論題。各位知道，在近代中國新史學流行之後，是希望儘量把史學與倫理切開的，這當然是近代學術進步一個很重要的理由。在第一講提到過，胡適（1891—1962）說，在他看來，學問是一回事，信仰是一回事，道德是一回事。這很能說明在近代的新學術中，將這三者分開的情況。史語所創始人傅斯年（1896—1950）先生的〈歷史語言研究所工作之旨趣〉中便說：「把些傳統的或自造的『仁義禮智』和其他主觀，同歷史學和語言學混在一氣的人，絕對不是我們的同志！」[1] 就是說不要把「仁義禮智」和歷史研究綁在一起；任何一種學術和傳統道德教訓綁得太緊的話，就不會進步了。所

1 傅斯年：〈歷史語言研究工作之旨趣〉，傅孟真先生遺著編輯委員會編，陳槃等校訂增補：《傅斯年全集》（台北：聯經出版事業公司，1980），第四冊，頁 266。

以十九世紀以來的學術發展上有一個很大的特色，就是各種學問與道德、倫理的分離。

可是，今天所討論的王國維（1877—1927）的「道德團體說」是不同的，他認為史學中應該體現更多道德與倫理的意涵，這樣史學才有意義。我便是圍繞這個問題來進行一些討論。

一、從殷周變革談起

前面一講已經提過，近代中國是「兩列火車」相向對開，因而產生了巨大的波盪，在這樣「兩列火車」對開的情況下，如果一定要把它們綁在一起，那麼會產生很大的衝突，而我認為王國維就體現了這種衝突。在這「兩列火車」裏面，新的這列，我上次舉了譚嗣同（1865—1898）在《仁學》裏面所要創造的一個新的「道德共同體」為例。《仁學》裏面有兩個很重要的觀念，「心力」和「破對待」，我上次已經講過，譚嗣同用「乙太說」把整個世界原質化，因此得以把世界溶解，然後按照心力和人的理性，無限可能地把這些原質重組。故一方面是衝決網羅，破壞原有的親疏、高低等等分別，另一方面是在平等的原則下建立新的道德共同體。這類政治彌賽亞式的見解，在近代有很大的力量，很多人得其一枝一節，發揮成一套又一套的主張。我上次也講過，在1900至1911年之間，「心力」、「破對待」、「衝決網羅」這類的觀念非常流行，要創建各種新道德團體的嘗試亦所在多有。

這一講中的主角王國維則是相反，他主張一種嚴格傳統意義的道德團體觀。王國維在 1916 年寫了〈殷周制度論〉，他寫道：「故夏、殷間政治與文物之變革，不似殷、周間之劇烈矣。殷周間之大變革，自其表言之，不過一姓一家之興亡與都邑之移轉；自其裏言之，則舊制度廢而新制度興，舊文化廢而新文化興。又自其表言之，則古聖人之所以取天下及所以守之者，若無以異於後世之帝王；而自其裏言之，則其制度、文物與其立制之本意，乃出於萬世治安之大計，其心術與規摹，迥非後世帝王所能夢見也。」[2] 殷商之際的大變革，很多人都覺察到了，王國維覺察到了，傅斯年覺察到了，蒙文通（1894—1968）、徐中舒（1898—1991）、郭沫若（1892—1978）也都有探討。

王國維的《三代地理小記》等文章中，用地理來看古代的都邑，而從地理角度來看，發現隱隱然有東西兩個系統，但是在區分出東西系統之後，王國維並沒有像後來的傅斯年那樣認為周在西、商在東，商周乃是東西不同的民族，而殷周之間的變動是東西兩民族之爭的結果。各位都知道傅斯年和陳寅恪（1890—1969）在歐洲留學，受到德國史學的影響，認為「種族」和「文化」

2　王國維：〈殷周制度論〉，收於謝維揚等編：《王國維全集》（杭州：浙江教育出版社；廣州：廣東教育出版社，2009），第八卷，頁 303。

密切聯繫，德意志本來就是一個由小邦林立而逐步建立起來的同一國家，所以在他們的研究中，對於「種族」和「文化」之間的關係非常注意。受此影響，傅斯年傾向於以東西兩個種族集團來解釋這一現象。可是王國維認為殷周並非是兩個種族，他認為兩者都是帝嚳的後代，但是兩代的制度有極大的變革。所以他接着說：「欲觀周之所以定天下，必自其制度始矣。周人制度之大異於商者，一曰立子立嫡之制，由是而生宗法及喪服之制，並由是而有封建子弟之制，君天子、臣諸侯之制。二曰廟數之制。」[3] 王國維將商代廟號排列下來，發現常常是兄終弟及，父死子繼的情形很少，不像周代有一套井然有序的宗法制度，這時候他才驚覺殷商之間有如此大的差別。他提出周制之宏偉獨特，說：「此數者，皆周之所以綱紀天下。其旨則在納上下於道德，而合天子、諸侯、大夫、士、庶民以成一道德之團體。周公制作之本意實在於此。」[4] 王國維認為商周之間最重要的變化是周取代了商，提出了一套「道德團體」的制度。而且他認為這是周公最了不起、最大的創制，因為這一「道德團體」，使得血緣、政治、文化有機地結合在一起，影響此後的歷史。〈殷周制度論〉是一篇很長的文章，也是王國維在他學問成熟期最有代表性的文章。

3　同上。

4　同上，頁 303-304。

我讀過許多王國維的著作，可是「道德團體」一詞似乎也只在這裏見到。在這一篇文章中，他把歷史、道德、倫理的結合發揮得淋漓盡致。〈殷周制度論〉中將政治與道德結合一體，用宗法制度來使得整個國家成為一個「道德團體」。他認為一切都是由「立嫡長子」和「父死子繼」開始，這一切都是由天定的，所以人們不必因為權力、政治來爭奪。他認為周公制禮作樂最大的用意就在這裏，而周與商最大的不同也就在這裏。

二、德羅伊森的「道德團體」論

德羅伊森（Johann Gustav Droysen, 1808—1884）是黑格爾（Georg Wilhelm Friedrich Hegel, 1770—1831）的學生，他深受德國歷史理論的影響。十九世紀的歐洲史學有兩條路，一條是蘭克（Leopold von Ranke, 1795—1886）的歷史主義，另一條是以巴克爾（Henry Thomas Buckle, 1821—1862）的《英國文明史》為代表的科學史學。但是德羅伊森對這兩派都不滿意。他認為蘭克的史學太講究史料，太刻板、太僵硬，是一種「古董商」式的史學。德國歷史主義講歷史個體化，認為歷史是一次性的事情，同一個事情不會再重複。所以有人說，經過歷史主義的洗禮以後，整個地基都在動。因為歷史變成是一次性的，以前基督教等所形成的穩固系統開始發生變動。蘭克說每個時代都通向上帝，勉強維繫住個別歷史事件的意義。蘭克的名言是研究歷史一如它所發生的那樣，他研究、批判史料，使用大量檔案來重建客觀的歷史。德羅伊森意見不同，他在《歷史知識理論》中說：「歷史研究的對象是此時此地，還沒有完全逝去的過去」，[5] 也就是說只有過去事件中，還留存到現在的才不是真正逝去了的過去，過去發生的並持續影響現在的，我們才將它寫成歷史，這與蘭克的史學觀念有所出入。而且德羅伊森反對蘭克的過度沉迷於政治史，他想辦一個政治性的歷史刊物，認為「歷史」與「當代政治」是一種 duel approaches。在現實政治上，德羅伊森將希望寄託在普魯士上，希望由普魯士來改變現狀，完成德意志的統一。

巴克爾的《英國文明史》在晚清相當流行，這是當時自然科學影響歷史學最典型的一個例子。巴克爾認為史學可以為人事世界找出各種定律。德羅伊森認為用自然科學來看歷史是極大錯誤，人類的世界與自然界是完全不同的。所以在德羅伊森的《歷史知識理論》中有很大的一部分在區別甚麼是自然的，甚麼是歷史的。大自然的事情是沒有個別意志的、有規律的，可是人類的活動是道德的、有目的、情緒的活動，他認為人的活動中最重要

5　德羅伊森著，胡昌智譯：《歷史知識理論》（北京：北京大學出版社，2006），頁 9。胡昌智譯的《歷史知識理論》有兩個版本，先前是由台北聯經出版公司出版，後由北京大學出版社出版。本文所引用的頁碼皆為後者之頁碼。

的是結合成團體，結合成家庭、教會、國家、風俗、習俗等等，凡涉及團體的活動都有道德、倫理的成分，這個部分才是歷史要寫的。天然的事情，昨天如此，今天亦如此，它沒有意志，沒有倫理也沒有道德，沒有人的意志在其中，天然的事情是有定律的、會重複出現的，這不是歷史的題目。

《歷史知識理論》是德羅伊森多年講課的講義，不斷地被整理重編，在西方影響非常大。但有一段時間頗為消沉，[6] 直到伽達默爾（Hans-Georg Gadamer, 1900—2002）的《真理與方法》（*Truth And Method*），用相當的篇幅來闡釋德羅伊森的史學理論中歷史要與現實發生關係的方面，加上海頓・懷特（Hayden White, 1928—）等後現代史家對德羅伊森有較多的關注後，才又漸漸為今人所矚目。

前面已提到德羅伊森是黑格爾的學生，雖然他後來對黑格爾有相當厲害的批評，但是事實上可以將他看作是黑格爾理論在史學上的代表。前面提到黑格爾只有一次在《精神現象學》第六章中唯一一次將「sittlichkeit」（倫理）、「mächte」（團體）連用，說「道德力量」（sittlichkeit mächte）會帶出上帝的力量，所以它並不是黑格爾的核心觀念。在黑格爾目的論式的歷史觀中，作為終極

6 各位或許不相信，我為了研究德羅伊森，想要去找一本研究他的專書來看，英文只找到一本，而且並沒有談他的《歷史知識理論》，只是在談他與德國普魯士主義的關係。

目的的「精神」或「理念」是有力量的，也就是可以在具體的歷史團體形構中自我展現，以及形構與形構之間的轉變（意即歷史變遷），最後「精神」會將所有的人類團體或形構整合成為辯證的整體，而唯有黑格爾式的歷史哲學以及思辯哲學能夠完全加以掌握這個觀念。

黑格爾認為國家是最終極的團體，國家包括各種衝突的領域，市民社會各種的利益可以由國家的實體來作最終的仲裁，所以國家是所有倫理最高的實體表現。查爾斯・泰勒（Charles Taylor, 1931—）在《黑格爾與現代社會》中討論黑格爾的哲學時說：「在個人成為普遍理性的媒介的形成過程中，國家佔有不可或缺的地位。個人隸屬於國家，便已經超越他自己，而生活在一更大的生命中；而當國家達到它的『真理』成為普遍理性（以法律的形式）的表現時，它就帶領着國家中的個人，達成他的終極天職」，「人所是的一切，都歸因於國家；只有在國家之中，他才找到他的本質」，「國家的本質乃是倫理生活」，「國家或共同體擁有一個更高的生命；它的諸部分皆作為一個有機體的成員而彼此關聯着。」[7]

德羅伊森史學研究最大的成就是對亞歷山大和希臘化時代的

7　查爾斯・泰勒著，徐文瑞譯：《黑格爾與現代社會》（台北：聯經出版事業公司，1990），頁 83、137、138。

研究，他強調希臘城邦最能體現「道德團體」的精神，人是屬於城邦的，如果沒有城邦，人的生活並不完整，他的道德潛力也沒有辦法施展，所以沒有成為城邦的公民（citizen）者，也就不成其為一個完整的人。

德羅伊森所談的歷史知識，已經把黑格爾的歷史哲學中強烈的目的論取向以及精神哲學性降低；但是一種典型德國式的歷史主義（「過去」的意義，是通過史家或行動者對於「現在」的理解或自我理解而建構出來的）仍然具有主導地位。

德羅伊森特別重要的「道德團體」理論，若與黑格爾的觀念相比，我個人所理解的差異大致如下：首先，這個概念的「道德」一詞，實以翻譯為「倫理」較為妥當，因為它代表着康德（Immanuel Kant, 1724—1804）到黑格爾所共同接受的觀念，道德（morality）係自由意志的自主決定，而倫理（ethics）則是個人所存在的社羣脈絡（家庭、社會、國家乃至民族）。只是對康德而言，後者基本上是他律的，而黑格爾的「倫理生活」（Sittlichkeit）概念，特別是當運用到西方現代性的政治社會組織（市民社會以及國家）時，強調「主觀自由」以及作為有能力形塑人的「倫理力量」或「倫理實體」，兩者必須相輔相成，方有可能達到黑格爾希望結合個體自由以及倫理整合的雙重目標。

有趣的是，德羅伊森的「道德團體」或「倫理團體」其實就是

Sittliche Mächte，其實意譯應為「倫理力量」。這表示對德羅伊森而言，他比黑格爾要實證化的史學中，「道德團體」所採取的是黑格爾前述倫理生活的「倫理力量」或「倫理實體」的面向，而不再將主觀自由作為共同生活社羣的基本規定性（雖然他也討論自由）。所以德羅伊森的「道德團體」（據其所述包括家庭、民族、國家、教會等），強調的是人在共同或集體生活中通過彼此互動的精神性所產生聯繫的不同樣態。他反對原子式個人主義，並且對「倫理團體」用亞里斯多德的四因理論加以分析。從其論述可以看出，倫理團體扮演着「形式」或「組織性」的原則，而這對應到亞里斯多德所說，城邦的政制（regime）構成了城邦政治生活的「形式」之古典意義。

有意思的是，浮田和民（Ukita kazutami, 1860—1946）的日文原文即譯作「道德團體」，而胡昌智的中文亦不約而同的譯作「道德團體」。可見在史學的脈絡之下，「道德團體」是史學家認為合適的譯名。

從上述幾段引文，我們就可以看出德羅伊森史學思想的黑格爾根源。德羅伊森認為歷史是一向目的進行、提升的活動的記錄。德羅伊森說：「那些作為，只有我們以歷史眼光掌握處理它們的時候，才變成為歷史」，「最高的自由是為至善而活，為至終的目的而活。追求自由是人類一切活動之上的總活動——研究這些活動的就是歷史學。」[8] 所以他說「歷史」一詞最確切的意思是「道德界」，是研究有意識的努力、上升的部分，否則不值得研究。

「道德團體」是德羅伊森史學理論之最核心。他說：「人類不斷自我提升的一切活動，我們總稱之為道德界（sittliche welt）。」[9] 人只有在「道德團體」中理解別人，以及被人理解之後，才具有自己的整體性。所以他認為希臘城邦最能體現「道德團體」、「歷史即是道德活動現象界」，[10] 林林總總的歷史遺跡中有一種是：道德團體生活的表現（風俗、習慣、國家組織、教會組織等）。德羅伊森說：「在道德生活的團體中，我們可以察覺到歷史發展的延續性，及歷史的前展。在這個團體裏面，人人皆有一席之地……即使那些稟賦極佳、意志很強，以及有權勢的人，他們也只是道德性團體發展的一個因素。」[11] 研究他們不是只為了理解這些人物，而是要藉着人物的個性心理，理解這些道德團體，以及理解這些人物所表現的該團體的理念（idee）。事實上，「道德團體」便是德羅伊森《歷史知識理論》一書的重點。

8　德羅伊森著，胡昌智譯：《歷史知識理論》，頁 20、86。

9　同上，頁 8。

10　同上，頁 12。

11　同上，頁 37。

三、觀念的旅行

德羅伊森《歷史知識理論》的「道德團體論」居然影響到十九世紀末二十世紀初的東亞史學。這有一個觀念旅行的過程。日本在明治維新期間，最開始是以法國、英國、美國為模範。可是到了一八八〇年代以後，日本有從英、法、美轉向德國的傾向。在轉向德國的過程中，即大量地學習德國哲學。浮田和民是其中一位。浮田是創立早稻田大學的功臣之一，以《倫理的帝國主義》聞名。然而現在研究他《倫理的帝國主義》的著作很少，或幾乎不提他的史學著作。但我這裏想要講的便是浮田和民為大家所不太注意的《史學原論》，這是他在早稻田大學的講義，在清末中國就有五、六種中譯本。一本書在短短幾年內被反覆翻譯，說明這書的影響之大。這本書裏面很重要的觀念之一就是「道德團體」。浮田和民的《史學原論》就像當時東亞許多教科書，把很多東西混合在一起。《史學原論》充分表現出浮田和民在一個變動的時代最顯著的特色之一，即對外來思想文化的吸收，常不自主地把來源不一，甚至互相矛盾的資源，整合成一個個人的思想方案。譬如在《史學原論》中便把蘭克和他的論敵德羅伊森一體尊視。但是這本書基本上有不少黑格爾色彩，尤其是黑格爾「倫理團體」方面的言論，即真正完滿的人必須是從團體中來。人只有在團體中得着自由才是真正的自由，而「國家」是最美善的境界，「國家」

是歷史發展的最高目的。

浮田和民《史學通論》中的「歷史者，進化者也」，當然是採擷當時的新理論，黑格爾雖有「發展」的概念，尚無進化的概念。但對當時史家而言，黑格爾的歷史哲學仍是頗可採擷的，所以浮田已經指出「黑格爾於學術界上進化說未起之先，能以『開發』二字為歷史之特質，亦可謂之卓見矣」，其中「開發」應即為發展。

第三章所論歷史上之價值，討論卓越英雄之事，雖以英國史家麥考萊（Thomas Babington Macaulay, 1800—1859）等所論為主，但是仍能與黑格爾對「偉大歷史個體」觀念相呼應。第四章討論歷史與國家，則明確地結合史賓塞（Herbert Spencer, 1820—1903）的社會有機體說以及黑格爾的國家觀念。

比較值得注意的是，黑格爾歷史哲學中，作為歷史單元的國家以及「憲政」，乃是自由目的、「偉大的歷史個體」以及民族作為質料結合所產生的。這個論述，似乎在浮田的理論中並不存在（在德羅伊森理論中也不存在，因為國家和民族都是「道德團體」的一種）。

浮田在最後所談的歷史研究法中運用到德羅伊森的「道德團體」論，顯見他們已經是在某種實證的觀點下，找尋人類社羣內在的構成原則，雖然有一個外在進化的理論作為發展的驅迫力，但是已經不存在精神以及自由自我實現的哲學角度。在這個意義上，稱黑格爾的歷史哲學是「主觀」的，有其理由。

《史學原論》的另一個底色是進化思想，他把進化思想和黑格爾等人的學說相為套疊，整合成一套自己的史學思想。但浮田認為黑氏的進化論雖然至為美善，卻偏於主觀，忽於客觀。他在書中遂特別提特羅生（德羅伊森）的「道德團體」，他說：「特羅生曰：人類云者，以道德之聯合而達其品格者也。構成人類者，道德之潛勢力也。此勢力運行於人類之中，而人類即生長於此勢力之中（道德的聯合，即家族、人民、國家、宗教等之團體）。於以知個人之中，有建設構成之作用，發達其作用，乃為道德的世界。若道德之組合一時而止，則成長發達亦止，而歷史亦止」，「特羅生所謂道德所組織之條件，如風俗、習慣、法律、政令、教律等是也」，「今夫人間之社會，倫理的社會也。組織社會種種之團體，即道德的團體，而有道德上之目的者也。曰家族、曰地方、曰國家、曰世界，是皆有道德上之目的者也。社會之目的既在道德，則歷史之目的亦不在於道德範圍之外。」[12]

浮田和民這本書影響梁啟超（1873—1929）很大，梁氏的〈新史學〉便直接提到浮田和民，而他的史學思想也有不少是直接或間接來自浮田和民，可是梁啟超完全不提「道德團體」，因為在近代的史學裏面，「道德團體」是一個「低音」，不為人們所歡迎。

12　浮田和民講述，李浩生等譯，鄔國義編校：《史學通論》，收於《史學通論（四種合刊）》（上海：華東師範大學出版社，2007），頁 103、105、113。

梁啟超談得最多的還是強調國民的歷史、國家在歷史中的作用，強調「進化」，說「歷史是記錄事物進化之痕跡也」，這類新的想法主要是受浮田和民這本書的影響。[13] 不僅是梁啟超，浮田和民《史學原論》在近代中國居然有五、六種譯本，但沒有人要談他的「道德團體」。一個東西進來，馬上就會被吸收、分流，從此哪些成為顯、哪些成為隱，從這裏就可以看得出來。在近代社會中，人們鄙薄宗法或「道德團體」這類過時的觀念。梁啟超在其歷史研究法中都是講「社會勢力」、「歷史團體」。所以，雖然梁啟超受浮田和民影響很大，但他所取的是另外一個部分，是「歷史是記錄事物進化之痕跡」的部分，是區分「歷史界」與「天然界」的不同等部分。

王國維的「道德團體」的概念，可能即是從浮田和民《史學原論》而來。王國維早年曾大量翻譯心理學、哲學、教育學、美學的書，從現在《王國維全集》裏面，我們就可以看出，他的譯述工作相當之廣，他對西方了解非常深入，在當時是一位先驅人物。不過他似未接觸過德羅伊森的原書。我覺得他是從晚清最為流行的《史學原論》中譯本獲得「道德團體」這一觀念，這個在晚

---

13 梁啟超承襲自浮田《史學原論》者如：一、歷史者進化之謂也，凡學問屬於進化者，謂之歷史學。二、「天然的」與「歷史的」之區別。三、一羣之進非一人之進；四、歷史情狀與非歷史情狀，歷史的人種與非歷史的人種之分。鄔國義：〈梁啟超新史學思想探源 —— 代序言〉，收於《史學通論（四種合刊）》，頁 1-49。

清民國不受重視的觀念得到王國維的珍視，並用它來講殷周制度變革之真義。

四、矛盾的拉扯——王國維學問觀的變化

王國維學問是有一些變化的。他曾經當着羅振玉（1866—1940）面前將早年的著作《靜安文集》燒掉，因為他認為這是少年時代不成熟的言論。在《靜安文集》中有一篇〈《國學叢刊》發刊詞〉，他說：「學之義不明於天下久矣。今之言學者，有新舊之爭，有中西之爭，有有用之學與無用之學之爭。余正告天下曰：學無新舊也，無中西也，無有用無用也。凡立此名者，均不學之徒。」又說：「夫天下之事物，自科學上觀之與自史學上觀之，其立論各不同。自科學上觀之，則事物必盡其真而道理必求其是……自史學上觀之，則不獨事理之真與是者足資研究而已，即今日所視為不真之學說、不是之制度風俗，必有所以成立之由與其所以適于一時之故。其因存於邃古，而其果及於方來，故材料之足資參考者，雖至纖悉不敢棄焉。」又說：「余謂凡學皆無用也，皆有用也。」「世之君子，可謂知有用之用，而不知無用之用

者矣。」[14] 這個階段王國維的學問觀，一方面把學問與現實的道德、實用區分開來，一方面認為學問世界無用之用是為大用，所信仰的是近代西方的學術精神，追求的是純淨的知識與真理。

可是王國維的思想逐漸發生了變化，辛亥革命之後，王國維非常支持張勳（1854—1923）的復辟，自認為忠於清朝。在當時，清遺民組成各種團體，比如鄭孝胥（1860—1938）的日記中所反覆提到的上海「讀經會」。王國維也跟他們一樣，逐漸轉向古代的經史之學。

但是熟悉王國維的人應該會同意，王國維在學術研究上深受十九世紀以來西方新學術的影響，這種學問是不主張在研究中夾雜倫理關懷的。此外，我認為這時期王國維的學問帶有一種偶然性，他變成是一個跟着新出的材料走的學者，他的諸研究的主題中並未預先形成一個具有深厚意義的系統。他一直在追求新的材料，而且他很快地就能賦予這些新的材料以極深極廣的意義。比如說王國維有關畫的研究，因為他父親的關係，王國維從小便受到相當的薰陶，他與羅振玉的通信中也有很多是幫羅振玉看畫。他在一篇畫跋中說，近代以前和近代以後的紳士不同，近代以前的紳士最後都要回到家鄉，近代以後的紳士大多留在城

14 〈國學叢刊序〉，收於《王國維全集》第十四卷，頁 129、130、132。

市，與家鄉不再聯繫。這些都是很好的看法，總是閃爍在他的研究中。

但正如他的一個朋友所說的，「王靜安善於命題」。他不是先有題才作文，而是先有論文的材料，再命一個恰當的題目。可是在他私人的書信中，他又（展現出）堅持道德、意義與整個學術的重大相關另一面，[15] 他的學問與他的個人慢慢分開來。他每天都徜徉在新史料與新成績中，但就好像叔本華（Arthur Schopenhauer, 1788—1860）所講的，意志有一個對象，當意志達成目標時又馬上歸於鬱悶。叔本華和尼采（Friedrich Wilhelm Nietzsche, 1844—1900）不一樣，雖然尼采深受叔本華的影響，叔本華那種意志完成對象歸於鬱悶，又在下一刻完成另一個目標，然後又歸於失望，一個接一個，所以很悲觀。可是尼采不一樣，照齊美爾（G. Simmel, 1858—1918）寫的《尼采與叔本華》所說，尼采和叔本華之間隔了一個進化論，尼采將這一次又一次的克服當作一個又一個往上的目標的階梯，所以每一次達成都有其意義，最後是要達到一個很高的理想目標 —— 超人。我認為王國維一方面受到西方十九世紀以來新學術觀的影響，認為學術與

15 王國維死前為了大官山之古物寫了一封信，其中說：「學術固為人類最高事業之一，然非與道德法律互為維持則萬無獨存之理。」袁英光等編：《王國維年譜長編》（天津：天津人民出版社，1996），頁 433。

政治、學術與道德應該分開。可是另一方面，在辛亥革命以後，他對意義、道德、價值的堅持卻越來越強，所以他自己反而變成「道出於二」、兩列火車對開下矛盾的人。在他的私人信件中不斷強調東方的道德和政治，可是在他學術實踐中卻是像叔本華一樣，每次都找到一批新材料完成一篇重要的文章，然後週而復始，這中間好像沒有甚麼關係。

我們看王國維早期的《靜安文集》中談叔本華和尼采的幾篇文章，他比較偏向叔本華，他沒有尼采那種最後目的論式的架構。他也不像梁啟超那樣相信「歷史是記錄一個進化的過程」，歷史學家的任務是找出這個進化的方向，然後把歷史往目標推動。王國維太冷靜、太悲觀，所以他看出來「可愛者不可信、可信者不可愛」(〈靜安文集續編 · 自序二〉)，在他的著作中看不出進化的或是目的論式的結局，如果有的話，他說不定比較容易將自己的學術生活安排在有意義的脈絡裏面。當然，人的意義是甚麼，很難說。以胡適為例，胡適是「衝過來火車」中的新人，他認為傳統文化、道德、價值都要重新改變，才能生存在現代的社會裏面，追求真理就是一切的真理與意義，他沒有這些掛念。王國維則不一樣，他內心中有兩條路的拉扯，一條是十九世紀以來西方學問的觀點，認為事實和價值應該有一個區分，道德、價值之間可以切分開來，在王國維的文章中我們就不常看到「道德仁義」的夾雜，都是以客觀、嚴謹的研究態度。他的學問是冷靜的、科學的，所以郭沫若說他雖然帶着瓜皮帽、留着長辮子，可是腦子裏是最新的科學知識(《中國古代社會研究 · 自序》)。但是他思想裏面的另一列火車，卻隨着辛亥革命越來越強烈。

五、「道德團體」：史學與倫理的結合

一戰以後，東方的政治哲學被不少人看作是解救西方血流成河、相互殘殺的藥方，這個契機鼓舞了中國的思想界。王國維和很多人在當時也都有相同的看法，雖然他不歸屬於所謂「東方文化派」，但是從他那時候的信件可以看出，他開始提倡所謂的「東方之道德及政治」。他說：「光緒中葉，新說漸勝，逮辛亥之變，而中國之政治學術幾全為新學所統一矣……原西說之所以風靡一世者，以其國家之富強也。然自歐戰之後，歐洲諸強國情見勢絀，道德墮落，本業衰微，貨幣低降，物價騰湧，工資之爭鬥日烈，危險之思想日多」，「先王知民之不能自治也，故立君以治之；君不能獨治也，故設官以佐之，而又慮君與官吏之病民也，故立法以防制之。以此治民，是亦可矣。西人以是為不足，於是有立憲焉，有共和焉。然試問立憲、共和之國，其政治果出於多數國民之公意乎，抑出於少數黨人之意乎？」又說歐戰之後「彼土有識之士，乃轉而崇拜東方之學術，非徒研究之，又信奉

之」，[16]「時局如此，乃西人數百年講求富強之結果，恐我輩之言將驗。若世界人民將來尚有孑遺，則非採用東方之道德及政治不可也。」[17] 1920年末，他致日本友人狩野直喜（1868—1947）的信中又說：「世界新潮流澒洞澎湃，恐遂至天傾地折，然西方數百年功利之弊非是不足一掃蕩，東方道德政治或將大行於天下。」[18]

我們可以看得出來，王國維的這一面越來越強烈，在此氛圍下，他所寫的〈殷周制度論〉便與早年在《靜安文集》中的表述有所出入了。〈殷周制度論〉既符合他的價值信仰，又與講求客觀的學問合在一起，既寄託了他的信仰，又客觀地研究學問，這兩個東西在此巧妙地結合了。我舉這個例子是想要說明，在新學術的紀律之下，這種自然而然的結合並不多見，所以我在他其他的文章中也尚未再看到「道德團體」一說，正是因為沒有找到，所以才可以看出他的學術與價值之間的一種兩難。

王國維在〈殷周制度論〉中有一些對當時政治的指涉，「由傳子之制，而嫡庶之制生焉。夫舍弟而傳子者，所以息爭也。」[19] 當時正是軍閥紛爭，競用權謀狡詐來獲得個人利益的時代，他當時

---

16 王國維：〈論政學疏稿〉，《王國維全集》，第十四卷，頁212-214。

17 王國維：〈致羅振玉〉（1919年3月17日），《王國維全集》，第十五卷，頁486。

18 王國維：〈致狩野直喜〉，《王國維全集》，第十五卷，頁839。

19 王國維：〈殷周制度論〉，《王國維全集》，第八卷，頁305。

的私人信函中，常常表示對現實的不滿，包括選總統、選議員、軍閥等，這都與他的〈殷周制度論〉遙相呼應。[20] 王國維在〈殷周制度論〉中一再強調「分」、「定」，認為按照周代宗法制度，一切都按嫡長子，依靠血緣，所以沒有搶奪、爭論的餘地，不會像民國的軍閥依靠搶奪地盤，他認為這才是最好的政治，一切都已「分」、已「定」。而不會像商朝「然使於諸子之中可以任擇一人而立之，而此子又可任立其欲立者，則其爭益甚，反不如商之兄弟以長幼相及者猶有次第矣。故有傳子之法，而嫡庶之法亦與之俱生。」[21] 王國維認為周公並非不知道「尚賢」，但周公為何要以天生的血緣來決定政治，因為這樣才不會開啟紛爭之道。他說：「蓋天下之大利莫如定，其大害莫如爭。任天者定，任人者爭；定之以天，爭乃不生。故天子、諸侯之傳世也，繼統法之立子與立嫡也，後世用人之以資格也，皆任天而不參以人，所以求定而息爭也。古人非不知『官天下』之名美於『家天下』，立賢之利過於立嫡，人才之用優於資格，而終不以此易彼者，蓋懼夫名之可

20 周一平教授指出此文表彰周公在攝政之後「反政」，王國維實以之諷刺軍閥段祺瑞、馮國璋、徐世昌等口口聲聲要返政於清，但不能兑現，必須「大居正」返政於清，才能大一統。參看周一平、沈茶英著：《中西文化交匯與王國維學術成就》（上海：學林出版社，1999），頁 376-378。

21 王國維：〈殷周制度論〉，《王國維全集》，第八卷，頁 305。

藉而爭之易生，其敝將不可勝窮，而民將無時或息也。」[22] 這些話一方面在講殷周，一方面也是在講民國，這是將歷史和現實結合在一起，既是講殷周之間制度的變遷，也在講如何息止民國初年軍閥間無休止的鬥爭。

〈殷周制度論〉由比較殷周之制而得，認為周公所奠立之宗法制，以嫡庶之分為根本，由此衍生出一套宗法政治。這是一種道德政治，將全國組成一個「道德團體」，在這裏我要引用一些原文：「是故由嫡庶之制，而宗法與服術二者生焉。商人無嫡庶之制，故不能有宗法」，[23]「古之所謂國家者，非徒政治之樞機，亦道德之樞機也。使天子、諸侯、卿大夫、士各奉其制度典禮，以親親尊尊賢賢，明男女之別於上，而民風化於下，此之謂『治』，反是則謂之『亂』」，[24]「故知周之制度典禮，實皆為道德而設，而制度典禮之專及大夫、士以上者，亦未始不為民而設也。」[25] 在王國維看來，政治和道德是合一的，周初的制禮作樂就是對「道德團體」的實踐。

但是正如我前面講過的，〈殷周制度論〉是很難得的歷史與

22 同上，頁 306。

23 同上。

24 同上，頁 317。

25 同上，頁 318。

道德相結合的例子。王國維對學術與道德的關係所持的看法，並不是現代史學的主流，但是柳詒徵（1880—1956）卻注意到這個看法。柳詒徵是近代文化保守主義的代表人物，他事實上在日本留過學，他的思想在新與舊之間，他最大的特徵是既受新史學之影響又兼有舊史（傳統史學）的關懷。在柳詒徵的《國史要義》中就注意到王國維的「道德團體說」。他說王國維〈殷周制度論〉「謂『合天下以成一道德之團體』之精髓，周制獨隆，而前此必有所因，雖周亡而其精髓依然為後世之所因……千古共同之鵠的，惟此道德之團體。」柳詒徵很快就看出王國維的思考重點之一就是「道德團體」，但是他並不同意王國維的看法。他認為周公之制作「前此必有所因」，他強調這一切都有很遠的歷史淵源。他也批評梁啟超，因為梁啟超認為史料就像賬簿一樣，本身沒有價值意涵在其中，但柳詒徵則說「歷代之史，匪賬簿也，臚陳此團體之合此原則與否也。地方誌乘，宗族譜牒，一人傳記，亦匪賬簿也。臚陳此團體中之一部分合此原則與否也。」[26] 王國維的「道德團體」論是一次性的歷史契機，而柳氏是以「道德團體」論來說明中國歷史的整體是一個有道德意義的過程，其中有標準、有評判，也就是看所有歷史與「道德團體」這個標準的離合遠近，

26　以上引文見柳詒徵：《國史要義》（上海：華東師範大學出版社，2000），頁 341。

而不是一堆史料堆積的賬簿或無意義的過程。

前面有關柳詒徵的持論說明了幾件事情。第一，從柳詒徵《國史要義》的最後一章〈史化〉，可以看出他事實上也受到「道德團體」一說的影響。他與王國維的相同之處在於認為整個中國先秦以來的種種歷史被種種道德禮法所「化」，故成為一個如此之國家。但是柳氏卻又有幾種不太相同的看法：其一，柳氏的歷史觀有一種特質，即認為中國古代文明淵源非常久遠，而且自遠古即有很高的精神、道德水準，故經書或三代文獻中所記載的種種道德上的美好情狀，往往起源甚早，並不因為沒有直接史料佐證，便可以遽以為是無源之水，或是出於後人之創造。所以王、柳二人之間的關鍵性差異，即王國維認為殷周交際有一個大斷裂，周初有一大制作，在柳氏看來並非如此。柳氏認為王國維指自周代所制定之謂「道德團體」之種種，事實上是早先已有淵源，也不同意王國維認為這些禮法措施皆是周代商之後的大制作，從此才將整個國家轉變成為一個「道德團體」。其二，柳氏認為「化」之一字甚為傳神，此「道德團體」及他所說「人文轉折」，即「禮」、「化」，是整個中國歷史的最核心的東西。他認為此後凡與「史」有關的東西，即看是否合乎「道德團體」之原則與否的東西。第二，他強調此後的事情，是有一個道德意義的標準與判斷，兩千年的著作都在這一標準之下衡量，因此都是有意義的。

六、結論

在這裏也可以看到近代史學的兩條路，一條是胡適、傅斯年史料學派走的路，強調史料的客觀主義、強調史學與道德、倫理分開；另一條路是要將歷史與道德結合。歷史與道德有沒有關係？各位知道，在很長的時間裏，這是「低音」，王國維所代表的這一派認為歷史與道德要重新結合在一起，但是在他自己本身的作品中也不常能做到這一點。因此，引出了我餘論中的問題，而且我認為這一問題到今天都沒有非常好地解決，就是十九世紀以來實證之學和道德、倫理、意義之間的關係。這個問題在很多人那裏並不成問題，就像胡適、傅斯年他們認為求真就是全部意義之所在，然而王國維是「兩列對開的火車」，他自己便是一個矛盾，既有十九世紀以來新的學問觀，又有最強烈的東方政治和道德關懷，既有「無用之學是為大用」的對客觀知識熱烈的追求，又有文史研究中要隱含道德的想法。

王國維〈論政學疏稿〉，最能說明這種兩難：「臣竊觀自三代至於近世，道出於一而已。泰西通商以後，西學西政之書輸入中國，於是修身齊家治國平天下之道乃出於二。」[27]「道出於二」，一

27　王國維：〈論政學疏稿〉，《王國維全集》，第十四卷，頁 212。

部分是中國舊有的，一部分是西方新來的，他自己即是這樣。科學、冷靜、客觀、完全以問題為傾向，不問後面的「仁義禮智」、道德涵義，可是另一方面是對「東方道德政治」最強的堅持。他的好朋友、清朝遺老張爾田（孟劬，1874—1945）給王國維的信寫道：「近閱雜報，兄竟為人奉為考古學大師矣。日與此輩研究礌史者為伍，得無有隕獲之歎耶！弟常謂周孔以前有何文化，不過一堆礌史而已。此種礌史愈研究愈與原人相近，再進則禽獸矣。」[28] 王國維是以金石考古享譽學界的大師，而他的好朋友卻說他「竟為人奉為考古學大師」，顯然是在嘲諷他。他自己好像也承認，所以從張爾田的這封信中可以看出王國維的工作和他的信仰與價值是兩回事情。他在〈論政學疏稿〉中說：「至西洋近百年中，自然科學與歷史科學之進步，誠為深邃精密，然不過少數學問家用以研究物理、考證事實、琢磨心思，消遣歲月斯可矣。而自然科學之應用又不勝其弊，西人兼併之烈與工資之爭，皆由科學為之羽翼。其無流弊如史地諸學者，亦猶富人之華服、大家之古玩，可以飾觀瞻而不足以養口體。」[29] 這是他生命後期的一種證言，他竟把自己最擅長的史地、考古諸學當作無用之華服，

28 〈張爾田致王國維（三十八）〉，馬奔騰輯注：《王國維未刊來往書信集》（北京：清華大學出版社，2010），頁 258。

29 王國維：〈論政學疏稿〉，《王國維全集》，第十四卷，頁 214。

他所從事與他所信仰是有矛盾的，歷史與意義在他身上始終不是調和的狀態。而這個問題並不就解決了，它困擾了很多人，在王國維身上表現得非常強烈。

從這一個案例還可以看出近代史學的一個發展動向，即道德與倫理，或「道德團體」這樣的意趣在晚清民國以來的史學中逐漸失去主流的地位，甚至是被摒除的對象。這裏可以約略看出近代史學之兩條路。德羅伊森是反對蘭克、巴克爾，反對科學史學，反對過度強調史料的客觀主義，認為歷史非純為研究過去的事實者，是一種「教養」之學，同時歷史也需要與現實結合。近代中國新史學中，幾乎未看到德羅伊森這一脈的影子，倫理與歷史，價值與歷史等，不是關心之重點。而且浮田和民的書兼包蘭克及德羅伊森兩路，可是即使他的中譯本在晚清如此風行，我們見到的影響都是偏於前者，而淡於後者，「道德團體」之說在梁啟超的〈新史學〉等深受浮田之書影響的文獻中亦不見跡象，由此可以看出一個時代史學大勢之所趨。

問答部分

章清：

感謝王院士精彩的演講，下面我們開放時間，各位有甚麼問題要請教的，可以提出來。

提問 A：

我想請問，梁啟超與王國維，您覺得在今天，我們應該更傾向於哪一個？

王汎森：

傾向兩個的綜合。

提問 A：

那這是不是說，我們今天面對傳統也是這樣，這個框架我們要打掉，但是對它內在的東西要吸收？對這個問題，您是怎麼看的？

王汎森：

我個人對研究學問所持的態度還是求真。但是學問與意義、學問與道德，應該在另一個層次上互相有所關照。王國維先生的矛盾，我認為也是很多人的矛盾。而且他這一面關懷的，也值得我們仔細思考。在這個部分，我也寫過一些文章。我們看錢穆（1895—1990）先生在他《師友雜憶》中講，抗戰期間他每次到昆明西南聯大上課的時候，整個課堂都坐滿了人，他要踏着桌面才能走到講台。為甚麼？因為他的《國史大綱》的〈引論〉中講的，歷史和現實要關聯呼應。這符合當時人們的思想。但是我們也不得不承認，近代新學術帶來了最大的進步。當然不是每一個人都有王國維的矛盾，很多新派人物認為「求真就是全部意義的來源」，胡適先生講，如果能新認識一個古音就是最大的意義、最大的滿足，所以他是不會有這種矛盾的。但是十九世紀以來學問的兩路，還是一個值得注意的事情。

提問 A：

您在當下今天選擇這樣的題目，是不是有您對今天的考量？有意為之的嗎？

王汎森：

沒有，針對的也就是我自己，因為這也是我個人的困擾。

我對中西學問的看法很簡單。我還是相信王國維的話，中學西學進則俱進，要吸收世界各種學問研究中學才可能進步。我想今天討論學問亦復如此，很多人以為只有純粹的中學或是只有純粹的西學，但是我認為只有這些都加在一起，才可能有獨特的進展。我認為王國維能有這樣的成就，也是因為他剛好能同時兼具這兩方面。

提問 B：

王老師，科學給人的感覺是很客觀、追求真理的，但是我感覺他們追求的「真」和「真實」的「真」不一樣，現在有點像宗教一樣，如果在社會上，你不相信科學，就好像「異教徒」一樣。

王汎森：

當然科學家的權威，都是十九世紀前後建立起來的。醫生也是，我們看中國古代的醫案，往往會提到要請一、兩個醫生來參詳，有時候還要問問病人的意見，然後才有一個綜合判斷。可是現在不是這樣。這說明醫病關係已經變了，醫生的權威變得非常高。可是在古代包括西方，醫者的地位並不高。醫生權威的建立都是在十九世紀以後的事情。我個人當然不是最有資格說這樣的話。西方由於科學的發展，一些專門的專家出來以後，他們從原來的文化中另外突出一脈出來，這一脈有很大的權威，一直到今天。這當然也影響到近代的中國。

提問 B：

您剛才提到，柳詒徵認為古代的制度還有一個更古的淵源。我看到胡蘭成（1906—1981）寫的文章，也總是講一件事就是從遠古而來的。

王汎森：

近代對遠古時代的看法，在考古學興起以前，有兩派的看法，一派主張極短，一派主張極長。康有為（1858—1927）就是主張極短的，而且他又相信進化論，他認為以這麼短的時間，是不可能進化出六經中如此周全、美備之文物，所以六經中的史事是編造的。可是有一派主張古史極長，像劉師培（1884—1919）認為有兩百五十萬年。所以這是兩派。信仰哪一派會使得他的歷史、政治的觀點有很大的差別。而你剛才說的胡蘭成可能屬於後一派。不過我想康有為是說得太短了，我認為他太受到《聖經》大洪水的影響。康有為很多東西都受到教會影響，包括他要建立孔教的模式，都深受教會的影響。劉師培則大量使用讖緯的歷史材料，它們往往將古史的年代說得非常長。

提問 C：

王老師，您剛才的講座給我以很大的啟發。我想請教一個看起來很簡單，但是在我自己卻很困惑的問題。在這個時代，往往有很多人會問，學歷史到底有甚麼意義？我們可不可以不知道過去發生的事情？所以我想知道，您覺得歷史研究的意義在哪裏？

王汎森：

這是我近年來演講的主題之一。現在歷史有慢慢式微之勢，所以常常有人要我去講這個題目。

當然有很大的意義。美國冷戰時期「圍堵政策」的提出者喬治・凱南（George Frost Kennan, 1904—2005），就曾經講過一句話，他說這就好像下圍棋的人背譜一樣，棋譜背多了，這使得你下一步棋的時候，腦中會有許多參照系統，這不一定保證我們下的每一步棋都是對的，但是卻可以有很大的幫助。歷史上因一篇史書而受到影響的例子太多了，嘉慶皇帝要趁乾隆皇帝死後處置和珅之前，就是在讀唐德宗的傳。

提問D：

王老師，你講到王國維這種矛盾和歷史的觀念是一個「低音」，我想請問，這樣的現象出現在那個時代的原因是甚麼？我想到韋伯的《政治與學術》中提到，祛魅之後整個世界就成為諸神之爭，學術與政治都沒有辦法來安放一個人的生命。講座中您也提到，傅斯年、胡適求真便是意義，可是我覺得這只是學術方面，在其他方面，如婚姻家庭，則並不是這樣。我想王國維的「道德團體」是不是在安身立命層面為自己尋找一個意義？

王汎森：

當然，「道德團體」就是王國維安身立命之處。我期待在他大量的著作中時常看到這個詞彙，這樣才符合他後來生命的格調。但是沒有，這是他的學問與他的信念不能配合之處。這跟王國維的早期不一樣，他早期顯然沒有這方面的問題，當時他儼然是一個新派人物。歷史最沒有辦法解釋的就是，我為甚麼與你不同，他的環境、際遇等各個方面使得他後來變成是兩列對開的火車。這就是他的困局，他無法在各處都安放「道德團體」，研究簡牘、研究金石文字，不能到處都有道德涵意在裏面。其實歷史和意義的問題，在西方有好幾部重要的書。卡爾・洛維特（Karl Löwith, 1897—1973）的 *Meaning In History*，講述了西方十幾位歷史學家，他們各有安頓歷史與意義的方式。我沒有來得及把這本書再溫習一遍，但是我感覺，當幾樣東西不再成為人們歷史工作的框架以後，這個問題慢慢變得棘手。在這裏我隨便舉其中幾種：第一，基督教的史觀，基督教的史觀的整個安排是有一個格局的，使得大大小小的事情都能直接或間接地找到位置；第二，進化論，梁啟超的進化論中史家的角色多麼清楚、多麼積極，史學家的任務就是指出進化的過程並加以推進；第三，目的論，不管是哪一種形式的目的論，都能夠將所有的東西放在這個格局中衡量；第四，定律式的史觀，研究歷史可以發現人類的定律，這也就有意義。所以按照洛維特，有很多種方式可以賦予意義，可是這些方式在王國維身上都沒有看到。他好像也沒有說這個社會要走向甚麼地方，他自己做的就是最嚴謹、客觀、徵實之學，他又認為「可愛者不可信，可信者不可愛」，可信的都是零碎的歷史事實，它們不可愛。可愛的是那些通貫的哲學，但是它們不可信。王國維的整個生命情調本來就是很悲觀的，這種悲觀有很多來源，其中一種來源就是韋伯（Max Weber, 1864—1920）所講，當解除世界的魔咒之後，眾神都復活了，價值之間沒有一個層級的高低，沒有一個神、教會、教義來判斷高低，中國的歷史當脫離了道德褒貶之後，也就出現了同樣的問題。解除世界的魔咒之後，價值被科學之光驅逐了，人是搭掛在自己所編織的意義之網上，現在網沒有了，所有的神話、教義都被科學之光照射得消滅無形的時候，那麼人的意義是從哪裏來？對有些人來說，沒關係，追求真理就是最高、最完滿的意義。可是對有些人來說，又不是，這沒辦法解釋，這有個人的氣質的不同，我只是要把其中的複雜性說出來。

章清：

感謝王先生為我們提供一個可以想很多問題的演講。在我知道王院士「執拗的低音」的演講的時候，我就想到「預流」的問題，因為這一定是他對個人所從事研究所作的一個階段性總結，不管是中學還是西學中所產生的問題。今天所講的王國維，是在一系列講座中，可能是最值得剖析的個案。因為在「對開的火車」中，他可能是兩面都走得很好，也正是因為走得很好，所以走到那麼悲慘的一個結局。我想，近代中國所面臨的「三千年未有之變局」這麼一個艱難的境況，讀書人一定有很多問題值得我們去分析，如果我們很好地理解今天的論題，也就能更好地理解近代讀書人所面臨的困境。最後，我們再次感謝王院士的演講。

「風」——一種被忽略的史學觀念

今天所要談的人物，是近代思想史上不太談到的一位知識分子——劉咸炘（鑒泉，1896—1932）。以前我在反覆讀他著作的時候，一開始注意到的是他對章學誠（1738—1801）的看法，但劉咸炘在這方面的思慮太細，反倒不容易談。今天要談的是劉咸炘史學著作中關於「風」的觀念，而「風」是一個在近代經新史學洗禮之後長期被忽視的史學觀念。

一、生平及思想淵源

劉咸炘是四川雙流人，他的祖父劉沅（1768—1855）是舉人，也是劉門教的創始人，他在嘉慶年間創辦的槐軒書院，與後來同治年間張之洞（1837—1909）創辦的尊經書院，一官一私，所提倡的學問也有不同。劉咸炘的《推十書》中所收的大大小小的兩百多種著作都是在他短暫的生涯中寫成的。由他的弟子所完成的著述年譜，可以看得出他每年都要完成許多種書。可惜在 36 歲那一年，他難得出遊，得了風寒回家後，不久便去世了。

劉咸炘的學問事實上受到兩方面的影響，一方面是章學誠《文史通義》的影響，我想他對章學誠《文史通義》的吸收、發揮和批判大概是近代學者中最多的。民國以來的章學誠學其實是一個很值得注意的題目，針對章學誠竟然提出那麼多不同的看法。譬如梁啟超（1873—1929）說章學誠的「六經皆史」是「六經皆史料也」（〈治國學的兩條大路〉）。另一方面，我在追溯劉咸炘的學思歷程時，發現他受龔自珍（1792—1841）的影響很大。我想這正如梁啟超在《清代學術概論》裏面所講：「晚清思想之解放，自珍確與有功焉，光緒間所謂新學家者，大率人人皆經過崇拜龔氏之一時期。初讀《定庵文集》，若受電然。」[1]「新學家」如此，像劉咸炘這樣的文化保守主義者亦不能免。龔自珍的〈釋風〉篇，一開始講「風」、「蟲」，就是說我們身體中有很多「蟲」，好像細菌一樣，「風」與之感應，形成某些疾病等等。那一大套理論我們先不說，但是其中有幾句話很值得注意。龔自珍說「風」這種東西「萬狀而無狀，萬形而無形」，[2] 我覺得這兩句話很能說明劉咸炘的史學觀念，他認為歷史發展宛如是一種「風」，而史學是一種

1　梁啟超：《清代學術概論》（上海：上海古籍出版社，1998），頁 75。

2　龔自珍著，王佩諍校：《龔自珍全集》（上海：上海古籍出版社，1999），頁 128。

觀察「風」的學問，足見劉咸炘深受龔自珍這篇短文的影響。龔自珍還有一篇文章提到史學是「大出入」，他說研究歷史時要能「入」，將其中的細節研究看得非常清楚；要能「出」，把整個大勢變遷看得非常清楚（〈尊史〉）。劉咸炘說：「觀事實之始末，入也；察風勢之變遷，出也。」[3] 這一點也與龔自珍的說法相彷彿。如果總是「入」，便看不到一代風勢之變化，要先「入」再「出」，先了解事實之始末再看整個風勢變化，而且看幾十年、幾百年的風勢。

我後來才慢慢注意到，事實上有一批學者在 1949 年以前就很推崇他，如蒙文通（1894—1968）、唐迪風（1886—1931）、陳寅恪（1890—1969）、錢穆（1895—1990）等，只是他是一個在當時主流歷史論述的邊緣的人，所以並沒有被特別注意。

人的注意力是有限的，就像我在第一講曾引用了司馬賀（Herbert Simon, 1916—2001）的話，人的理性是有前提、情緒、選擇的。所以我們看到陳寅恪、錢穆等人對民國人物的品題時，也常常因我們的注意力所限而「視而不見」，直到有一天我們的注意力改換的時候，我們才會「視而有見」。我們以前看到他們提到劉咸炘這樣的人都不太注意，當然一方面是因為當事人提到

3　劉咸炘著，黃曙輝編校：《劉咸炘學術論集 · 文學講義編》（桂林：廣西師範大學出版社，2007），頁 233。

時也只是隻言片語。我在讀劉咸炘的各種著作時，發現他自己最得意的書，往往辨析得太精、太深，而且關心的問題與我們有些出入。他對史體、文體的辨析，不厭其詳、不厭其深，使得我這個與他不在同一個「境界」的人，很難領略他的想法。我反倒比較喜歡他的一些雜著，無論如何，我在讀他的書的時候，注意到一個問題，就是他反覆在講「風」。我最先發現他寫的許多文章篇名都有「風」字，然後才慢慢注意到「風」是他很重要的一個史學觀點。

二、甚麼是「風」

談劉咸炘關於「風」的論述之前，我想先談談甚麼是風，以及為甚麼「風」這個議題會引起我的興趣。中國人很喜歡用「風」這個詞，譬如，《詩經》的「觀風」就是一個很大的傳統，可是「風」該如何英譯呢？譯成「wind」、「fashion」、「public opinion」，好像都不太夠，是不是黑格爾（Georg Wilhelm Friedrich Hegel, 1770—1831）的「時代精神」？好像也不是非常精確，但是在中國文化中總是講到「風」。《易經》中說「雲從龍，風從虎」，中國人還常常講要「開風氣」、「風俗之厚薄」，好像特別喜歡用「風」字，可是「風」的確切涵義又很難定義。古人講「察勢觀風」，可是「風」在中國的傳統裏好像是一個很神秘的東西。

我們應如何比較系統地思考「風」。1849 年有一位外籍傳教士斐洛（Philo）從中國寫了一篇 15 頁關於「風」字的探討長文（*Illustrations of the Word Fung*），發表在傳教士的期刊 *Chinese Repository*（《中國叢報》）[4] 上面。作者敏感地注意到，在中國文化傳統中「風」是一個最常用、最難轉譯，而意涵又非常繁多的字眼。他用了幾十個英文字來轉譯其意。

斐洛的文章說，風是「spirit of God」，是「wind」，是「passion」，是「excitement」，是「life-dispensing」、「quickening」（靈），是「custom」，是「moral conduct」（如「洋洋乎固大國之風也」），是「illustrious fame」，或「high praises」，或「sounding name」（如「張英風於海甸，馳妙譽於浙右」），是「fashion」（如「以風生萬物」），是「good example」（如「舜之為君也，其政好生而惡殺……是以四海承風」），是「deportment」（「扇以廉風，孚以誠德」），是「the forms of decorum」、「etiquette」（「維先至鄒魯，家世重儒風」），是「method」（「能以技能立名者甚多，皆有高世絕人之風」），是「reformation」（「風，化也」），是「instruction」（「四海之內，咸仰朕德，時乃風」），是「influence」（「君子之音，乃所以為治安之風

4 Philo, "Illustrations of the Word Fung", Chinese Repository，張西平主編，顧鈞、楊慧玲整理：《中國叢報》（桂林：廣西師範大學出版社，2008），第 18 冊，頁 476-490。

也」)，是「spiritual image」(「陵有國士之風」)等。

他在文末將上述種種「風」的英文翻譯歸納為五類：

第一類：breath 、 spirit 、 passion 、 air 、 gale 、 wind

第二類：manners 、 deportment 、 etiquette

第三類：fame 、 example 、 fashion

第四類：instruction 、 institutes 、 influences

第五類：disposition 、 spirit

劉咸炘對「風」並未曾嚴格定義，大體而言，上述五類涵義的「風」，與他平常講到「風」時的涵義大致相符。「風」當然不是甚麼新的史學理念。[5]《詩經》中有大量的風詩，古書中也總是說史學的任務之一是「察勢觀風」。但是晚清以來，在新史學洗禮之下，「察勢觀風」的觀念並不流行，「風」也成了不確定的代名詞。

然而在歷史上，人們見識過多少風潮，它們倏忽而起，倏忽而落，最初可能只是幾個好事之徒，或小書齋中的幾個讀書人所發動，可是當它如日中天之時，即使人們覺得不合理，即使許多人心中完全不認同，卻也不敢違犯它的勢力，而且不敢公開說

5 我從案上隨手拿起一本書，隨手摘抄，「雨化風薰」、「除菁還需偃草風」、「獄靜風清草自生」、「庶民懷惠似春風」、「欲挽頹風歸樸素」、「先修庠序有儒風」。祁寯藻（1793—1866）撰：《歷代循吏紀事》二卷（台北：聯經出版事業公司，1976）。

甚麼。以學術為例，當一種學風流行之時，即使內心中對自己所做的學問感到懷疑，仍然跟着大眾拼命向前。用胡適（1891—1962）的話說：「雖有智者，亦逃不出。」[6]

「風」之起落是一道非常艱難、複雜也非常豐盛的課題，尚待我們綜合各種學問深入探討。在一個社會中，同一時間便有無數股「風」的勢力，其中有的是颶風，有的是微風，但說不定微風有一天也會變成颶風，席捲一切。譬如許多觀察者指出三十年前，佛教在台灣社會並無積極作用，但是近一、二十年來，它形成了極大的勢力。譬如二、三十年前，台灣的文化菁英是文史學者，後來是科學家，現在是生技學者、是電子新貴。又如美國歷史學界的研究熱潮，時而思想史，時而社會經濟史，時而新文化史，現在是醫療史。當新文化史盛行時，美國許多歷史系都驕傲地宣稱說他們近年的空缺都是文化史的人才。

我們在歷史的興亡中也常常看到，最初往往是少數人，慢慢

6　諸橋轍次（1883—1982）與胡適的一次筆談，正點明「風」在思想學術上作用的情形。諸橋說：「但外來思想輸入之一事，果能足啟發宋代自由討究精神歟！其間尚不能無可疑。且邵、周二子之學，雖非無禪學影響，其主要原因，寧似得之於《易》學者。宋儒由來所讀，纔（才）不過《楞嚴經》一部。一書之所影響，豈如斯深且多乎？敢請教。」胡適說：「邵、周之《易》，又道家之影響也。宋時，中國之空氣已成一禪學之空氣。雖有智者，亦逃不出。非一部《楞嚴》之力，乃此『空氣』之力也。」〈胡適和諸橋轍次的筆談（1920 年）〉，李慶編注：《東瀛遺墨：近代中日文化交流稀見史料輯注》（上海：上海人民出版社，1999），頁 154。

地變成強勢，而它又觸及一般人內心中潛在的想望或恐慌，於是一根火柴點燃了一個火藥庫。這中間不必然有一對一的關係，有時候偶然性也扮演了一定的角色，當然個人的行動、性格、形象、品質與時代的適合性等因素也都非常關鍵。而人們一旦形成內聚力強大的團體或組織，甚至是有暴力挾制性的組織，慢慢地便足以形成轉變社會的重大力量。在這個過程中，少數人與社會的關係一如水龍頭與自來水系統的關係。

能開啟一種「風」的機制還非常之多，譬如一個價格可能調動一種「風」，一種指標或排名的系統可能帶起一種「風」，一個示範意味的試點或突破、符合普遍現實利益的一種主張、強力的羣眾畏懼感，甚至模仿與競爭等也都可能形成「風」。[7]

在現實生活世界中每天都有人在挖空心思想要捲起一陣「風」—— 不管這個「風」是思想的、流行的、政治的、軍事的 —— 但都沒有成功的把握。即使讀遍了教案，也未必能保證每一次都能成功地推出一個新的「風」潮，可見它是何等艱難的課題。

「風」很難形成，而「風」的範圍也很難捉摸，它真的是「萬狀而無狀，萬形而無形」。我上次曾舉《楞嚴經》與宋代思想的例

7　在考慮到「風」形成時，所有能幫助它擴散的媒體，在農業社會是謠言、口傳、講述、小說、唱本、書刊；在今天是報紙、電視、網絡、臉書等社交媒體，都值得研究。

子。有人說《楞嚴經》在北宋有很大的影響，胡適說怎麼能說是一部《楞嚴經》的影響呢？應該說是整個時代禪宗的「空氣」對士人的影響。這個「空氣」或「風」很難從字裏行間一個字一個字確鑿地找出來，可是人們是受到「空氣」的影響，如果只是從一部書到一部書上面的證據去理解，看到的只是一部分，還有許多部分是看不到的。像清代的陳澧（1810—1882），他的著作反覆強調「學風」會改變「政風」，「政風」也會影響「學風」。

「風」究竟是甚麼？即使感受到了，有時候可能也難以描繪、分析。但劉咸炘認為史學最重要的任務是觀「風」，不是像梁啟超講的，是記錄事物、社會進化的軌跡，也不是「史學即是史料學」，他認為史學最重要的工作是看「風勢」，看每一個時代各種「風勢」的起伏。劉咸炘的論文標題常有「風」字，如〈流風篇〉、〈流風餘義〉、〈明末三風略考〉等，他在文章中最常提到的幾個名詞是：「風氣」、「學風」、「時風」、「通風」、「風勢」、「虛風」。

三、史體與「風」

劉咸炘有一句名言，他認為所有的東西都在「風」裏面，包括政治、人才等所有的東西，一切都在「風」中。他和近百年所流行的新史學理論有一個不同，就是近代很多史學理論是從外國引介回來的，而劉咸炘有一個特色，他基本上是想從舊史的理想中去翻新，想要在新史學的挑戰之下，吸收一部分新的東西，重新提出一個想法。所以他史學著作中很重要的一部分是從史體的批判開始。

我們知道章學誠的《文史通義》、《校讎通義》，其中很重要的部分就是對史體、文體的形成變化的研究與批判。我想近代西方的史學家沒有人會對「體」進行這麼多既深且細的探討和批判，但是劉咸炘卻要用舊的資源，融合新的東西，在新的挑戰之下，創造一個新的史體。章學誠的名言「方智圓神」，將史學分為「記注」和「撰述」，「方」就是「記注」，是客觀之學，是記錄、整理、考證史料，「圓」則是撰述。在章學誠看來，清代考據之學就是「方以智」。我想劉咸炘深受這個影響，他認為如果要觀風勢，就不能像清朝學者那樣只滿足於記注、考辨史料，寫出一條又一條非常深入而有見解的劄記，而是要綜合所有的東西寫成「一家之言」。所以他想要用「圓而神」的方法來描述一代風勢的變化。收集史料、研究史料的客觀之學只是史學的一半，還有一半是主觀之學，也就是撰述，是描繪「風」的觀勢之學。

劉咸炘的著作中很重要的一個工作是在分析「史體」，他很關心能表現一代風勢的彙傳體的衰退，同時也關注史書中有關「風勢」方面的記載的衰減。他認為司馬遷（前 145—前 86？）在《史記》中將好幾個相近的人物歸在一個列傳中，而不是一個一個人分開寫，就是在表現「風」，這羣人代表一種「風」。而《史記》、《漢書》那種彙傳體慢慢衰退了，後來的史書總是「一人一傳」；而且傳記的寫法越來越像《碑傳集》裏面太過定型化的敘述。除了史體之變外，他認為歷史哲學、政治哲學也深刻影響到歷史察勢觀風功能的衰退。

他認為史體的衰退經過幾個階段。第一個階段是《漢書》、《後漢書》之後，注重風俗的體裁慢慢沒有了。他說在班固（32—92）的《漢書》裏面，許多列傳還能表現出在政治壓力之下知識分子變得矯激的情況，後來在《資治通鑑》中看不見這些了。他說：「唐以來私家傳記多止留意官曹儀制、賢士大夫言行，而罕及文化風俗，蓋史識之日隘也。」[8] 又說：「然整齊之風，至唐之館局而成。」[9] 也就是說唐朝以後，史學日趨嚴整，修史由專家之學變成官方之學，所有東西都整整齊齊，所以沒辦法看出「風勢」的變化。他又責備劉知幾（661—721）不明「通古別識、圓神變化之術」。[10] 劉咸炘經常批評劉知幾，因為劉知幾提倡編年史，而編年中間看不到因果的聯繫，看不出風勢的變化。他認為唐以後的史學太喜歡編年體，而不注重《史記》、《漢書》那種彙傳式的史體，也是史學變得愈來愈不能察勢觀風的重要原因。

8　劉咸炘著，黃曙輝編校：《劉咸炘學術論集 · 史學編》（下），頁 582。

9　同上，頁 468。

10　同上。

宋朝則是另外一個轉變期。劉氏對宋代史學的批評是多方面的：他認為宋朝史學太好褒貶，而且太好一人一事之褒貶，不是對整個風勢的褒貶。宋代史家過度注重朝廷的政治，而忽視民間的風俗。又說宋朝以後的史學變成「萬人一篇」，所有人的面貌都一樣。他也提到章學誠的〈釋通〉，認為所謂「通」就是「風」，他又說：「以時風言之，今日宜修宋史，何也？史識在觀風察勢，風勢萬端，綜貫以求，由繁至簡，達於最高之原則，則見民風無過一張一弛之迭代，一切世事皆由此生。」[11] 前面這一段引文中的「一張一弛」一語是他講「民風」之變的最高原則。在〈流風〉篇中，他就主張用「最高之原則」來講每一個時代的思想，他認為每一個時代的「時風」、「政風」往往也就是幾個簡單的範疇的表現，可是我認為一代民風之變不可能只是「張」、「弛」，實情遠比這個要複雜。但是除此以外，我同意他的看法，隨着史體的日益拘仄，歷史慢慢變得沒有辦法承載「察勢觀風」的作用。

劉咸炘認為「史」不應該有定體，應該根據所要描述的「風」而創設新的史體。他認為能捕捉「風」的史體要能兼顧「上下」和「左右」。所謂「上下」，就是要貫穿，不能以一個朝代為限，往

11　同上，頁 594。

往要看三、五百年，所以要「縱」觀，要重「時風」。但他同時也講「左右」，講「橫」觀，講「土風」，一個地域的「風」。因為重「橫風」，講「土風」，所以他的著作中特別強調方志的作用。他說：「方志自有方治之精神，與國史異也」，「蓋緣向來於方志止視為國史橫剖之一部分，以為一方不似一代，無所謂自成面目者，既無其事，作者何由強造一貫。吾今以土俗貫論」。[12] 他認為方志的作用不只是國史，乃「橫剖之史」，在方志中可見「土風」，即地域之風。

然而甚麼東西限制了我們對「縱」的了解？他說是斷代史，斷代史限制了「上下」縱觀的可能。甚麼東西限制了「橫」？劉咸炘提到的例子之一是列傳，列傳之間把所有東西隔開成一塊塊，沒辦法橫觀。

他也認為「事目」往往決定了史書的內容，他說：「觀歷代史書志、傳事目之增減，而史識之漸隘，史法之漸亡，已可見矣。」[13] 他認為中國歷史上各種史書的「史目」太過狹隘、太過道德化，而且變化太小。所以為人寫傳時，往往先看他是不是孝義、賢宦等等，是不是能塞到一個特定的史目裏去。劉氏認為這些「史目」的確定使得它們沒有辦法記載人事的紛紜萬狀。這使

12 劉咸炘著，黃曙輝編校：《劉咸炘學術論集 · 文學講義編》，頁 289-290。

13 劉咸炘著，黃曙輝編校：《劉咸炘學術論集 · 史學編》(下)，頁 409。

我想起美國思想家肯尼斯・柏克（Kenneth Burke, 1897—1993），他說我們看所有的東西都要「in terms of」，事象通常並不能自我呈現自己是甚麼，所以人們總是用一些範疇來了解它們、狀述它們。在我來看，這是一種方便——方便下筆、方便描摹，但是方便的另一面是束縛，使得史家用不變的框架去狀述紛紜萬狀的人事世界。如果我沒有誤解劉咸炘的意思，這些具有高度道德意味的「史目」使得歷史上的史官，將所有事情都先往這些已有的框架裏塞，而不是看這個時代有甚麼變化，再創造適合於它的分類，所以「史」變得不能察「風」，而這些篩選的框架，事實上也是維持古代的道德風教很重要的一個部分，人們受到它的陶冶，也很自然的在行為上督促自己去往那些理想的行為去靠。我以前常以為明清地方的鄉、鎮志可以體現地方上事情的紛紜萬狀，可是沒有想到並不是那麼一回事，因為它們的「史目」與國史、省通志，或府州縣志往往大同小異。所以歷史形成了一個無所不在的框架，一方面產生了道德教化的作用，另一方面則是不大能體現事象的風勢與變化。

在這裏我還想舉一個例子，晚明出現了大量模仿《世說新語》的書，而且模仿的最厲害的就是《世說新語》對這些文人的分類，讓人讀來會覺得好似魏晉名士又在明代出現。我認為這就是劉咸炘為甚麼花很多時間在反省「事目」和「史體」的關係。他認為「事目」一定，看事情的凹凸鏡就安放好了。章學誠在一篇文章中說，他要為人們寫傳記的時候，凡共同的部分通通省略掉，要寫出不一樣的部分，看來也是同樣的道理。進一步推演劉咸炘的思路，可以說中國歷史上因為「事目」和「史體」趨於穩定，使得人們沒有辦法看到歷史的紛紜萬狀，也沒有辦法看到前後左右通貫的事象，只能局限在一個一個格子裏面看事情，就沒有察勢觀「風」之可能了。

此外，劉咸炘認為歷史貴在能見「生民」與「風俗」，能否見生民、風俗也與「史體」之好壞有關。他說：「然班、范而後，史識漸亡，作史者重朝政而忽民俗，詳實事而略虛風。」[14] 也就是說他認為《漢書》、《後漢書》中的「土俗民風」也就看不到了。他又說：「傳記下風，志載上制，魏之崇信釋老，乃上制也。」[15] 實際上是告訴我們，有時候風是從下面而來的，有時候風是從上面而下的，有時候風是上下交而形成的，而魏之崇尚釋老，其風是由上層階級所開啟的。

為了使歷史要能見「生民風俗」，所以他同樣反對分目、格套式史學，而他認為宋代以後的史體過度受到道德義法之束縛，同時也因為宋代以後的史書「重政治」、「輕民風」，所以在這方面也表現了一個衰退的過程。他認為從宋代的《通鑒綱目》以

14 同上，頁 567。

15 同上，頁 396。

後，評判歷史的觀點主要從道德境界出發，使得人們看不到生民風俗。他說：「自晚宋人以擊斷為史學，不惟不究文化風俗，即並制度亦希加考論，其視史也若君子小人譜而已，故著史者多止論人。」[16] 他比較兩本書，說宋濂（1310—1381）《浦陽人物記》不如徐東昭（1427—？）的《稗史集傳》，因為前者將一切史事放入道德格套中，是「以類求人」。劉咸炘又說：「是可知史家惟詳於朝廷之繁文而忽於民間之風俗，亦由志已局於案牘，傳已局於行狀、墓志，民間風俗固非案牘、狀志之所有，無綜合之識，而惟編排記注，宜其陋矣。」[17] 史書中志、傳之分，使得民風成為兩邊都遺漏的歷史材料，而分志、分傳，亦使得史家難獲「綜合之識」。

劉咸炘強調史家要有「綜合之識」，歷史的書寫要跳脫獨立的格子，廣為綜合，才能捕捉到「風」，這一點後面還會再談到。劉氏也強調雜書對於捕捉風勢之重要，他說：「當雜考羣書之旁見側出者而綜合之。」[18] 舉個例子，他說如果想了解晚明之「風」，則《萬曆野獲編》的作用要遠遠超過《明史》，又認為在錢謙益（1582—1664）的《列朝詩集小傳》一書中「明代之風大略備矣」。

16　同上，頁 587。

17　同上，頁 409。

18　同上，頁 449。

用《列朝詩集小傳》來捕捉明代的遊士、山人之風，其成績要遠遠超過《明史》。

四、宇宙如「網」

劉咸炘對「風」其實從未有系統的論述，而且使用的語言相當簡略、零碎、籠統，本篇實際上是我試做的一些梳理。在前面的討論及以下的部分，我都會提到幾點：第一，「風」除了是指風俗及風俗對政治、社會、人事等無所不在的影響之外，更重要的是「無不有風」。每件事都有風，而政事、人才等無時不在「風」中。第二是「縱」、「橫」、「時風」、「土風」之間的作用。第三是破除史目之分，從前後左右進行「綜合」之工作。第四，在「事實」之外要能把握「虛風」。第五是「宇宙如網」的史學概念。

劉咸炘有一本僅 24 頁的小冊子《治史緒論》，在這本小冊子中，他提出史學有四個要件：「考證事實」、「論斷是非」、「明史書之義例」、「觀史跡之風勢」，前兩者為各種史學所共有，後兩者為劉咸炘所特別提倡。我們一般以為「風」就是重視歷史中的「風俗」，劉咸炘卻說「風俗」固然是很重要的一部分，但是他更強調的是「無不有風」。這裏要先談他對「羣體民風」的討論。

劉咸炘屢屢提到風俗、小事之重要。他認為：「記事尤重能傳風俗，小事往往可見大勢。」[19] 他對趙翼（1727—1814）的《廿二史劄記》非常欣賞，《廿二史劄記》往往能把握一代正史中常常出現的事情，比如說「南朝多以寒人掌機要」等。但是劉咸炘認為《廿二史劄記》沒有做到兩點，一是太依靠正史，另一點是覺得只出現過一次的事情不重要。

前面已提到過，劉咸炘認為司馬遷、班固之後有一個重大的發展趨勢，即史學的識見日益拘狹，側重朝政，而對「羣體民風」不夠注意。譬如他認為遊俠為華夏民風之一大端，他說：「羣體民風，學者多不注意，論述遂絕而不續」，[20]「班書以後，絕無〈遊俠〉、〈貨殖傳〉……而自司馬彪以降，所遞增者乃在輿服、朝會、儀衞，是可知史家惟詳於朝廷之繁文而忽於民間之風俗」。[21]

他引呂祖謙（伯恭，1137—1181）之語：「秦漢以來，外風俗而談政事」，[22] 認為呂氏能多少注意到風俗與政事之關係，是為可喜。但呂祖謙於周秦之變，不過慨惜先王之法驟廢，而對於風俗之漸變相承者未能多所發明。劉氏感歎地認為呂氏之病正是宋儒普遍之病，故說：「宋儒史識大多如是，不得謂之不正大，亦不

19 同上，頁 568。

20 劉咸炘著，黃曙輝編校：《劉咸炘學術論集 · 文學講義編》，頁 314。

21 劉咸炘著，黃曙輝編校：《劉咸炘學術論集 · 史學編》（下），頁 409。

22 同上，頁 512。

得謂之不淺隘也。」[23] 上面這段話的意思是，了解政事必需了解風俗，了解一切皆需了解風俗。劉氏表示，呂氏雖已轉步，但卻未移身，他的歷史著作仍然反映了宋代史學態度拘狹化的變化。

劉咸炘強調說：「民間習俗，亦有重大影響及於政事者」，[24] 所以不能只看政治，還要看民俗，政治不講官制不夠，光講官制也不夠。他認為明代「英、憲以降至於萬曆，實風習最繁變之時」，[25] 所以他寫了〈明末三風略考〉，認為晚明有三個重要的因素：山人、遊俠、紳衿橫恣，「三者互為因果，而皆原於士大夫之驕侈」，[26] 形成晚明各式各樣風勢之變化，各位詳讀晚明文集可了解到。

接着我們要談劉氏的另一個重要觀念，即每一件事都有「風」，而且每一「風」並不是孤立的，可能與別的「風」之間有複雜的相互關聯。所以他的「風」包括兩個部分，一個是我們前面講的「風俗」，另外一個是「無不有風」，包括政治、社會、經濟、文化甚至連一個時代流俗的裝飾，或交朋友的方式都有「風」，而且往往互相交纏。

---

23 同上，頁 513。

24 劉咸炘著，黃曙輝編校：《劉咸炘學術論集 · 文學講義編》，頁 242。

25 同上，頁 288。

26 同上。

他舉例說：「所貴乎史者，為明著其政事、風俗、人才之變遷升降也。政事施於上，風俗成於下，而人才為之樞，一代之中，此三者有多端，每一端為一事，即為史識之一義。」[27] 他認為一個時代最重要的就是政事、風俗、人才三要素，政事成於上，風俗成於下，而人才在中間，為其樞紐，可以想像這三者是不可間斷的相互作用着，形成一個幾乎不可分的旋風。「風」決定一切，政事、人才及其他許多的事事物物皆在「風」中。

風有時候是小事，有時候是「一大風」，不管是捕捉小風還是大風，都必須要能前後左右，打破「類」、「拘」、「分」，要能綜貫。劉咸炘說：「風之小者止一事，如裝飾之變是也，風之大者兼眾事，如治術之緩急，士氣之剛柔是也。」[28] 風裏面有大有小，小的如裝飾，大的如一個國家之特色，這之間的互動就像「宇宙之網」（詳後）。他認為從「一人之交遊，而可以見一時之風俗，數人之行事，而可以明眾人之行誼」，[29]「名字亦風俗之一」，[30] 甚至連一代之書也代表一代之風，[31]《世說新語》反映的是六朝清談之習，《唐摭言》反映唐代重科舉門閥的風氣，一本書的特色即表

---

27 同上，頁 222。

28 劉咸炘：〈治史緒論〉，黃曙輝編校：《劉咸炘學術論集 · 文學講義編》，頁 229。

29 劉咸炘著，黃曙輝編校：《劉咸炘學術論集 · 史學編》（下），頁 559。

30 劉咸炘著，黃曙輝編校：《劉咸炘學術論集 · 文學講義編》，頁 240。

31 劉咸炘著，黃曙輝編校：《劉咸炘學術論集 · 史學編》（下），頁 567。

現一個時代的「風」。宋代的「祠祿恩賞」，明代的「鄉宦」，也都是造成諸「風」的重要條件。

我已經強調過，劉咸炘對「風」並未有系統的論述，不過從他文章中可以看到有一些題目，是各種「風」的例子，如「漢晉名譽考」、「北朝末報應之說盛行，書亦多，南朝亦難」、「元魏時人多以神將為名」、「（唐）節義不重，沿自南北朝」、「（唐）門生座主之相為好立碑志，亦勢力之一端」、「唐人奢侈之事非一，勢利、奢侈相因，唐之士風所以媕婀也」、「五代人多以彥為名（……名字亦風俗之一，如東漢無二名，元末平民多以數目為名）」、「宋初嚴懲贓吏（反唐、五代之風）」、「金初父子兄弟同志（部族之風）」、「（明）鄉宦虐民之害（流寇由此起）」、「（明）中葉才士傲誕之習（末為山人、遊士，與宋同）」。[32] 他零零碎碎整理了各朝各代的風氣，這些在正史中並不容易看到，可是你如果從綜合的角度，把這一切都看成「時風」和「土俗」的交叉，就能看出來，哪怕只是在正史中出現一次，說不定也有很大的影響。

前面已經提到，劉咸炘偏好用「縱」、「橫」這一對觀念來解釋「風」之形成。「縱」的是「時風」，也就是人類在歷時性的活動中所產生的變化；「橫」的是「土風」，是地域、環境、土俗等

32　以上見劉咸炘著，黃曙輝編校：《劉咸炘學術論集 · 文學講義篇》，頁 239-242。

因素。劉氏認為任何一代的「風」基本上是由「縱」、「橫」兩者所構成。

他對「時風」和「土風」的重視，與蒙文通相近，所以他們也能互相欣賞。他在《治史緒論》中篇分「史實」、「時風」、「土風」、「史旨」、「讀史」五要領，他說：「『時風』者，言宇宙無時不動，動則變化，事必歷時而後成，故古史官與天官連，時之義也。『土風』略言縱為時、橫為地，二者互為因果。史跡之不可以時風解者，又須以土風解之。」[33] 這都是反覆說明「時風」和「土風」如何相互交替而產生影響。此外僅舉一例，他的〈齊魯二風論〉，講的就是春秋時期的齊魯兩國的「風」，他認為在秦以前，「橫」非常重要，因為列國的風俗不一樣，但是在郡縣制以後，「橫」的部分就比較輕，「縱」的部分就比較重。

「史」是一個大的「綜合」，整合「縱」、「橫」兩種交互作用而形成的風勢。[34] 故他說：「史以綜合為事。橫之綜合為關係，《易》之所謂感也；縱之綜合為變遷，《易》之所謂時也；宇宙無時不

33 此為《續修四庫全書提要》中班書閣（1897—1973）對劉咸炘《治史緒論》之提要語。見劉咸炘著，黃曙輝編校：《劉咸炘學術論集 · 文學講義篇》，頁 378。

34 劉咸炘又說：「余於史學，持縱橫二觀，以為治史當究土風，且當別有橫剖之史，已詳說於《治史緒論》矣。昔作〈流風篇〉於土風略有論述，後嫌其太簡而刪之。更為大計，欲輯羣書，作〈土風發凡〉，中分三部，一為古書中概論人地關係之言……一為各方古今風俗」。劉咸炘：〈人文橫觀略述〉，《推十書》（成都：成都古籍書店影印，1996），第一冊，頁 247。

動，動則變化，事必歷時而後成。」[35] 為了比較深入闡明「縱」與「橫」，劉氏所用的詞彙每每有變，如說「橫之綜合」，如《易經》中所謂的「感」，「縱之綜合」是《易經》中的「時」。又說：「縱」為史學，「橫」為社會學，他心目中理想的史學撰述是兼具「史學」與「社會學」。他顯然相當注意到晚清以來介紹到中國的社會學，所以常常將社會學和史學連在一起談。他認為史學不只是四部之學之一，或各種學問之一而已，而是人的全部學問的全體，其中包括社會科學。

我覺得最能顯示劉咸炘對歷史之把握的是他從佛經借用的「宇宙如網」一語，他用「宇宙如網」來說明事件之間無往不在、複雜無比的交互作用。他說：

> 史之所以無不包，以宇宙之事罔不相為關係，而不可離析，《易》之所謂感也。史固以人事為中心。然人生宇宙間，與萬物互相感應。人以心應萬物，萬物亦感其心；人與人之離合、事與事之交互，尤為顯著。佛氏說：「宇宙如網」，誠確譬也。羣書之所明者，各端也。史之所明者，各端之關係也。羣書分詳，而史則綜貫也。綜合者，史學之原理也。無分詳，不能成綜貫；而但合其分

35　劉咸炘著，黃曙輝編校：《劉咸炘學術論集 · 文學講義編》，頁 228。

> 詳，不可以成綜貫。蓋綜貫者自成一渾全之體，其部分不可離立，非徒刪分詳為簡本而已也。綜合關係，即是史識。觀察風勢，由此而生。專門之書，止事實而已，不能明大風勢也。綜貫成體，是為撰述。專門之書，多止記註，而非撰述。即是撰述，亦部分而已。明此三別，則史之獨據者可見矣。[36]

這一段引文包括幾方面：第一，史之事即宇宙之事，而宇宙之事無不互為關係，不可離析。所以現代史學那種分析的處理並不合適；而且事物之間的因果關係是「感」，是無間斷的「交互」，而不是簡單的作用方式。第二，「史」與「羣書」不同之處，是「羣書」所體現的是各個面的問題，而「史」是一個大綜合。「史」是全體事業的學問，是劉咸炘所謂的「人事學」（人類世界全部現象之學），故必須把握每一個時代的全體才能把握此「渾全之體」。第三，在此，「渾全之體」中的部分不可分立。

劉咸炘認為「綜合關係」即是史識，觀察「風勢」要由這裏「入」。如果只像清代考證之儒那樣只重建無數事實，不能出而明「虛風」是不夠的。在上段引文的最後幾句，劉氏再度回到章學誠的「記注」與「撰述」之分，強調把握無數「事實」只是「記

36　劉咸炘：《治史緒論》，黃曙輝編校：《劉咸炘學術論集 · 文學講義編》，頁 227。

注」，能把握「風勢」的才是「撰述」。由於他認為「必有變化交互之史」，[37] 所以不是一件件事情拆開來看，而是所有事象前後關係之綜合，所以他說「史」是一種看事情的方式，是綜合的，其目的在「綜求其事之關係」。[38]「一風皆牽涉各端」，自成一「渾全之體」。為了要「綜合」，要把握「風勢」，很重要的是在「實」之外，還要掌握「虛」的部分。

劉咸炘覺得後代史學過度重視史實之建立，而忽略了「虛風」之「虛」以及綜合之勢。他說：「又後史無綜合之勢，且忽虛風，必以子、集輔之。」[39] 劉氏受章學誠影響非常之大，所以很喜歡談四部之學，或是以四部的範疇講他要表示的新觀念。這裏的子、集就是主觀之學，所以這段引文中所說的「必以子集輔之」，就是說要用主觀的虛的態度來輔助客觀的實的學問，這樣才能有史識，也才能看到「流風」。

劉咸炘曾提到道家的史觀最符合他的想法。但在《道家史觀說》這本小冊子中，他並未詳敘這方面的內容。劉氏在這一篇文字中提到，史家最重要的工作之一是「觀變」，而道家的方法是

37 劉咸炘著，黃曙輝編校：《劉咸炘學術論集 · 文學講義編》，頁 356。

38 劉咸炘：《治史緒論》，黃曙輝編校：《劉咸炘學術論集 · 文學講義編》，頁 234。

39 劉咸炘著，黃曙輝編校：《劉咸炘學術論集 · 文學講義編》，頁 237。

「御變」，所以史家必用道家之術。[40] 除此之外，我認為道家有一種忽略史「跡」而講變通大勢的特質，這與劉氏所謂的「風」也有關，劉咸炘即說過這樣一段話，「能入必虛心觀其始終，此即黃老家秉要執虛以御物變之術，故曰道家者流，出於史官。」[41]

劉咸炘又說史學不應該採「人中心主義」，而應採「事中心主義」，「史」最重要的不是在講人，而是講事情。捕捉一種「風」，必須要注意「何時兆之，何時成之，因何而有，因何而止。何人開之，何人變之。」[42]

最後，我想特別談談「風」的史觀也影響了劉咸炘的史料觀。因為他對「風」的看法，使得他對史料的抉擇與正史中對史料的抉擇有輕重之不同。他說：「所貴乎稗史雜記者，為能記當時士習民風……故欲觀唐宋元明者，絕不可不參雜記而專憑正史。」[43] 他覺得要了解一個時代的歷史，必須注重稗史雜記，才能顯現出一個時代的士習與民風。他對新史學很重視的石刻史料說：「足觀一時風俗……於國史則無多裨益也。」[44] 他認為像《東京夢華錄》、《夢粱錄》、《都城紀勝》、《武林舊事》這些書「所載閭巷雜

40 劉咸炘：《中書 · 認經論附〈道家史觀説〉》，《推十書》，第一冊，頁 32。

41 劉咸炘：《治史緒論》，黃曙輝編校：《劉咸炘學術論集 · 文學講義編》，頁 224。

42 同上，頁 222。

43 劉咸炘著，黃曙輝編校：《劉咸炘學術論集 · 文學講義編》，頁 288。

44 劉咸炘著，黃曙輝編校：《劉咸炘學術論集 · 史學編》(下)，頁 526。

俗雖極猥鄙，孰非論世之資耶？患無識以觀之耳。」[45] 又說：「吾嘗言讀《明史》不如讀《野獲編》」，因此他覺得「欲貫串一代之風，勢必更旁求他書」。[46]

五、「風」與近代新史學

我一開始已經講過，劉咸炘對西方史學是有若干了解的，而且對西洋史學並不全然排斥，比如他說：「上挈論史識之由來，下略舉風勢之端緒……朗格羅瑟諾波所撰《史學原論》亦詳密可參。」[47] 因為西方史學講事情的變化是很普遍的，所以他認為西方史觀近於中國之「觀風」，但因為西人好偏執一端（如英雄史觀），故仍然不夠理想。而且他認為歷史的長處雖然要以事為主，但若只是把事情串在一起，則只是「紀事本末」，無法看到「無不有風」，也無法看到「宇宙之網」的交互作用。劉咸炘想在舊史中，開出一條新路，而這條路不是從西方來的。

劉咸炘常說他所提倡的「史學」即是「人事學」。他說：「吾之學，其對象一言以蔽之曰史。此學以明事理為的，觀事理必於

45　同上，頁 569。

46　同上，頁 584。

47　劉咸炘著，黃曙輝編校：《劉咸炘學術論集 · 文學講義編》，頁 299。

史，非但指紀傳、編年，經亦在內。子之言理，乃從史出，周秦諸子亦無非史學而已。橫說則謂之社會科學，縱說則謂之史學，質說、括說則謂之人事學。」[48] 所謂「人事學」，是把所有學問綜合在一起之學，也就是史學，用史學可以包括各種學問，這種想法與章學誠的「六經皆史」有一定的關係。

劉咸炘對當時流行的疑古派非常不滿，他認為：「及漢以後，著述皆有主名，後人習焉，推以概古書，爭辨遂紛然並起，且或以是疑真書為偽書，原其紛謬，皆由未識古人不私文辭之故」，[49] 可見他繼承了章學誠《文史通義》中「古人不私文辭」的觀點。

其實他也受到梁啟超新史學的一些影響。比如重視「民史」，重視下層百姓的史料。但他並不以此為滿足，要用舊史的「察勢觀風」的「風」來概括新史學中認為有價值的部分。他排斥史料學派、科學學派、公律學派，反對以史為客觀之學。他認為有關「人」的學問不可能成為物質之科學。他反對進化定律之史學，認為史有主觀的東西，要加上「虛」的部分才能充分掌握。

劉咸炘並不完全同於當時的保守派史家。當時的保守派史家並未像他那樣有特別突出的史學觀念。而且劉咸炘認為從宋代開始史家忽略了「風」，但蒙文通、陳寅恪卻認為宋代史學最為發

48 同上，頁 356。

49 同上，頁 318。

達，這些地方是他與當時許多較趨文化保守主義的史家有所出入的地方。

劉咸炘只活了 36 歲，他的人生來不及有太多的變化，不過在民國十七年，他竟然寫了一篇〈語文平議〉討論白話文學，我認為這跟北伐有關。事實上，辛亥革命對中國近代思想影響非常大，而北伐的影響也非常大，但是一般人都忽視了北伐對新思想的影響。

整體而言，劉氏對新思潮是不滿的。他不滿胡適倡西方之學以壓中土聖哲——「來書謂：『今日與東西學者共見者，乃不在中國之精華，而在於糟粕。』」[50] 他認為近代新思想家往往為求符合近代西方，而把中國歷史中不是主體的部分拿來與之相呼應，並宣示那就是中國歷史文化的主體。

經由以上的論述，各位可以看得出來，劉咸炘重新定義「史」的任務是「觀風勢」，而不是記錄進化的軌跡。他談史的性質、任務，認為史是包含所有的人文學科，他批判舊史體，主張「無不有風」，主張「土風」與「時風」之重要，並且用〈明末三風略考〉一類的文章來具體展現，值得我們注意。

如我的記憶無誤，這些年來，我從劉氏各式各樣的文章中捕

50　劉咸炘：〈與蒙文通書〉，《推十書》，第三冊，頁 2208。

捉他對「風」的闡釋，認為這個觀念貫穿於他的各種著作之中。但是，我總覺得他講的還是不夠深入，他對每一代特有之風的捕捉甚為靈敏，但講政治時，只反覆說「剛柔緩急」幾種範疇，顯得太過簡單。他在〈流風〉篇中把趙翼的《廿二史劄記》一句一句地抄下來，下面注以自己的見解，這些注文每每比趙翼的原文還要有價值，可是當他闡述「大風」的時候，往往只說「剛柔緩急」，不太能夠再深入。

我認為「風」是一道豐盛的習題，用現代的學術觀念和語彙去深入闡述「風」的各種複雜的機轉是我們現代人的工作。到底形成一代之風的機轉是甚麼？譬如齊美爾（G. Simmel, 1858—1918）《競爭社會學》中的一篇文章曾經說過，每一年服裝出來，人們既要一樣又要不一樣。競爭使得所有的東西乍看之下不一樣，然而慢慢地就變成一樣。我想模仿和競爭是很重要的一個原因。還有就是在一個時代價值框架中，哪些被區分出是好的，大家就會往那邊去跟。我想我們的史學研究中，有很多是想要了解「風」的起落，而「風」的觀念也是我們了解社會的一個方法，有了「風」的觀念，我們才不會總是將事件當成孤立的事件。

「風」當然不是我們了解歷史的唯一之道，我們決不應用它來取代其他的史學觀點，但它不應該被遺漏。在「風」的思維下，對歷史的了解可以有許多新的可能性。譬如說因為「風」的作用方式無限，所以不能以一種簡單線性的因果方式來理解歷史。

因為「風」是吹拂的，所以它不一定局限在一個範圍內作用，有可能是 A 範圍中的某種新形式吹拂到與它沒有關聯的 B、C、D 領域中，而且起着改變其內部關係的作用。譬如改變一個時代價值的源頭，可能從史學研究開始，而影響到哲學思想的發展。有時「風」是各種介面之間的永不間斷的，「不能以一瞬」地交互作用（reciprocal）着。在這一類的思考下，我們常常使用的許多概念都要重新思考，譬如用「上層建築」與「下層建築」來分析社會經濟與思想的關係，實情可能是制度與思想、思想與社會經濟之間都是不間斷地交互作用的關係，像風的吹攪一般，永遠不間斷地、不能以一瞬地相互建構着。「風」的思維是啄啐同時的，也就是說既為某者所塑造，又回過頭來塑造它，而且這種運動往復無限，從不停止。用馬克思（Karl Marx, 1818—1883）的話說就是：「人既是歷史的劇中人，也是歷史的劇作者」（《哲學的貧困》）。又如我們一般都比較注意前驅者如何影響後來者，或前驅者為後來者訂下的法規、規範、標準等，卻忽略了後來者也可能為前驅者訂下新的標準。[51] 不過「來回往復」或漩渦式的迴轉，也只是林林總總之中的一、兩種方式而已。我只是借它來反思近代學術受線性進化的發展觀念無所不在的影響之後忽略了其他可

51 譬如一個研究所，三、五個新秀如果在國際學術的發表上，把標準墊高，也可能成為這個研究所的新標準，因而逼退了無法趕上新標準的前驅者。

能性的情形。

風的吹掠不一定有物質直接的接觸，也不一定是線性式的因果關係，有時是示範性的，有時是彷彿性作用，有時候是「銅山崩而洛鐘應」式的影響，[52] 有時是「化」，有時是「薰習」，有時是一種「空氣」，在此「空氣」之下，「雖有智者，亦逃不出」（胡適）。

「五四」即是這樣一個例子。「五四」之影響一如天上大風吹掠各處，深入各個孔竅。吳之椿（1894—1971）〈五四運動在中國近代史上的意義〉一文，便以過來人的近身觀察將「五四」這一股強風吹掠而過，而相關或不相關的各種領域俱受其影響的情況做了比較直接的記錄，所以我大段地引述如下。他說：

> 中國之革新運動，至「五四」以後，顯然呈現一種新的趨勢，即成功的成分增多而失敗的成分減少。事業上，中國近代史上的大建設，幾乎無一不是成功於「五四」以後。此種關係，如果說是完全出於偶合，毋乃過於牽強。「五四」以後中國最顯著之成就，莫如軍閥之廓清，統一之完成，以及因此種成就而在若干方面得以貫徹之大小事業，如交通、禁煙等。其他如行政之整理、法律之改革，其間僅有一時未見普遍之實效，而影響遠大，且在中國確屬

52 牟宗三在《才性與玄理》一書中即如此說明佛教與玄學之間的微妙關係。

創舉，如主計制度等。又如學校之充實，研究事業之提倡，皆為此期極堪注意之措施。凡此種種，去預測之目標尚遠，而實施之效果甚微。但有可為樂觀之根據，國人對於新事業之觀念，比之於「五四」以前，有根本之不同。不但在以前歷久不能貫徹之事業，現在竟成；且凡舉辦之新事業，十分八九，類能如期觀成。向之敗北主義，幾已一掃無餘，而支配新事業之精神，乃為蓬勃向上之成功精神。國人對事業，亦漸知從基本方面着眼，與以前之專以近功近利為務，區別不啻天壤。以往踟躕於新舊之間，徘迴依違之懷疑情緒，至「五四」以後，已不復存在。[53]

吳文中所列洋洋灑灑的各項，乍看之下與五四運動毫不相關，但卻都因五四的大風吹過而一變其面目，可見「一代之風尚」的力量大矣哉！

在我的學術經歷裏，花了不少精力研究近代的新思想家。但是在數年之前，我也曾在〈中國近代思想文化史研究的若干思考〉中談到，我們對另外一面了解太少，對主流論述的邊緣地帶、對面目變得渾然失色的思想意識、對當時保守主義分子的努力了解不夠，所以我這幾講都是圍繞這方面的主題。不過他們事實上也

53 吳之椿：〈五四運動在中國近代史上的意義〉，收於楊琥編：《歷史記憶與歷史解釋：民國時期名人談五四（1919—1949）》（福州：福建教育出版社，2011），頁 412。

一直在變，在跟新派的相互周旋中不斷地變換腳步。他們大多是以一種完全不同的方式在闡述傳統。以我所知，像劉咸炘的以史學為風的想法，雖然有「觀風察勢」的古代淵源，但也結合了很多時代的薰習和他自己的想法，最後變化出一個很有特色的史學觀點。

包括「風」之內的四講，都是要從多種側面來說明一件事情：人文的多樣性。我對人文精神的了解是人可以有完善自我的能力，在西方十六世紀的人文主義興起中，非常重要的就是人有完善自我的能力，你可以比現在變得更好。在儒家思想中這並不是一個特別新奇的想法，可是在西方十六世紀的文化環境中，卻起着特別的作用。我想對二十世紀人文的解釋，隨着時代思潮的變化，有很多的改變。尤其是自索緒爾（Ferdinand de Saussure, 1857—1913）之後，人們認為所有都是參照性的，好像給人一種感覺沒有一個東西是從主體中衍生出來，意義都是相對的、指涉性的，而不是原來就是那樣。但是對我個人來說，人文就是人的主體和人的尊嚴，任何事情應該要符合這兩個標準，這當然是老掉牙的想法，不過人的尊嚴和主體是很重要的，要怎樣來充實人的尊嚴和主體？我認為資源是多樣的，不應該是「黃茅白葦，一望皆是」，人文的多樣性給了我們有豐富性的可能性。就像維科（Giambattista Vico, 1668—1744）花了很長的時間，作了極大的努力，想要把握希臘時代人們的情狀，他的工作大幅地豐富了近代西方人文思想的內容。

這些問題是我這幾年來關心的問題之一，以上四講我幾乎都沒有做過公開演講，承復旦大學的好意，趁着這個機會，在這裏向各位報告，希望能夠得到各位的指教。

問答部分

陳思和：

大概大自然裏面，風是最難說的。剛才王先生也介紹了，所謂「萬形無形」、「萬狀無狀」這麼一種通常所說「捕風捉影」，要想追蹤「風」的來源是非常困難的。周作人（1885—1967）有一篇文章〈偉大的捕風〉，也是非常有名的。王先生今天在一個半小時的時間裏面，將這麼多瑣碎的、豐富的材料清楚地羅列出來，還用了如此綜合的講述，談到「風」，衍生到史學的人文性，反思了近代以來主流的進化論、尋找規律性等一系列的觀點。我想大家聽過以後，一定會有很多想法。不知道哪位有問題，可以向王老師請教？

提問 A：

王老師，您提到的「察勢觀風」，這裏面的「勢」和「風」在您的文章裏，是甚麼樣的一種關係？

王汎森：

你的問題很有意思。在大部分時候，他說的是「風」，他認為「勢」比較顯，而「風」比較隱，所以他有一句話說「事勢顯而風氣隱」，「勢」是比較清楚，比較容易看得見的，而「風」較隱晦。我的感覺是這兩者平時連用，所以他一貫講「察風勢」，他認為「勢」和「風」還是有區別，但是我沒有辦法替他做區別。

提問B：

王老師，我有幾個問題想向您請教。一個是您剛才提到的把儒家倫理變成框架的史體，它是不是也是一種「大風」？再一個是想問您，劉咸炘先生所謂的「察勢觀風」的方法，他是否用來觀察他所身處的時代、整個亞洲的區域所發生的林林總總的事情？最後一個問題是，「執拗的低音」是「小風」還是「大風」？

王汎森：

謝謝你，這幾個題目都很有意思。我想如果我們去觀察中國歷代各種史書的篇名，大概也可以看出中國「道德」與「歷史」之間很密切的關聯，「以類求人」，「類」的內容便很大程度上影響了人的行為。就像如果我辦一個比賽只要三種人，跑得快、能跳遠、能跳高，那麼想參加這個比賽，得到這三種榮譽的人，就得要練習這三項。中國史書中的「事目」，等於是評價的標準，教我們往哪裏去靠近。因此它不但是記述歷史的，也是影響人們生活世界的一個框架。這些「目」就像是一個篩選的框架，篩選了一些事情，也近它所標舉的理想。中國歷史上的「史目」、「事目」，當然代表着一個大「風」，如果沒有近代「新史學」的衝擊，這個「大風」還不會改變。梁啟超批判它們說，那是「帝王將相的家譜」，是「道德教化的歷史」。

你問劉咸炘有沒有寫對他自己的時代的觀察，沒有，他沒有寫。我覺得他當然吸收一些新的成分，但主要的資源還是來自傳統。許多年前，我曾在一篇文章中寫到他，當時把他的在地性稍微高估了，後來我再仔細看他的書，覺得他也相當注意新資源。他只有各種批評，沒有很系統的反省，我想這個是使得近代的保守主義力量不足的一個原因，它還沒有形成一個系統的、以我為主體的反省。我提到過近代的一些所謂「保守主義」是相當複雜的。像梁漱溟（1893—1988）《東西文化及其哲學》，他最底層的框架其實是陳獨秀（1879—1942）的，就是西方是物質的、科學的，中國是非物質的、精神的。可是有誰說實情一定是這樣？錢穆就說，中國人之思想態度及其道德精神，實與西方現代種種科學精神較相近。他認為這個分別是不對的。

最後一個問題是「執拗的低音」是「小風」還是「大風」。我想是「小風」，但它也可能轉成「大風」。我在第一講中提到過，我個人認為一個時代存在各種思潮、資源的競爭。所以如果我是劉咸炘，我會說「大風」和「小風」之間是交互作用的（用他的話就是《易經》中的「感」），同時也相互競爭。這是一種「連染」的作用，但是這種「連染」，不是現代文化人類學所謂的「涵化」（acculturation），或是甚麼「化」。但是一震動便有一些不重要的東西會出來，兩者之間是「風」的關係，任何行跡上的接觸，就像胡適講的「空氣」，是空氣之間的「感」。所以用他的理論，我來幫他解釋的話，這些是競爭的，在這個時候新的是主流論述，但也不是沒有一天，這些邊緣、「執拗的低音」也會成為主流的論述，當然它一定是以別的方式出現。事實上，在劉咸炘的書的最後，他列了一些表，他認為每個時代就是三個層次的東西在交互作用。還有一個是他錄了《廿二史劄記》中很多類目，他在下面加一些小的夾註。他要告訴我們每一事裏面都有風，但是並沒有非常完整地開展出來，所以我只能替他做這樣的猜測。

「由下而上」的思想史

檢討入所之初的一篇未刊稿[1]

前言

史學家有一個任務，不但要考察人們有過甚麼政治思想，也要看這些思想在實際政治上，於何時、何種歷史脈絡下發生過甚麼影響？在這個思路下，整個問題就由平面變成整體（而不只是上下層的關係）。從「全體的」出發來考量，則要擺脫「線性」的思考，這是一個多線動態競合的格局。我以為這是歷史學者考察政治思想史時應持的態度，否則會造成一些誤判。以下我將以戴震學派的學說為例來考察這個問題。

1　本文的前半部與後半部，正好跨越了 40 年的時間，我個人思想史方法論的思路變化，正代表着我在史語所中受到各種史學研究、各種學風的薰陶（包括生活禮俗史等），也因所中發展漢籍等數位人文資料庫的輔助，得以從數據上檢證。所以將此文作為我在史語所習史的一種記錄，並以此紀念史語所 95 週年。

一

有關清代中期的思想家戴震（1724— 1777）的研究，可以說是已經到了汗牛充棟，題無賸義的地步了，但是為甚麼我還要寫這篇文字呢？主要原因有兩個，第一，我不擬對戴震最受矚目的「理」、「欲」思想多所着墨，而是想針對戴震及受他啟發的一羣思想人物所發展出的、我認為可以籠統稱之為「寬容」哲學進行討論。但這兩者是密切相關的，所以不能省略前者而只討論後者。第二，我想以戴震學圈的思想與當時社會的真正關係，討論「由下而上」的思想史。

戴震以考據學聞名於當世，但是誠如余英時（1930—2021）先生在《論戴震與章學誠》中所提到的，他自己所得意的是幾部義理之書。[2] 戴震有幾個思想主題是久為大家所熟悉，以下我只各引一兩段常見的引文為例來說明。而本文所特意突出的是一種寬容或寬讓的思想，它們帶有更明顯扶持弱者，主張寬容、寬讓，反對理學家的道德嚴格主義的政治理念。它們共同的特點是對倫理的生物性解說，[3] 我認為其中至少包括兩部分。第一部分是他的「理」、「欲」思想，其中包括「欲當即理」的論點。第二部分

2　余英時：《論戴震與章學誠》（台北：華世出版社，1980），頁 92-94。

3　同上，頁 254。

是以「以意見為天理」，對政治獨斷主義的激烈批判。而上述兩點都是針對宋代理學而發的。一般誤以為清代是考證學盛行的時代，理學在一般生活中並不發生作用，而誤以為戴震的「以理殺人」、「欲當即理」僅是針對清代統治階層或某些特定案件而發。

在這方面胡適（1891—1962）著作的影響最大，他認為戴震「欲當即理」主要是針對雍正、乾隆等皇帝而發，他們在責備臣下時動輒指責對方沒有「天理」，雍正處理「大義覺迷錄」案時更是如此。[4] 這個觀察當然也有道理，但是我個人認為，胡適等人忽略了在清代考證學當令的時代，人們日常生活的底色中仍有一大部分是理學。這一方面是因為科舉考試的影響 —— 到 1905 年廢除科舉之前，朱熹（1130—1200）的《四書章句集注》一直是科舉考試的核心，而考試用的經書，每每也帶有理學的色彩。故在考證學全盛的時代，理學色彩仍在，事實上許多官員、士大夫所服膺的是各種變形的、稀釋的理學。

即使是與戴震往復辯論的士人，如韓夢周（1729—1798）、彭紹升（1740—1796）等，後面都有很一定的思想勢力，我們必須廣泛閱讀當時各家文集及其它文獻，才能比較恰當地掌握這個氛圍，而不會被一般的清代學術史或思想史教材所誤導。故《孟

4　胡適：《戴東原的哲學》（台北：商務印書館，1968），頁 56-57。

子字義疏證》等書所針對的範圍是廣泛的，不只是帝王，而是所有日常生活中的在上位者、尊者，或日常生活關係中所暗合的以「理」壓人的情境，而這當然也包括戴氏本人的經驗。從現在回過頭去看戴氏之所以逃離休寧，倉皇入京，便是因為有族人盜賣祖先墳地，而戴氏未依當時徽州許多家族的規定，事先在家族內部由族長主持解決，便出告官府，引起族中尊長的憤怒。《抱經堂文集》中收有盧文弨（1717—1796）信，他以大官的身份向戴震家鄉官員程以道調停的信說：「貴鄉戴東原兄，僕重其學問，與之定交。今聞其因祖墳事，與賢從兄弟將生嫌郤。此固戴氏不肖子孫為之，然其羣子姓中苟少有人心者，自不容見其先世百餘年藏魄之所，一旦受侵削震驚之患，亦漠然袖手緘口，不一校計，此在常情尚不出此，況於賢者。在貴族初買之時，必不知為戴氏祖墳之地，今則已知之矣。卜地以葬，求其安吾親也；今如所卜之地，恐吾先人亦將不安。」[5]

戴震的「理欲」思想有一個發展過程，我曾比對《原善》、《緒言》、《孟子字義疏證》，注意到《緒言》作為《孟子字義疏證》的草稿，有許多後來在《孟子字義疏證》中多出的東西，而《孟子字義疏證》刪去許多辯論宋儒議論的細節。他強調宋儒既對抗佛

5 盧文弨：〈與程致堂以道進士書戊寅〉，《抱經堂文集》（北京：中華書局，2006），頁259。

道，卻又違於先秦儒家之說，此外《孟子字義疏證》增加了許多社會性、政治性的意涵。也就是從《原善》、《緒言》到《孟子字義疏證》有一個由個人修身到社會、政治的變化。[6] 尤其是動輒強調宋儒之說如果得不到改正，會「為禍生民」、「為禍斯民」，這使得《孟子字義疏證》在社會性之外，政治性也愈來愈突出。

戴氏早年深受程朱理學的影響，[7] 我個人也注意到他論著中使用的語言或論證，偶爾會無意間留下程朱思維的痕跡，這部分將來當再專文討論。但他後來成為程朱理學的大批判者，這方面的內容是很精深、很複雜的，這裏無法詳述，[8] 此處僅簡略地勾勒出一個大概。宋儒所主張的「性即理」中的「理」是「得於天而具於心」，所以「理」不必經過客觀知識的驗證，甚至不必經過經史的印證或社會交往、羣體生活的探討，而是天生地具足於每個人心中。戴氏認為這是佛教、道教影響下的結果。宋儒認為人心所具的「理」被「私慾」所蒙蔽，所以被捲藏而不能發露，故倡導「人欲淨盡，天理流行」，認為只要人的慾望清淨，則「天理」自然流

---

6 但並未在 sociability 這一方面有進一步的發展。

7 余英時：〈戴震的經考與早期學術路向——兼論戴震與江承的關係〉，收於《論戴震與章學誠》，頁 151-183。

8 這方面著作非常之多，例如周輔成的〈戴震〉、〈戴震在中國哲學史上的地位〉，收於《周輔成文集》（北京：北京大學出版社，2011），卷一，以及余英時：《論戴震與章學誠》等。

行。因為「理」是「得於天而具於心」，所以人人以為自己是「天理」的代表人，自己的意見即是「天理」，每每造成自以為是「嚴氣正性」，而實際上是行事獨斷的狂人。而且因為「理」涵藏着禮教、秩序、君臣、尊卑，故循「天理」即是嚴守禮教、嚴守君臣、尊卑秩序。「卑者」、「賤者」、在下位者，在這個名分秩序中居於所有等級系統的最下位，所以現實上並沒有依「理」爭辯的權利。另一方面，因為每個人的心皆具「天理」，所以如果不能自然地符合尊卑等級，即是未能實現「天理」的要求。故統治者、在上位者總是責備臣下或卑者、賤者「天理何在」？戴震所反覆指責的「以理殺人」，即包括上面兩部分，一方面是責人不能按尊卑等級行事，一方面責人不能實踐其心中本有之「天理」。此處的批評，大抵就東原之說而引伸，然所謂「宋儒」之說是否真如此處所批評？抑為理學思想某種程度扭曲後的社會或政治影響？則是另一個問題。

接着我將引用幾段常見的引文來說明戴氏的「理欲」思想。戴氏認為慾望所包括的範圍非常廣，宋儒倡導「無欲」，即等於斷絕人們的「生養之道」，「理」與「欲」不是二事，「節而不過則依乎天理，非以天理為正人欲為邪也。」[9] 戴震認為正常的話，應該

9　戴震：《孟子字義疏證》，收於胡適：《戴東原哲學》附錄（以下所引《孟子字義疏證》俱屬此一版本），頁 57。

是要使人之欲望「無不遂」，使人之情「無不達」，只要能「不私」，「則其欲皆仁也。」[10] 戴氏主張「達情遂欲」，聖人治天下，要能「體民之情，遂民之欲」，而後「王道備」。統治者或任何在上位者，要能一人遂其生，而推之與天下共遂其生。[11]

以上是本文所關注戴氏思想的第一面，以下所關心的是戴氏思想的另一面，即他對「以意見為天理」的強烈批判。戴氏以為「理」不是人心，人事之「同然」，而是「得於天而具於心」（具於個人之心），而「氣拘物蔽」之心，每每把自己的「意見」當作是「天理」，故形成以「意見」為「天理」的情況 ——「夫以理為如有物焉，得於天而具於心，未有不以意見當之者也。今使人任其意見則謬，使人自求其情則得。」[12]

本來「理」是事物之「同然」，但宋儒把理與事分而為二，卻把理與意見合而為一，以「意見」為「天理」，認為只要自己心中沒有任何偏私或欲望則「無蔽」（「無欲則無蔽」），便以為一切都是合乎天理的。[13] 在現實生活中，「以意見為天理」是手握君權、族權、夫權的尊者的特權，好像「理」是他們所擁有、所壟斷的。

---

10 戴震：《孟子字義疏證》，頁 105。

11 同上，頁 117。

12 同上，頁 46。

13 同上，頁 54。

戴震說：「六經孔孟之言，以及傳記羣籍，理字不多見。今雖至愚之人，悖戾恣睢，其處斷一事，責詰一人，莫不輒曰『理』者，自宋以來始相習成俗，則以理為如有物焉，得於大而具於心，因以心之意見當之也。」接着他說，上位者「挾其勢位，加以口給者，理伸。」但卑者、弱者因為「力弱氣慴，口不能道辭者，理屈。」[14]

而且統治者更可能要「立理限事」，[15] 一定要事實牽就他、配合他。所以統治者如果堅持「以意見為天理」，則會禍害天下，戴震說：「凡以為理宅於心，不出於欲，則出於理者，未有不以意見為理而禍天下者。」[16] 他對「禍天下」、「禍斯民」或「民受其禍」再三強調，如說：「吾懼求理義者以意見當之，孰知民受其禍之所終極也哉。」[17] 戴氏死的那年，〈與段玉裁書〉中說：「今人無論正邪，盡以意見誤名之曰理，而禍斯民，故《疏證》不得不作。」[18] 可見他對「以意見為天理」將「禍斯民」是如何放心不下。本來倫理性的討論，後來變得極為政治性。

14　同上，頁 45。

15　馮友蘭批評毛澤東語。見馮友蘭：《中國現代哲學史》（香港：中華書局，1992），頁 166。

16　戴震：《孟子字義疏證》，頁 127。

17　同上，頁 44。

18　戴震：〈與段玉裁書（二）〉，見《戴東原的哲學》附錄，頁 8。

戴氏進一步主張「理」的基礎應該在「情」上，要「以情絜情」，要「達情遂欲」。[19] 他說因為在「理」獨斷的社會中，「理」掌握在尊者、上位者手中，「卑者、幼者、賤者，以理爭之，雖得，謂之逆。」[20] 故他及其學圈中人的思想都指向一種新的寬讓、通達、通情、遂欲，反對「嚴氣正性」，反對個人「孤制其心」，強調「社會性」的哲學。這在戴震及其追隨者之間形成了一種特殊的思想風采。百年之後的章太炎（1869—1936）說這些思想不可以用來「飭身」，但是可以用來「隸政」，也就是如果把它們作為個人修身的標準，容易敗德喪身，但是它們應該可以作為一種政治準則。[21]

二

本文的第二部分是想進一步討論前面所提到「以意見為天理」所形成的獨斷，自是在政治上的災難性後果。而我認為戴震這方面的論點曾引起一些追隨者的發揮，值得從政治思想史的角度上加以探討。

19　胡適：《戴東原的哲學》，頁 62。

20　同上，頁 73。

21　章太炎：〈釋戴〉，《章氏叢書》（台北：世界書局，1958），頁 705。

前面提到，從《原善》、《緒言》到《孟子字義疏證》，戴氏思想有一個發展過程。在《原善》中，戴氏的注意力主要放在「小人」，《原善》卷下第十三、十四、十五條都是專論小人為禍天下：「小人之使為國家，大都不出詭隨寇虐二者」。[22] 又認為這些惡行全起於「私」：「凡私之見為欺也，在事為詭隨，在心為無良，私之見為悖也，在事為寇虐，在心為不畏天明。無良，鮮不詭隨矣。不畏明，必肆其寇虐矣！」[23] 這時他主要關心小人之「私」及「蔽」所造成的禍害。

在《孟子字義疏證》中，他進而注意君子「嚴氣正性」、「嫉惡如讎」的危險性，認為「謬在大本，舉一廢百，意非不善，其害祇止以賊道。」[24] 他發現「小人之害天下後世也，顯而共見」，而「賢智君子之害天下也，相趨率之以為美言，其入人心深，禍斯民也大，而莫之或寤。」[25] 他說：「古今不乏嚴氣正性、嫉惡如讎之人，是其所是，非其所非」，而且他們顯然不知「權」輕重，「執顯然共見之重輕，不知有時權之而重者於是乎輕，輕者於是乎重。其是非輕重一誤，天下受其禍而不可救，豈人欲蔽之也

22 見胡適：《戴東原哲學》附錄〈原善〉，頁 33。

23 戴震：《孟子字義疏證》，頁 33-34。

24 戴震：〈《孟子字義疏證》序〉，《孟子字義疏證》，頁 38。

25 同上。

哉？」[26] 不是「人欲」遮蔽的問題，而是自以為正義、以自己的意見為天理的問題：「即其人廉潔自持，心無私慝，而至於處斷一事，責詰一人，憑在己之意見，是其所是而非其所非，方自信嚴氣正性、嫉惡如讎，而不知事情之難得，是非之易失於偏。往往人受其禍，己且終身不寤」，即使是「必敬必正」的君子「而意見或偏，猶未能語於得理。」[27] 戴氏的解釋那是由「自信之理」所導致的：「自信之理，非理也。」[28] 東原認識到「自信之理」的危險，故對「執理無權」、「執中無權」同表反對。他說：「孟子言『執中無權』，至後儒又增一『執理無權』者矣。」[29] 又深深慨歎：「今人讀其書，[30] 孰知無權之故，『舉一而廢百』之為害至鉅哉？」[31] 如果人偏執自信，「舉一而廢百」就會誤以自己的「神識」或「意見」為「理」，其「為害至鉅哉」。東原將攻擊的箭頭指向宋儒：「宋儒亦知就事物求理也，特因先入於釋氏，轉其所指為神識者以指理……既冥心求理，以為得其體之一矣，故自信無欲則謂之理，

26 戴震：《孟子字義疏證》，頁 128。

27 同上，頁 45、58。

28 同上，頁 128。

29 同上。

30 案：即讀孟子「執中無權，猶執一也」。

31 戴震：《孟子字義疏證》，頁 126。

雖意見之偏，亦曰『出於理不出於欲』。」[32] 受宋儒影響執一己「神識」或「意見」為「理」的人，通常是因為他自省「無欲」，會執持得極為剛決、凜然，做起事來義無反顧、毫不躊躇、廉悍無比，只要稍有偏差，小而一人受其禍，大而天下國家俱受其禍。他說：「不幸而事情未明，執其意見，方自信天理非人欲，而小之一人受其禍，大之天下國家受其禍。徒以不出於欲，遂莫之或寤也。凡以為理宅於心，不出於欲則出於理者，未有不以意見為理而禍天下也。」[33] 東原的「未有不以意見為理而禍天下也」一言，在當時是非常深刻突出的論點。

戴震認為如果「合理與神識為一」或「合天與心為一」，則一己內心之所思所想，皆自以為可以上契天道，不必經過知識檢視，不必經過生活社羣的溝通、評價，也不必隨時批判自省。而且認為此「理」確然無誤，足以稱道天下。[34] 自認為己心之理得之於天，與天為一，且心已具眾理，則足以應萬事而無差池，則行事必獨斷決絕，故東原認為自認「心具眾理」者，「非意見固無可以當此者耳」。

依戴震的意思做一個合理的歸納，可以推出如下結果。在歷

32 同上，頁 129。

33 同上，頁 127。

34 戴震：〈答彭進士初允書〉，《戴東原的哲學》附錄，頁 147。

史上，所謂「真理」帶來的暴力，遠遠超過其他任何一種思想。抽象的「善」的追求所帶來的罪惡，與「惡」所帶來的至少一樣多。因為在這些所謂「正理」的背後，可能包藏人所不自知的「偏執」、「意見」，而人們每每執以為「理」，悍然行之。

戴東原深深認知到這一點，故在《孟子字義疏證》中再三討論救治之法，他出了幾個救治的方法。第一，首先東原重新為「理」下定義。他說：「心之所同然始謂之理、謂之義；則未至于同然，存乎其人之意見，非理也，非義也。凡一人以為然，天下萬世皆曰『是不可易也』，此之謂同然」，「是心之明，能於事情不爽失，使無過情、無不及情之謂理，非如有物焉，具於心矣」，「理義在事而接於我之心知」，「故理義非他，所造所察者之不謬」。[35] 第二，「以情絜情」：「未有情不得而理得者也，凡有所施於人，反躬而靜思之。人以此施於我，我能受之乎？凡有所責於人，反躬而靜思之：人以此責我，我能盡之乎？以我絜之人，則理明。天理云者，言乎自然之分理也。自然之分理，以我之情絜人之情，而無不得其平，是也」，「情得其平，是為好惡之節，是為依乎天理」。[36] 第三，以「敬」、「正」、「智」互相夾持，「必敬必正，而意見或偏，猶未能語於得理；雖智足以得理，而不敬

35　戴震：《孟子字義疏證》，頁 44-45。

36　同上，頁 41-42。

則多疏失，不正則盡虛偽。三者，一虞於疏，一嚴於偽，一患於偏，各有所取也。」[37] 第四，對「恕」的強調：「蓋人能出於己者必忠，施於人者以恕，行事如此，雖有差失，亦少矣。凡未至乎聖人，未可語於仁，未能無憾於禮義，如其才質所及、心知所明，謂之忠恕，可也。聖人仁且智，其見之行事，無非仁，無非禮義，忠恕不足以名之，然而非有他也，忠恕至斯而極也。故曾子曰：『夫子之道，忠恕而已矣』。下學而上達，然後能言此。」[38] 第五，以「下學而上達」解釋「一以貫之」。「『吾道一以貫之』，言上達之道，即下學之道也」，「非言以一貫之也」。[39]「六經、孔、孟之書，語行之約，務在脩身而已；語知之約，致其心之明而已。未有空指『一』而使人知之求之者。致其心之明，自能權度事情，無幾微差失。」[40] 戴震認為如未能在學問、知識及修身上，達到「約」，而自以為掌握了真理，是空「執一」也，故他強調「多學而識」。第六，「一己」與「天下」、「隔」或「不隔」的問題，他認為：「凡意見少偏，德性未純，皆己與天下阻隔之端，能克己以還其至當不易之則，斯不隔於天下。故曰：『一日克己復禮，天

37 同上，頁 58-59。

38 同上，頁 129-130。

39 同上，頁 129。

40 同上，頁 131。

下歸仁焉』。」[41] 但是，東原又發現了另一層困難，所謂一己「不隔於天下」應該如何斷定，是取決於天下？還是取決於個人？若是「取決於天下」，則「天下」究竟以何為代表？如果率天下皆迷失，又如何可取判於它？故東原說：「然又非取決於天下，乃斷之為仁也。斷之為仁，實取決於己，不取決於人。故曰：『為仁由己而由乎人哉？』自非聖人，未易語於意見不偏，德性純粹。至意見不偏，德性純粹，動皆中禮矣。然一身舉之，有視，有聽，有言，有動，四者勿使爽失於禮，與動容周旋中禮，分『安』、『勉』而已。」勉力達到「適當」之原則，是聖人之理想，而「去蔽」與「重知」是兩個途徑。故東原說：「聖人之言，無非使人求其至當以見之行；求其至當，即先務於知也。凡去私不求去蔽，重行不先重知，非聖學也。孟子曰：『執中無權，猶執一也。』權，所以別輕重。謂心之明，至於辨察事情而準，故曰『權』。學至是，一以貫之矣，意見之偏除矣。」[42] 東原大抵提煉出「去蔽」、「重知」為除「意見之偏」的方法，這在東原的同學及私淑弟子中，頗有更進一步發揮者。

程瑤田（1725—1814）與戴東原同學於江永，他比東原晚生二年，兩人於乾隆十四年訂交，前後交遊卅年，二人論點雖有所

41　同上，頁 132。

42　同上。

異（如對朱子所抱態度），但有更多相同之處。瑤田的《論學小記》之體裁，即模仿《孟子字義疏證》，而該書討論的主題，亦復與戴氏有某種內在關聯。

人各執一己意見以為理而害天下的情形，程瑤田亦見及，他說：「今世之朘民生者，皆以為我自有一理也。不然，彼豈獨無心胸，而忍而為此，彼必將有說以處之。故曰：小人之中庸也，小人方自以為中庸，而何嘗自知其無忌憚乎。」程瑤田亦反對執一理以牢籠天下，他說：「人之言曰：天下止有一理，余以為此亦一是非，彼亦一是非，烏在其為一理也。」[43] 除上述之外，我個人以為《論學小記》中的若干篇章與「寬容」、「寬讓」的思路有關，如「主讓」（小記十）、「以厚」（小記十二）、「貴和」（小記十四）、「立情」（小記卌六、卌七、卌八）。

焦循（1763—1820）為戴震私淑弟子，他的《雕菰集》中有一篇〈申戴〉，特別提出戴氏的《孟子字義疏證》及《原善》在戴氏學思系統的核心位置：「王惕甫未定稿，載上元戴衍善述戴東原臨終之言曰：『生平讀書，絕不復記，到此方知義理之學，可以養心。』因以為排斥古學之證。」焦循認為非是，並以自己的親身經驗為證，說他於 1807 年「春三月病劇，昏臥七日，他事

43　程瑤田：〈讓室卮言〉，《論學外編》，收於《通藝錄》（《安徽叢書》本）（台北：藝文印書館，1971），頁 11a、10a。

不復知，惟《周易・雜卦》一篇，往來胸中，明白了析，曲折畢著」,「平日所習，而臨終昧昧忘之者，必其事平日未嘗精氣注之也。」[44] 他認為東原生平所著書，惟《孟子字義疏證》三卷，《原善》三卷最為精善，「吾於東原臨歿之言，知其生平所得力而精魄所屬，專在《孟子字義疏證》一書，其他讀書不記者，本非所自得也。是故淺深真偽，非人所能知也。己則知之，己亦不知也，臨歿則自知之。」[45] 他在〈寄朱休承學士書〉中即明白說道，自己循讀東原戴氏之書，最心服其《孟子字義疏證》。[46] 他的《論語通釋》、《論語補疏》及《孟子正義》即是續東原而作，《孟子正義》中更是大量引用《孟子字義疏證》之說。

前述寬容、寬讓的政治思路在焦循的《雕菰集》中有不少文字有所申論，如〈說權〉七篇即是針對「以意見為理」繼續發揮批判。而在〈讀書卅二贊〉中提到《孟子字義疏證》時，特別注意：「仁義中和，此來彼往，各持一理，道乃不廣，以理殺人，與聖學兩。」[47] 可見他對「執意見以為理」感受特深，而他後來的論述文

---

44 焦循：〈申戴〉，《雕菰集》（上海：商務印書館，1936），頁 95。

45 同上。按：余英時先生在《論戴震與章學誠》一書中，對此事有所討論，東原雖與戴衍善父戴祖啟有往來，但所發感慨並非臨終之語。《論戴震與章學誠》，頁 118-123。

46 焦循：〈寄朱休承學士書〉，《雕菰集》，頁 203。

47 焦循：〈讀書卅二贊〉，《雕菰集》，頁 85。

字中，有不少集中於疏通這方面的問題。

戴震所提出的「執一」、「以意見為理」，焦循都一一提出討論。他說：「執一則其道窮矣」，「凡執一者，皆能賊道，不必楊墨也」。[48] 他甚至反對「貞」，在談《易經》時強調「不可貞，曰貞凶」，[49] 也就是反對「執一」，主張「善與人同」的意思。他認為「執一」是由於「不忠恕」，忠恕是甚麼？是「成己及物也」，是「舍己克己，善與人同」。他強調「學」，另一方面，他認為人所以會「以意見為理」，是因他有所「蔽」。焦循認為「蔽」都是不好學造成的，他繼承《論語》〈陽貨篇〉的話說不「學」，則「其蔽愚、其蔽蕩、其蔽賊、其蔽絞、其蔽亂、其蔽狂」，表達得何等痛切！為了破除個人的執見，需以「學」來擴大自己的知識面，融克自己的偏執與私見。[50]

焦循注意到君子之自衿自是，甚至於自命聖人，則終乃必「以意見為理」。《雕菰集》卷十〈說矜〉中說：「人莫患乎自以為孔子，自以為孔子，則惟覺己之言是，而天下之言非。惟覺己之

48 焦循：〈一以貫之解〉、〈設乎異端解〉，《雕菰集》，頁 133、136。

49 焦循：〈寄朱休承學士書〉，《雕菰集》，頁 203。

50 所以他說：「惟多學乃知天下之性情名物不可以一端盡之，不可以一己盡之，然後約之以禮。以禮自約，則始而克己以復禮，既而善與人同，大而化之。」見焦循：《論語通釋》(《無求備齋論語集成》本)(台北：藝文印書館，1966)，頁 25b-26a。

言是，而天下之言非，則不復能察天下之言。」[51] 焦循又主張「通」其性情，不能以己之性情「例」天下人之性情，不能以己之所習所學所知「例」天下人之所習所學所知所能，他說：「孟子曰：『物之不齊，物之情也』，雖其不齊，則不得以己之性情，例諸天下之性情，即不得執己之所習所學所知所能，例諸天下之所習所學所知所能。」[52] 焦氏在《論語通釋》中說：「人各一性，不可彊人以同於己，不可強己以同於人。」[53] 他在〈寄朱休承學士書〉中，反覆強調以地位而不是以道德分「君子」、「小人」：「君子小人，猶陰陽寒暑，貴而在上，自王公以至令長，皆君子也。賤而在下，農工商賈皆小人也。」又說「君子」不能壓制小人，應該體恤「小人」的意思：「在君子宜孚於小人，在小人宜進於君子。」又說「尊卑倒置」是好事：「泰卦下天上地，尊卑倒置，而謂之泰者，以其能變通也……否卦原是君子，以不能孚於小人，一己獨正，故不利也。」[54]

焦循師法戴震，提出「通情」及倡「以情絜情」便是格物之說：「格物者何？絜矩也，格之言來也，物者對乎己之稱也……

---

51 焦循：〈說矜〉，《雕菰集》，頁 149。

52 焦循：〈一以貫之解〉，《雕菰集》，頁 133。

53 焦循：《論語通釋》，頁 6a。

54 焦循：〈寄朱休承學士書〉，《雕菰集》，頁 202-203。

物何以來，以知來也，來何以知？神也。何為神？寂然不動，感而遂通也。何為通？反乎己以求之也。己所不欲，勿施於人，則足以格人之所惡。己欲立而立人，己欲達而達人，則足以格人之所好……故格物者，絜矩也，絜矩者，恕也。」[55]

焦循以訟事來印證「以情絜情」、「通情」，他於〈使無訟解〉中說：「格物者，旁通情也，情與情相通自不爭」，「理不足恃也，法不足恃也，旁通以情，此格物之要也」。這裏的「理不足恃，法不足恃」，而應恃「旁通以情」，是非常值得注意的。對於《大學》的「八步」，他也有新的解釋，能貫通家國天下的不是嚴正的道理，而是「情」：「情通於家則家齊，情通於國則國治，情通於天下，則天下歸仁而天下平。〈大學〉特指出情字、性字以為格物之目，而於絜矩之道暢言之」，[56]「夫人皆相見以情，而己獨無情，志乃畏矣。民自畏其無情，則天下皆情矣。天下皆情，自不得獨以無情之辭盡，不得也，非不敢也。」他更以此引申出一套社會政治的太平遠景：「厚其情而明恕也。恕則克己，克己則復禮，克己復禮則天下歸仁。民志畏則有恥，有恥且格，格即格物也。上格物以化其下，天下之人亦皆格焉。格則各以情通而無

55 焦循：〈格物解一〉，《雕菰集》，頁 131。

56 焦循：〈使無訟解〉，《雕菰集》，頁 138。

訟，而天下平。」[57] 焦循主張以「通情」來平天下，視「情」為社會政治的一個重要基礎。

此外，焦循認為治《易經》亦以「時變」、「旁通」貫串全部，無處不以變通之道求之，這一部分思想，當然是針對「以意見為理」式的思維流弊而發的。他主張所謂「經」便是能時時變通的文本：「經者何，常也。常者何，久也。易，窮則變，變則通，通則久，未有不變通而能久者也。」[58] 他甚至把《中庸》的「庸」字解成「時」與「變通」：「《說文》庸，用也，从用从庚，庚更事也，更猶變也……一則云『君子之中庸，君子而時中』，以時字解庸字，非變通不可以趣時也。一則云『執其兩端，用其中於民』，以用字解庸字，非變通不可以利用也……故變而後不失常，權而後經正。」[59]

焦循與戴震一樣特別強調：「大人者，言不必信，信不必果，惟義所在。然則禮也，學也，惟其義也。雖然，非禮之理、非義之義，大人弗為。」[60] 又說：「趨時則可與權矣。若立法者必豫求

57 同上，頁 138-139。

58 焦循：〈說權四〉，《雕菰集》，頁 145。

59 同上。因為主變通，故在〈說權三〉中主張「反經」：「夫經者法也，法久不變則弊生，故反其法以通之，不變則不善，故反而後有善，不變則道不順，故反而後至於大順……禮減而不進則消，樂盈而不反則放，禮有報而樂有反，此反經所以為權也。」焦循：《雕菰集》，頁 144。

60 焦循：〈說權五〉，《雕菰集》，頁 146。

一無弊者而執之，以為不偏不過，而不知其為子莫之執中。」[61]「子莫之執中」在《孟子字義疏證》〈說權〉部分曾被視為與「執一」相同，此處焦循又引用它來責備不知「權」的立法者，足見他與東原思路之一脈。焦循雖然極力主張「權」，卻非主張權謀。他攻擊董仲舒（前 179—前 104）、劉劭（424—453）是「小人之權」，而孔子（前 551—前 479）、孟子（前 372—前 289）才是「君子之權」，因為董仲舒之權，是「術家之權，非聖人之權，術家之權，孟子所云機變巧也。」[62]

焦循認為「禮」才可能息爭，「法」與「理」都不可能，他說：「理道之說起，人各扶其是非，以逞其血氣。」[63]「禮」與「理」之差別在何處？「知有禮者，雖仇隙之地，不難以揖讓處之。若曰，雖伸於理，不可屈於禮也。知有理者，雖父兄之前，不難以口舌爭之。若曰，雖失於禮，而有以伸於理也。今之訟者，彼告之，此訴之，各持一理，譊譊不已，為之解者，若直論其是非，彼此必皆不服。說以名分，勸以孫順，置酒相揖，往往和解，可知理足以啟爭，而禮足以止爭也。」[64] 胡適之認為焦循提倡「要人置酒

61 焦循：〈説權一〉，《雕菰集》，頁 143。

62 焦循：〈説權八〉，《雕菰集》，頁 149。

63 焦循：〈毛詩鄭氏箋〉，《雕菰集》，頁 272。

64 焦循：〈理説〉，《雕菰集》，頁 151。

和解，而不要論其是非」，恐怕不是戴氏的原意。[65]

不過他為了防阻「以意見為理」，故即使禮義之中還要講「權」，[66]設若無法於「禮」、「義」中求其「權」，「儒者自持所學，曰吾禮也，吾義也，是乎己而非乎人，出者奴而入者主。」以個人之意見所認可之「禮」、「義」為天下公是之禮，別「其始害於道，其究禍於天下國家」，他「禍於天下國家」的口氣與戴震何其相近。焦循說：「非禮義之有害也，亦害於不知權而已矣。」[67]

焦循在《易餘籥錄》卷十二中有一段話說：「先君子嘗曰，人生不過飲食男女，非飲食無以生，非男女無以生生。惟我欲生，人亦欲生，我欲生生，人亦欲生生，孟子好色好貨之說盡之矣。不必屏去我之所生，我之所生生，但不可忘人之所生，人之所生生。循學易三十年，乃知先人此言，聖人不易。」[68]與焦循關係密切的阮元（1764—1849）也受到這個思路的影響。阮元在他的〈論語論仁論〉中說：「凡仁必於身所行者驗之而始見，亦必有二人而仁乃見；若一人閉戶齊居，瞑目靜坐，雖有德理在心，終不得指

65 胡適：《戴東原哲學》，頁 125。

66 焦循：〈說權六〉，《雕菰集》，頁 146。

67 焦循：〈說權五〉，《雕菰集》，頁 146。焦循甚至認為，孔子說：「五十可以學易，可以無大過矣」，是因為「以其能變通也。」〈說權六〉，《雕菰集》，頁 146。

68 焦循：《易餘籥錄》，收於《叢書集成續編》（上海：上海書店出版社，1994），第 91 冊，頁 445。

為聖門所謂之仁矣。蓋士庶人之仁，見於宗族鄉黨，天子諸侯卿大夫之仁，見於國家臣民，同一相人偶之道，是必人與人相偶而仁乃見也。」[69] 這也是希望的最高道德標準（仁），在社羣交往中形成，防止以個人的意見為一切真理的標準的設想。

總之，從戴震到焦循所提出救治「以意見為理」的方法，是有其一貫性的，他們提出一套「低調道德論」:「欲」、「權」、「變通」、「以情絜情」、「多學」、「去蔽」、「恕」、「私」、「讓」、「同情」，甚至以「模糊」為主軸的政治思想，來直面當時以理學為代表的「高調道德論」，這個思想流派在清代中期思想界是頗為獨特的。

在清代發展出這種寬讓哲學當然不限於戴震的圈子，事實上一羣思想開通的考證學者，如俞正燮（1775—1840）、郝懿行（1757—1825）等（周作人（1885—1967）稱之為「自然之考據」），在跳出理學的束縛，回到先秦儒學經典中尋找各個道德概念羣中比較素樸的、世俗的、寬和的定義時，也都發展出相近的思想。戴震當年抉破這層道理時，曾有一段自述，道出他不得不言的心情:「苟吾不能知之，亦已矣。吾知之而不言，是不忠也。是對古聖人賢人而自負其學，對天下後世之人而自遠於仁也。吾用是

69　阮元:〈論語論仁論〉，《揅經室集》（台北：商務印書館，1967），頁 157。

懼，述《孟子字義疏證》三卷。」[70]

三

為何我要以戴震學圈所發展的「低調道德」為例，來討論「由下而上」的思想史呢？過去幾十年來我一直有幾個困惑：王夫之（1619—1692）的種族思想、黃宗羲（1610—1695）的《明夷待訪錄》以及戴震《孟子字義疏證》中的「理」、「欲」思想，既然它們都在十七、十八世紀都已經提出了，為何蔣百里（1882—1938）會說：「東原理欲之說，震古鑠今……茲言而在中國豈非奇創，顧此說獨為當時所略視，不惟無贊成者，且並反對之聲而不揚。」[71]

以上這些誤差的起源於幾種謬誤，第一種是「混淆不同思想層次的謬誤」。人們經常注意某個時代突出的思想家，而誤以為他們是在當時發生實際影響的思想家，而對不那麼秀異，但實際上正是某個時代最具影響力的思想視若無睹。譬如五四運動之後，「民主」與「科學」並不立即獲得廣大影響力，現實上是各種「主義」取得壓倒性勢力的時候，而且左右兩種主義每每要取消

70　戴震：〈《孟子字義疏證》序〉，頁 38。

71　蔣百里：〈《清代學術概論》序〉，收於梁啟超：《清代學術概論》（台北：中華書局，1989），頁 1-2。

自由與個人主義。但是歷史學者每每因「主義」不那麼具有人們所認可的思想創新性，或「理學」不是當時的新政治思想，而不在相關著作中正面加以論列。[72] 很自然地給人一種印象，好像在五四之後，「民主」、「科學」立即取得了全面的影響，如果真的是那樣，為甚麼後來是政治統制思想擅場的時代。

以「道統」、「治統」為例，兩個分庭抗禮的脈絡，確實是許多士人理想中的狀態。在理想上確實是如此，而且歷史上也有不少士人希望突出這個現象，如明末的鄭郊在崇禎九年（1636）用「二統論」作為綱領，編成《史統》一書，認為三代以還，「治統」即是「道統」，兩者是不分的。可是到了漢唐，「治統」與「道統」二分，而為治者竭力要合乎「道統」，而愈到後來，則只有「治統」而無「道統」了。[73] 鄭氏顯然是在講一種好像始終都有「治統」、「道統」二元的理想狀態（不管它是合還是分），但是如果誤以為歷史上真的始終都有這兩種分立的理想狀態，就會誤讀了歷史。人類歷史貴在有「理想」，而且「理想」總是「不絕若線」，成為許多人的抱負，也隨時可能要起作用。但是現實的生活主要還不一定全是由它們所決定，也就是說「道統」的觀念是在那裏，但它不總

---

72 又如蔣介石（1887—1975）、閻錫山（1883—1960）都是五四之後的政治家，但實際影響他們政治行動最大的是宋明理學。詳細討論請參見拙文〈宋明理學與近代中國的政治行動〉，《思想史 10》（台北：聯經出版事業公司，2021 年），頁 5-46。

73 錢茂偉：《明代史學的歷程》（北京：社會科學文獻出版社，2003），頁 389-397。

是在日常政治生活中「發威」。但是不能區別這兩者，而誤以為「實際狀況」與「理想狀態」為同一，或誤以「理想狀態」為「實際狀態」，則不是歷史學者應有的態度。

如果用山來比喻，在一個大山脈羣中，它既有一個又一個傲峙天邊的山峯，但也有一望無際的山體。前者是以往思想史的重點，譬如翻開一部最典型的政治思想史教材，通常會包括孔子、孟子以降到黃宗羲、唐甄（1630—1704）、顧炎武（1613—1682）、王夫之、呂留良（1629—1683）這些個個挺立的山峯。如果從社會層面考察，便得試着了解連綿一片的羣山的基座，即在社會層面究竟表現了甚麼樣的思想樣態？是哪些思想、概念，甚至是口號，在日常社會中發揮作用？我們對前者了解很多，對後者的了解非常稀少。如何深入了解每一時代特定社會中活躍的思想元素及它們的圖景，便是一件刻不容緩的工作。

然而羣峯與基座並不必然沒有關係，事實上我們經常發現「理念」（idea）在經過不等長度的時間後成為「事實」（reality）。在《左傳》中，有關孔子事跡的載述（不含「仲尼曰」、「孔子曰」等評論），約十餘次。孔子雖然出現了十幾次，但是主要強調孔子的博文知禮及良臣的形象，聖人形象並不突出。孔子作為「聖人」，到了後來，成了中國歷史中影響綿亙長遠的「至聖先師」，元代王應麟（1223—1296）《漢制考》甚至鉅細靡遺地展示儒家經書的內容在漢代落實的輝煌景況。[74] 一旦把眼光放在社會層面來考察儒家思想，牽涉的問題就非常多。其中有一個廣闊的天地值得我們　　去探索、追問。

第二種是「時代錯置的謬誤」，這與前面的謬誤不是全無關係。造成這個謬誤的原因很多，譬如許多思想史教材中思想人物在「全神堂」中的座次之形成，乃是由「後見之明」倒退而溯所形成的系譜。譬如在近代「疑古」思潮盛行的時代，清代的崔述、姚際恆，這兩位在當時並不起眼，甚至被認為「狂妄」的人物，成了學術史中的扛鼎人物。人們往往忽略了在他們的時代，佔有較大影響力的是其他的正統思潮。

最具體的例子便是本文一開始時所提到的那幾個「大哉問」：為甚麼政治思想史書籍大談十七世紀王夫之的種族思想（《黃書》、《讀通鑒論》等），而清代的承平之世很難見到其種族思想的影響。[75] 為甚麼十七世紀的《明夷待訪錄》常被近代人比喻為中國的《民約論》，但在現實政治中並未見落實。

第三種是「數目計算的謬思」。我們對於所謂在某個時代有具體影響力一語，仍然應該有所分疏，即我們並不是在提倡一種

74　王應麟：《漢制考》，清學津討原本。

75　若以清代中期的陳梓為例，他雖未受船山影響，然與呂晚村相近，似乎也可稍見此種思想的潛流。相關討論可參考王汎森：〈清代經學中的隱秘書寫〉，出版中。

「大數」計算原則，以為評估思想影響力是一件簡單的數人頭的工作。在這裏要特別強調，在某一個特定時間點中，思想界的狀態是一個複合的結構，由競逐中的各種層次的思想所構成，其中有記憶的、實際的、此時的、現狀的、多數的、理想的。革命者當下的思想也是一個多面體，既有革命當下起作用的思想，同時也有革命時對未來的遠景、藍圖。[76]

我以為梁啟超（1873—1929）所說的「歷史團體」在這裏可以派上用場。一個社會在同一時間可以有好幾個「歷史團體」——正在起實際作用的「歷史團體」、正在受時人（當然也是當時社會的一部分人）期待的「歷史團體」。此外是大部分百姓，他們腦袋中甚麼都不想，也可能是「新舊未定家」（傅斯年）。「歷史團體」則是轉動時代的一羣人，不一定是很大一羣，不一定是在現在居重要位置的人。清末以來的「學生」即是所謂「歷史團體」，五四時期一羣為數不多的年輕學生提倡「新文化」，很快便改變了一個時代的思想氣候。

如辛亥革命前相當長的一段時期，「實際的」主流的是支持清朝的，一如始終停在火車站的巨大列車。革命是「理想的」，數目上可能不及主流多，但它是已經開出去的列車，上車的人漸

76 參考 David Scott, *Conscripts of Modernity: The Tragedy of Colonial Enlightenment* (Duke University Press, 2004), pp. 13-14, 71-74.

漸地愈來愈多。

歷史是一個魔術方塊，究竟哪一部分是關鍵？要以甚麼方式構形，每一次都有所不同。在這個過程中，究竟何者是梁啟超所謂的起決定作用的「歷史團體」，也隨時有所不同。梁啟超並未深入闡述「歷史團體」的性質及其作用方式。我以為「歷史團體」也不是天然出現的，它們每每經過掙扎，在由「風波」到「風氣」的過程中，它們往往在一個時代成為「價值層級」的上端，牽引着人們的注意。[77]

如果轉換成本文所講的由「理想的」成為「實際的」的過程，[78] 可以引蒙文通（1894—1968）《學史散篇》中〈唐學略〉中的兩張圖為例，蒙文通是這樣歸納的：「大曆以還之新學雖枝葉扶疏，而實未能一掃唐之舊派而代之。歷五代至宋，風俗未能驟變也。舊者息而新者盛，則在慶曆時代，然後朝野皆新學之流。五季宋初，新派學者，皆潛在草野，若孔維、邢昺、杜鎬、舒雅之校撰羣經正義，劉煦、薛居正之撰舊《唐史》、《五代史》，文則

77 如一九九〇年代的中央研究院在台灣社會。

78 由「理想的」到「實際的」也可以用葛兆光〈「唐宋」抑或「宋明」——文化史和思想史研究視域變化的意義〉一文為例來討論。在這篇文章中，葛兆光先生將「創造性思想」與「妥協性思想」對比，後者也就是關注新思想與新文化的世俗化、制度化、常識化的過程。而「創造性思想」的「唐宋」到唐宋變革時期所形成的創新思想在宋明成為「妥協性思想」。詳見葛兆光：〈「唐宋」抑或「宋明」——文化史和思想史研究視域變化的意義〉，《歷史研究》2004 年第 1 期，頁 18-32。

四六，詩則西崑。《太平御覽》、《冊府元龜》、《文苑英華》之集，皆舊派也。蓋沿《北堂書鈔》、《藝文類聚》之風。朝列所登，多吳、蜀舊臣，顯途皆屬舊派。而唐以來之新派，皆潛伏無聲華。种、穆、柳、孫皆肥遁，而隱居以經術教授者尤多。」[79] 蒙氏接着說：「是見宋初新學諸儒，守唐人異學，皆避世無悶，風操峻遠。邵雍、胡瑗、孫復，何莫非幽棲巖穴，潛心道微，然後能光大其途。流風既廣，而後能祛千載之弊，一洗空之。」[80] 而胡瑗（993—1059）、孫復（992—1057）、邵雍（1012—1077）是現在任何宋代思想史最開頭都有的三個人物，寫得宛如他們在當時便已是風光不已的思想家，而忘了當時主要影響的人物是另一羣人。但是邵、胡、孫後來由潛流而成為主流。

以明代為例，世人多警於清初顧炎武在《日知錄》中所說的「《大全》出而經說亡」，因而忽略了至少在整個明代初中期，甚至一直到後來都是，影響人們經學、理學意識最大的是《五經大全》、《性理大全》。[81]

以清末民初的思想界為例，「理想的」與「實際的」距離變得

---

79 蒙文通：〈評《學史散篇》〉，《經史抉原》，收於《蒙文通文集》第 3 卷（成都：巴蜀書社，1995），頁 409。

80 同上，頁 410。

81 如朱冶：《元明朱子學的遞嬗：〈四書五經性理大全〉研究》（北京：人民出版社，2019）。

愈來愈近，當時是一個以言論指導事件的時代，思想／概念強拉着人們跟它們走。清末最後十年，主宰時局的一套概念，如「立憲帝國」、「軍國民教育」、「地方自治能力」、「振興實業」、「整理財政」，很快地風行各方。[82] 到了辛亥前後，從一些帶有綜覽性或調查性的文本中可以看出，當時居「大數」的「概念層」，如《革命史譚》中所列出的，「平等、民主、自由、民權、共和、國民、中華」、「國民之公意、團體」等思想概念，[83] 成了隨處可見的思想概念。民國初建時，一位日本特務調查了當時旋起旋滅的百餘個政黨，[84] 從各政黨的政綱中可以看出前述那一批概念已經不只是「理想的」，而是「實際上」落實到政黨政綱的概念：「民主、自由、共和、民意、國家、國民、自治、競爭、進步」，或是「統一、共和、自治、種族、社會政策」。[85] 除了上述之外，如「富強」、「鞏固共和國體」、「全國統一」、「完全共和政治」、「永遠泯

82　參見宗方小太郎著，馮正寶譯：《壬申日記：一九一二年中國之政黨結社》（北京：中華書局，2007），頁 127。

83　陸丹林、丁士源：《革命史譚：梅楞章京筆記》（北京：中華書局，2007），頁 45、49。

84　宗方小太郎的《壬申日記：一九一二年中國之政黨結社》中提到，大體而言它們以傾向同盟會居多，但舊官員多同情共和黨。但在二十世紀二、三十年代幾本我們比較熟知的政黨史中，這些小黨派便消失得無影無蹤了。宗方小太郎著，馮正寶譯：《壬申日記：一九一二年中國之政黨結社》，頁 247。

85　其中當然也有反對民國、反對革命，如由道學派所組的「政益會」等。宗方小太郎著，馮正寶譯：《壬申日記：一九一二年中國之政黨結社》，頁 176。

除私見」、「組織一大團體」、「國家應以民為本」，甚至「天民」一詞亦常出現。人們在構想政黨的政綱時，好像隨便可以任意拿這些「奶粉」泡一杯牛奶，譬如當時一個稱為「自由黨」的，政綱是「維護社會自由，驅除共和之障礙，故鼓吹絕對之自由。」[86] 宗方小太郎（1864—1923）說，民初那一百多個政黨很快地大多消失了。政綱就像食譜，人們不一定完全照着食譜烹調，但是政綱這些「理想」往往微妙地牽動「實際上」，使得人們不管是不是真心信從，但至少表面上仍要像魚兒們般向着餌移動，長期下來便可能產生一些「假作真時假亦真」的效應。

在這裏要舉另一個例子，在民國十幾年軍閥混戰的政治思想世界中，也依然有「實際上」與「理想上」兩列列車。譬如徐樹錚（1880—1925）於 1921 年寫成的《建國銓真》，匆匆未及排版便以書寫稿石印出版。[87] 它反映了一個受桐城文化保守主義思想影響下的政治、軍事人物，對國家命運的最有系統地陳述，其中分為若干章，從「國體」一直到「僑民」，包括了為治之大體一直到為治綱領，此書明顯針對孫中山（1866—1925）先前出版的《建國

---

86 同上，頁 165。

87 據徐道鄰編述《民國徐又錚先生樹錚年譜》，此書撰於 1921 年，有正書局據手寫本影印出版，然未提出版年（頁 143-144）。目前可查到的是 1923 年 1 月，公民書局排印本。

方略》。[88]

老實說我認為徐樹錚的《建國銓真》在當時是非常難得的系統之論，而且反映了主政的北洋軍閥中開明派的共同理想，既有新的，又有舊的，既有經濟、實業、國際政治，又有中國固有儒家的精神理想，既進步又保守，既保守又有進步。方方面面，合情合理，既中又西，既西又中，且各有分寸，不做過分之強調。但是此書雖講實業、講財務，仍然特別注意維持傳統士大夫之學與良法美俗，強調讀書人的政治、道德的政治，對於吏治、溝洫、農桑等也十分強調，而且認為「市鄉」(即農村)是政治的關鍵，此書〈教養章第十二〉的八目中有尊經訓、重史籍、嫻藝術、課事規、同言文、作禮樂等，[89] 都使得它是份半現代半傳統的政綱。相比之下，孫中山的《建國方略》，則是西方的、現代的、新穎的，一刀切斷式的。

我認為《建國銓真》代表當時多數有良心的官僚、軍閥的理想，孫中山的《建國方略》在當時是與現實決裂的、「理想的」少數派，兩列火車並行而駛，在時代的陶冶之下，至少在政治思想的世界裏原來的多數派逐漸變成少數派，原來的少數派後來成為

88 《建國方略》是孫中山於 1917 年至 1920 年期間完成的三本著作的合訂本，1928 年出版。

89 徐樹錚：《建國銓真》，收於《近代中國史料叢刊》第 28 輯（台北：文海出版社，1968），頁 110-131。

多數派。

這一直是同時代的兩列火車，忽略了「實際的」狀態，所以評估歷史時往往發生時代錯置的謬誤，可是如果忽略了「理想的」，那麼對歷史把握也不完整，尤其可能會驚訝於為何在「一夕間」思想世界的格局全變了。以五四後的思想圖景為例，在五四前後還只是一羣又一羣青年學生的理想主張，到了一九三〇年代，居然成了各階層共享的思想質素。在這裏我仍想以一份民調性質的文件為例。1933 年的《東方雜誌》向全國各階層發出兩百多份調查，從 140 份回函發表的 244 個夢想，便可看到十多年前「理想的」主張已經成為十多年後思想界的主流，甚至建立新中國的政綱。[90] 雖然當時《東方雜誌》的主編胡愈之（1896—1986）是左傾人士，但回答的人士基本上包括各種政治色彩，我以為從中可以看出當時各層人士大致的政治思想圖像。其中較常出現的「夢想」，有高度交集性，譬如希望「辯證唯物主義」勝利。而上述夢想，其實是從五四前後開駛的各種新思想，過了十多年，便在 1930 年駛在一起，成為當時政治思想的公約數，並進而在一九四〇年代後期決定了中國的命運，此後原先與馬列並駛的其

90　1932 年 11 月 1 日，上海《東方雜誌》策劃了一次徵求「新年的夢想」，向全國各階層人士發出徵稿函 400 份，最後 140 餘位人士發表了 244 個夢想。這份調查是受九・一八、一二・八、淞滬戰役的刺激而起的。

他火車被曳入廢棄廠了。

綜合上述，我認為思潮是一列列火車，有的已開出，有的仍在等待，或已坐滿遊客，或空蕩蕩地遊駛中。我想拿這個意象來描述幾個場景，譬如火車站中的諸列車，其關係是時刻在變的，某時大部分列車停在台中站，並不表示同時沒有列車逐漸駛離台中，駛向其他處所，而且這一列車所駛向的地點，說不定到時候會吸引其他列車也向它而去。某一時代思想的格局是多層次、非線性的，多系統的，原先隱伏的後來成為主調的，而在當時是佔主流的，後來成為被推翻的對象，當時只是潛伏在下的，一如開出車站緩行於曠野的火車，一路上吸引乘客而逐漸成為新的主流。

四

接着我要進一步討論本文的主題：「由下而上的思想史」，這個主題意義很廣。此處所關注的「由下而上」的思想史，至少包括三方面，第一，是探索在草根層次的思想狀態，包括最為粗糙的一些簡單的思維。第二，是「由下而上」擴散思想，在這方面，我曾於〈儒家文化的不安定層〉中討論過了。[91]「由下而上」地看

91 我在〈儒家文化的不安定層〉一文中曾討論過這種現象。詳細討論請見王汎森：〈儒家文化的不安定層〉，《思想是生活的一種方式：中國近代思想史的再思考》（台北：聯經出版事業公司，2017）。

時，對於思想在人民、社會上實際的意義也能有所把握，如「由下而上」地看，則法國大革命時期下層人民對盧梭思想的詮釋不同，而且這些詮釋影響到巴黎的政治。如果從社會實際日常實踐上看，則日本神道是一種「祭政一致」的思想，而不是一種「宗教」。[92] 第三，即本文所着重探討的，究竟思想在社會實際上的影響如何，譬如戴震「欲當即理」的思想，是否曾經下及社會的某些層次？

本來專注於下層歷史的探索，並不是絕無僅有的。但旗幟鮮明提出這個概念是 1966 年湯普森（E. P. Thompson, 1924—1993）在一篇短文中提到「History from Below」，[93] 的確擺脫上層菁英的視角所見到的歷史，讓人大開眼界。勞工史方面，如哈蒙德夫婦（John and Barbara Hammond, 1872—1949 and 1873—1961）：「工業革命對那些在工業化過程中演變為工人階級的手工業者，家庭勞工、城市和鄉村勞工的影響。」婦女史方面：「例如在十九世紀和二十世紀，白人女工大部分是未婚的，到 1950 年，美國就業婦女只占婦女總數的五分之一。」心態史方面，如湯普森的〈時間、勞動紀律和工業資本主義〉，看工業革命時期刻守時間的觀

92　島薗進，李建華譯：《國家神道與日本人》（北京：社會科學文獻出版社，2015），頁 59-86。

93　E. P. Thompson, "History from Below," *The Times Literary Supplement* 3345(1966.4):279.

念如何普及開來。又如金茨堡(Carlo Ginzberg, 1939—)討論民間崇拜雖在基督教的上層社會中無立足之地，但在地方上具有強大生命力，到十六世紀末期在地方上仍有極大力量。美國革命史方面，貝林(Bernard Bailyn, 1922—2020)《美國革命意識型態起源》(*The Ideological Origins of the American Revolution*)一書中證明革命期間傳單中反映出民眾對革命事件的看法，「可以上溯到文藝復興時期意大利的人文主義思想，然後又在十七世紀的英國革命得到發展，最後在北美殖民地形成他們的政治文化。」[94]

但此處要討論的，與前述略有所別，我是想以它來強調：我們長期以來，往往只注意某個時代有哪些創新的思想，而忽略了它們在社會中實際的情狀。所以在「由下而上的思想史」這個標題下，我是同時想講「由上而下」(理想的)及「由下而上」(實際的)這兩者周流的現象，而且強調不能侷限於「上」、「下」這樣刻板的劃分，而是希望以「全體的」空間做為想像。[95]

「由上而下」的思想是永遠不可能褪色的，在晚清如果沒有

94　以上見楊豫：《西方史學史》(南昌：江西人民出版社，1993)，頁452、466、482、484；楊豫、胡成：《歷史學的思想和方法》(南京：南京大學出版社，1996)，頁202。

95　我偏向於用「周流」、「熏染」，而不認為到了草根層次「體系性灌輸」是常態，更多的是一鱗半爪的獲取與影響。如袁世凱〈屢應詔陳言〉的內容，皆取自上海《申報》、《時報》、《清議報》、《新民叢報》。

各種翻譯的西書，便沒有康有為（1858—1927）、孫中山的思想資源。《革命史譚》的作者陸丹林（1896—1972）引馮自由（1882—1958）之說：「廣州雙門底……聖教書樓，即以販賣廣學會出版書報為營業，孫總理及康有為之倡導維新，大都得力於是。」[96]從另一方面說「由下而上的思想史」雖然被過度忽略（「思想的社會性」、「思想的政治性」，或是從社會層面考察政治思想的重要性）。從這裏便把我們引到本文第三節所提到的問題（《黃書》、《讀通鑒論》、《明夷待訪錄》、《孟子字義疏證》），或是用戲謔一點的方式說：為甚麼我家先人曾經有過一個輪子，而我家後來沒有成為福特汽車公司呢？如果不從思想的社會實際面「由下而上」地探討，便不了解為何上述文本出現之後，在整個清代大部分的時間卻沒有產生甚麼影響。[97]

五

以本文的重點戴震「欲當即理」的思想為例，進入本文的

96 陸丹林、丁士源：《革命史譚：梅楞章京筆記》，頁 150。

97 這種問題在各國都有，譬如日本德川時代的「自然真營道」的大量稿本在 1899 年間被狩野亨吉所發現，並在近代被拿來與社會主義和共產主義相關聯。但是如果誤以為它出現的時代（十八世紀中期）是它實際產生社會影響的時代，便犯了「時間錯置的謬誤」了。

最後一部分，即我在「前言」中所說的，中西幾乎都在同一個時代發展出類似「欲當即理」的思想。像 Nicholas Barbon 在 *A Discourse of Trade*（1690）中所鋪陳的「欲」與西方商業帝國發展的積極關係，但在中國，雖然出現「欲當即理」的尖銳論點，卻未在道德教育、政治、商業等領域造成大規模的變化。

「欲當即理」的「社會性」為何？是否影響到許多士大夫、官僚，並形成現實上的影響？答案顯然是負面的。如前所述，早在1921 年，蔣百里便在〈梁啟超著《清代學術概論》序〉中說，戴震的「理」、「欲」之說，雖然「震古鑠今」，但是「茲言而在中國，豈非奇創？顧此說獨為當時所略視，不惟無贊成者，且並反對之聲而不揚。」蔣氏的判斷與我幾十年來閱讀清人文集所得到的印象相符合。拜現代數位資料庫之賜，我檢索了「欲當即理」，並未發現任何一條回應「欲當即理」的文字，遍搜各種討論《原善》、《孟子字義疏證》的文字，發現人們所關注的重點是「理」是不是應當求之「性與天道」之中，或是應當求之於經書之中，所以主要仍是從漢學宋學的角度來回應戴震的理欲思想。

在一千多條與戴震有關的材料中，我們可以發現主要是與他考證學業績有關的，最常出現的是讚美他究心經訓，六書文字，精擅天文曆算，精發古義等。引用其研究成果最多的如《周禮正義》，或清代人研究《水經注》、《詩經》的著作，以及《漢書補注》、《讀書雜釋》、《鄭堂讀書記》等，其他如《湖海文傳》中條目甚多，也仍以經學活動為主。至於極力反對的，尤其是翁方綱（1733—1818）《復初齋文錄》中的〈考訂論〉等文。[98] 紀大奎（1746—1825）痛斥其〈答友人論戴氏《孟子字義疏證》〉長篇，即據宋儒之義認為「天理人欲」四字得當，戴震竟執着漢儒之說而如此「錮滯」，卻自以為得聖人之學，[99] 可以說基本上是注意他對程朱之「理」批判的反擊。

細細爬梳這些材料，發現大部分是在「漢學」、「宋學」互相爭持的框架下，突出宋儒之未能從經書得「理」，而以為「理具於心」，[100] 涉及「理欲」問題的較少。但在批評「理得於天而具於心」，這一個根源問題上。希望人們不要忽略了道德的社會性，

98 見翁方綱：《復初齋文集》，收於《續修四庫全書》第 1455 冊（上海：上海古籍出版社，1995），頁 412-418。

99 見紀大奎：《雙桂堂稿續編》，收於《續修四庫全書》第 1470 冊，頁 517-522。又如夏炘、朱一新，朱一新認為戴氏理欲之説「謬甚」，見朱一新著，呂鴻儒等點校：《無邪堂答問》（北京：中華書局，2000），頁 3。

100 例如凌廷堪説：「皆標舉古義，以刊正宋儒，所謂由故訓而明理義者。」（見凌廷堪：〈戴東原先生事略狀〉，收於王文錦點校：《校禮堂文集》〔北京：中華書局，1998〕，頁 316。）錢泳說：「六經言理在於物，而宋儒謂理具於心，謂性即理。」（按，此段文字雖見於錢泳《履園叢話》，然乃引用段玉裁〈十經齋記〉。）陳澧說：「『克己復禮』，朱子解為『勝私欲』；『為仁由己』，朱子解為『在我』。兩己字不同解，戴東原《孟子字義疏證》駁之。澧謂：朱注實有未安，不如馬注解『克己』為『約身』也。」（見陳澧：《東塾讀書記》，收於黃國聲主編：《陳澧集》第 2 冊〔上海：上海古籍出版社，2008〕，頁 37。）蔣湘南，「《原善》及《孟子字義疏證》出，所以排異説者甚嚴，制度典章，略有端緒。」（蔣湘南：〈七經樓後記〉，《七經樓文鈔》，收於《續修四庫全書》第 1541 冊，頁 353。）

物質性、學問性的，較有所見。而它們其實都是在防止「孤行其心」、「以意見為天理」的獨斷、壓制性哲學。所以我們可以從思想的社會史考察中，戴震對「以意見為理」的批判部分尚有信從者，但「欲當即理」這一「震古鑠今」之說，在清末以前並未引起巨大回響。所以本節一開始所說，何以清代中期有「欲當即理」的思想，但卻從未產生像十七世紀末的英國因對慾望（desire）的強調而與商業帝國的形成有關係，或亞當・斯密（Adam Smith, 1723—1790）的由「欲」而推向現代帝國的念想。[101]

「理想的」與「實際的」之間存有「時間差」，但這並不表示它在歷史上始終沒有現實的大影響。事實上戴震這一脈思路，像物理學中的「超弦」一樣始終在天邊若隱若晦地懸着，像開出去的火車，在一百年後，在新的社會理想、新的時代中，得到了一波又一波的思潮。如蔡元培（1868—1940）、章太炎（1869—1936）的〈釋戴〉、《中國倫理學史》等一串長長的名單。紀念戴震一百週年的紀念會，梁啟超、胡適等言論界鉅子都寫了《戴東原哲學》。一九四〇年代以後，進步哲學、史學更用新的觀點對戴震哲學進行分析，認為他的社會觀具有初步民主平等思想。[102]「欲

---

101 陳正國：〈亞當史密斯的帝國論述及其背景〉，《政治與社會哲學評論》72 期（2020 年 6 月），頁 148-162。

102 張舜徽：《清儒學記》（濟南：齊魯書社，1991），頁 157。

當即理」這一路思想像一列從清代中期開出的火車，在清末以來翻天覆地的時代得到重視，由「理想的」進入「實際的」。

在這裏我想用周作人的例子來說明，思想文本何以是一列開出去的火車，而想不到的是，乘客不知會在甚麼時候上車。周作人從新文化運動以來便經常提倡「倫理的自然化，道義的事公化」。在他 1942 年的成書《藥味集》，1944 年的《苦口甘口》中的文章也都反覆闡發這個思想。上述主張明顯地是受戴震、焦循、俞正燮這一系「自然之考據」[103] 的思想影響下形成。

在 1943 年，「漢奸」周作人發表了〈中國的思想問題〉，裏面標舉了中國思想中的一個譜系，在這個系譜中，戴震、焦循等主張滿足人的自然、基本慾望仍是重點，用周作人《知堂回想錄》中的話：「為的貫徹求生意志，使得人己皆得生存，皆得幸福，這便是中國人的現實主義。」[104] 沒想到在「漢奸」的筆下，這一系思想成為要求滿足當時日本統治區中，維持中國人起碼求生欲望之呼聲。

---

103 周作人：〈序〉，《藥味集》（台北：里仁書局，1982），無頁碼。周作人：《苦口甘口》（台北：里仁書局，1982），頁 6-11、129-132。

104 周作人：《知堂回想錄（修訂版）》（香港：牛津大學出版社，2019），頁 551。又參見該書頁 634-635 中對王充、李卓吾、俞正燮等之討論。這篇文章引起日本片岡鐵兵的激烈攻擊，認為周作人在文中提到不應阻礙中國人民的欲望的主張，是對大東亞解放鬥爭不肯努力與犧牲，是一種消極拒否的態度。關於這個事件的始末及原始文件，見木山英雄著，趙京華譯：《北京苦住庵記 —— 日中戰爭時代的周作人》（北京：生活・讀書・新知三聯書店，2008），頁 167-218。

發生在戴震《孟子字義疏證》，其實也發生在明末清初王夫之的種族主義的著作、黃宗羲的《明夷待訪錄》。由於電子資料庫的方便，我們可以徹查它們在清代公開出現的情形。扣除抄本或其他秘密流傳的文本，基本上要到晚清才比較能夠看得到它們的蹤跡。[105] 換句話說，「由上而下」地看，它們歷歷在目，「由下而上」去看，他們「查無實據」。在整個清代 268 年中，它們要到清代統治鬆動的最後一、二十年才被公開討論，那麼我們在前面所提出的：既然有《讀通鑒論》、《黃書》，何以種族革命的思想要到清季才漸深入人心等問題，便也犯了時代錯置的謬誤。

結論

本文是藉着反思將近四十年前入所之初的一篇未刊稿，檢討我對思想史看法的改變。在四十年前，我深受胡適、錢穆（1895—1990）等先輩的影響，隱隱然以為思想一旦生發，即如射出的箭而自然飛向遠方，成為歷史「實際」的一部分，但是後

105 孫寶瑄《忘山廬日記》等書經常提到它們。關於《明夷待訪錄》在晚清崛起的情形，請參考我為《明夷待訪錄》寫的〈導讀〉，收在黃宗羲原著，王汎森導讀：《何以三代以下有亂無治：明夷待訪錄》（台北：大塊文化出版公司，2011）。關於《讀通鑒論》、《黃書》、《明夷待訪錄》在中國古籍基本資料庫中出現的次數，各是《黃書》8 筆、《讀通鑒論》35 筆、《明夷待訪錄》58 筆。

來慢慢對此不同的看法。

我在文中先從四十年前的未刊稿出發，該文討論以戴震為中心所形成的一種寬容、寬讓的哲學。它針對「以意見為天理」所蘊涵的重大危險，而形成了一種「低調道德」，此外，他提倡「欲當即理」，並多方闡述這方面的道理，在清代中期思想史中，相對於考證學主流或宋明理學而言，這是非常獨特的一種思想勢力。

本來這篇文章應該到此為止，但我個人漸漸地發現正如蔣百里所說：「東原理欲之說，震古鑠今……茲言而在中國豈非奇創，顧此說獨為當時所略視，不惟無贊成者，且並反對之聲而不揚。」也因而發現不是某種思想一旦被提出了，它便立即風行草偃成為「歷史的」，因而了解思想與社會或思想與草根層次之間每每有很長的距離。因而傳統歷史書寫，犯了以思想的為歷史實際的謬誤。一個特定時代的思想狀態，大略區分出層次（layers of political thought）。一方面看出「思想的」，一方面從社會的層面考察政治思想的狀態，並試着看出不同層次之間的關係及互相作用的方式，方便歷史學者評估某一個時代實際上思想的狀態。長期以來，歷史工作者對社會層面中思想的實際狀態不了解，所以我們對當時數量最大的人民腦海中的思想狀態一無所知。他們可能早就被各種各樣的「異端」席捲而去，形成了「儒家文化的不安定層」，但人們在探討那個時代的歷史時，仍然只把眼光放在幾個代表性菁英思想家，而忽略其餘。

本文主張把思想世界視為充滿張力、不停地循環上下、往復周流、來回激盪的世界。所以不只「由上而下」地看其影響如何擴散，也要「由下而上」地歷覽不同層次的思想狀態。故在「由下而上」這個口號下有幾層意義：第一，思想由下而上瀰散的情形。第二，由下而上歷觀某時代不同層次的思想狀態。第三，在看出不同層次的思想狀態時，可以發現有時表層上雖仍然是儒家正統意識形態，但下層早已蝕空、早已被各種秘密宗教席捲而去。第四，從不同層次看，則事物的性質也可能有所不同。如日本的神道，當年美國佔領軍由上而下將之定義為「宗教」，但由下而上看，人們卻認為它是一種「祭政一體」的體制。

諸層次並不是一個物理的，或簡單的空間概念，而只是一個大致的區分。我以為在歷史書寫或進行歷史判斷時，應對此問題有相當的關照，並隨時放在心中。此外，歷史工作者還應辨別不同史料之層次性，儘量發覺較具公約數性質，較能反映日常性的概念思想文本，以方便了解一個時期中思想或概念的主色調。

接着，進入文章的第三部分。本文提到，如果不是以「歷史的」而是以其他角度入手寫思想史，則常常會出現三種謬誤：「混淆不同層次的謬誤」、「時代錯置的謬誤」、「數目計算的繆誤」。

在文中，我認為思想、概念與它們時代的社會往往存在層次之別，而且「理想的」與「實際的」這兩個層次之間往往存在着「時間差」。「概念」與「社會」之間的關係，至少可以區分為兩類，一類是在平常時候，思想、概念往往是透過逐漸醞染而擴散開來。第二類形式則是在大變革時期，概念／思想強拉着人走，不跟着它們走的人甚至可能無法立足於社會中。

本文舉了若干例子說明，有許多思想，從開始生發到站在歷史舞台上成為主流思想之一往往需要經過幾百年的時間（如文中引用的〈唐學略〉一文），而史家通常忽略了這一個問題，將提出某種思想的時間與成為主流的時間錯置，誤以前者為後者。譬如本文所討論的王夫之《黃書》、《讀通鑒論》等激烈種族思想的文本以及黃宗羲《明夷待訪錄》等，雖然成書於十七世紀，但真正發揮重大影響則要到十九世紀末。那麼，如果把它們當成十七世紀歷史的主幹，而忽略了它們在當時的真正地位，便犯了「時代錯置的謬誤」。

但我也提及梁啟超的「歷史團體」，也就說歷史中思想／概念不一定要下及草根才能左右世運。事實上有許多時候，一般人民或者甚麼多不關心，或者是「新舊未定家」（傅斯年），故新思想往往影響了在當時的政經或文化環境中能起作用的「歷史團體」——如五四初期北京幾十個新人物，逐漸掀起旋風，即能逐漸轉動一世。所以，歷史上雖然有許多時候，思潮確能下及草根層次，但也有許多時候，它們是透過「歷史團體」而轉動一世，或透過「歷史團體」漸次以各種方式（包括成為制度或影響立法），而漸漸擴及街頭層次。因此，簡單地計算數目並不一定能解釋歷史的變動。

此外，一旦我們的研究是涉及思想或其他學問對日常生活的影響時，則必須考慮到其影響的方式與學院中學理的探討方式有所不同。在日常生活層次中，思想文本往往像一瓶打開的香水，聞到了便可能受到某種薰陶，正如柏格森（Henri Bergson, 1859—1941）在《道德與宗教的兩個來源》中所說的「由於基督教浸淵了整個西方文明，人們像吸進香氣一樣吸受這一文明所帶來的每種東西」，[106] 所以不一定是從特定思想文本的授受之中才能找出影響的痕跡。不過香氣還是有一個範圍，譬如說一公里外，就可能聞不到這個香氣了。就像一個人含着糖果，或是把兩杯溶液倒在一起，用威廉姆斯（Bernard Williams, 1929—2003）的話說，不是系統、抽象化的、形而上的、外在的、體系性的、道德體系的籠罩或灌溉，而是個人的、實際生活的、「內部概念」的。[107]

---

106 柏格森著，王作虹、成窮譯：《道德與宗教的兩個來源》（南京：譯林出版社，2011），頁 169。

107 Bernard Williams, *Ethics and the limits of philosophy* (Cambridge: Harvard University Press, 1985). 並參考徐向東：〈伯納德 · 威廉斯與當代道德哲學〉，《道德運氣》（上海：上海譯文出版社，2007），中譯本序。我對 Bernard Williams 也有所修正，「外部概念」仍然存在的，歷史上如鄧小平當年以鼓吹布哈林經濟學理論來打開經濟改革的大門。依照馬克思《資本論》第一卷中有名的資本家剝削八名工人的故事，故鄧小平要當時中國的資本家的雇工應當維持在七人以下，以示他們不是資本家，這便是牢守一種政治思想體系，一種「外部概念」，體系化的灌輸的例子。見亞歷山大 · 潘佐夫（Alexander V. Pantsov）、梁思文（Steven I. Levine）著，吳潤璿譯：《鄧小平：革命人生》（台北：聯經出版事業公司，2016）。

總之，本文主張思想史書寫應考慮「歷史的不同層次」（layers of history），以免犯了本文中所提到的三種謬誤。

附　錄

傳統的非傳統性

章太炎思想中的幾個面相

中國近代思想是一中、一西兩列對駛而過的火車，章太炎（1869—1936）與許許多多的人正處在這兩列火車對駛的交會區中。在這個交會區，產生了紛雜萬狀的思想變化，章太炎正是其中最有深度的思想家之一。

一

章太炎是一位國學大師，最大的建樹是對中國古代整體歷史、文化進行廣大而深刻的詮釋。章氏也是一位革命家，而且是有學問的革命家，他用革命的觀點去解釋許多事物，如強烈的種族與反專制的觀點即是他思想中常見的兩個主軸。

許多人因為章太炎是「國粹派」，又看到他文章中的古色古調，便誤以為他反對西學，這是一個極大的誤會。章氏受西學的影響超過我們的想像，譬如史賓塞（Herbert Spencer, 1820—1903）學說對他的影響相當大。他寫過〈俱分進化論〉批判進化思想，而且在他的許多著作中反覆提出複雜微妙的觀點討論「進化」思想，但他在若干篇章中卻也積極地以進化論看歷史、以進化論講人種，說了「變至於人，遂止不變乎？人之相競也，以器」之類的話，[1] 又說「若彼上世者，與未開之國相類」。[2] 我認為是進化觀念啟發他人類是從原始的古代進化到近代的思路，使得他看待古代世界的眼光一變，以「樸陋」作為解釋中國古代文明的底色——這是清儒所沒有，或不如此明顯的眼光。轉動一個門把有時候需要上百年，可是一旦門把轉開了，它就帶來巨幅的改變。以此為出發點，章太炎看待古代的語言、文字、歷史、風俗、制度等傳統的事物都有了不同的角度。

接着讓我們再回到「國粹」的問題。晚清湧現了幾批新詞彙，一批以「無」開頭，如「無史」、「無國」等，認為現在的歷史、國家都不是真正的歷史與國家；另一批詞彙則以「國」開頭，如「國粹」、「國學」、「國故」。如果用「詞彙社會學」的角度來看，上述兩組詞彙都代表着重大的時代信息。宣稱「無史」、「無國」是為了要造「新史」、「新國」；提出「國粹」、「國學」、「國故」，

1 章太炎：〈原變〉，《訄書》（台北：世界書局，1971），頁 59。

2 章太炎：〈訂文〉，《訄書》，頁 80。

是要找出一個既植根在傳統所熟悉的框架，又比現狀高出一階的東西，一種既傳統，但實際上是高於目前大家熟悉的學問狀態的學問觀。這類詞彙與概念的湧現與流行，代表一個時代的重大變動，意味着思想界的地景正在重新型構、學術傳統正在重塑，而且這個重構的過程通常帶有兩面性。一方面是渴望守住主體性，渴切地想回答「我是誰」的問題；另一方面是想盡翻前案，在新的時局及新的思想資源、新的刺激之下，重新建構所謂的「國學」。

錢穆(1895—1990)在《國學概論・弁言》上說:「國學一名，前既無承，將來亦恐不立，特一時代之名詞。」[3] 這個觀察很有意思，因為「國學」、「國粹」這幾個詞都是晚清士人從日本借過來的，它們的流行表達了一種新的傾向、一種雙面性或多面性，不管「保守」或「激進」都不足以描述它的性質。人們往往先驚覺到「國」之本有的性質在四面八方的衝擊中風雨飄搖、保持不住，故一方面是以「國」為前提來思考及建構傳統；另一方面又在四面八方的衝擊、威脅的內容中看到一些重構傳統的有用元素。

我們觀察那一代的「國學」、「國粹」、「國故」論者，可以看到一種特質，即他們都透過無所不在的抉擇、篩選，宣稱某些部

3　錢穆：《國學概論》，《錢賓四先生全集》(台北：聯經出版事業公司，1994)，甲編第1冊，頁3。

分為「粹」，而將其他部分視為「渣」，進行大規模「拒」、「納」的工作。這種或明或暗的改造工作，其規模之大，在中國歷史中並不多見。我們往往可以在各種宣稱自己為最忠於傳統的「國學」、「國粹」或「國故」運動中找到各種特質：一種是調動各種資源來證明中西思想傳統完全相異。為了證明這一點，有時還曲折地詮釋部分傳統來突出自己與西方的區別。另一種趨向是調動各種資源來說明中西兩個文化是一樣的 —— 而且是在他們所認為正面的、喜愛的，通常與近代西方文明發展出來的進步的部分是相同的。故有人喊出「國粹無阻於歐化」的口號，也有人宣傳「粹化」，即把「國粹」與「歐化」合而為一。[4] 然而因為這些都是在「國」的名義下進行的工作，所以人們往往忽略了它們激化的程度。

「國粹」、「國學」使得中國傳統文化的特質變成一道選擇題，譬如有人為文主張「尚武」為中國之「國粹」，有人認為李贄（1527—1602）思想是「國學」，有人認為牢守四書五經是「國學」，有人認為「國學者，必萃一國之思想學術也」，認為「國學」一名大於儒家、孔子，大於一家之學。有人認為「國學」的特色是脫離政治干擾的學問，故主張深入反省中國歷史上儒家與政治的關係。總之「國學」觀念的提出使得中國舊學成為一座將要爆

4　宋恕提倡「粹化學堂」，即是想結合兩者的學堂。

發的火山。

章太炎正是這一波「國粹」、「國故」運動下的驍將，他是這些人中傳統學問最精深、最有見解的一位。所以他與其他那些只寫過幾篇口號式文章的人地位不同。章氏是清代古文經學的殿軍，[5] 在這破裂震盪的時代，他出面改造的正是輝煌中帶有一種奇異光芒的清代考證學，以其深厚的學識去回應、重構傳統。

譬如章太炎嚴分「君學」與「民學」二大傳統，強調他及他的一羣同志們是以「民」的角度去看整個傳統。所以章太炎強調「國學」不等於「儒學」，他提倡的「國粹」或「國學」，是指在君權時代中不得志的經師之學，是與「湛心利祿」的官僚士大夫相敵對的抱殘守缺者之學，是與歷史上的當權派不合作之學，是反君權之學，是批評歷史上的專制政治及它的思想文化基礎的學說。章氏發掘了一個「下」的、「平民」的、「個體」的、「自性」的、「在野」的文化傳統，並努力肯認獨立於政治之外的學問、文學、思想、政制的傳統（譬如他的〈五朝法律索隱〉，其中最重要的一點即是王朝法律能高揚保護平民的原則）。對章太炎來說，真正的國學是古代歷史文化，富含同情心的那一部分，是通乎人情與反對抽

5　梁啟超《清代學術概論》第二十八節，開首謂：「在此清學蛻分與衰落中，有一人焉能為正統派大張其軍者，曰：餘杭章炳麟。」意指章太炎為清學正統派最後一位大師，故人們遂據此稱之為清學殿軍人物。「殿軍」者，行軍時走在最後的部隊。

象高調的道德的那一部分。

章氏非常強調所有個體之間的平等，所以他強調以「齊民」的角度出發，去考量、重整傳統。這類思想在當時不乏同調，如宋恕（1862—1910）《六齋卑議》中的〈救苦〉等章所提出的論題，以及他藉顏元（1635—1704）之口所提出的「以貧民定正統」這個口號，多少都反映這一思潮。「齊民」是他們筆下常見的主題，他們提倡解放齊民，使得個個平等（佛學當然是平等思想中一個關鍵的思想資源），不再用任何制度、法律、天理、公理、定則，甚至是偉大的理想來作為壓制個人的藉口或工具。劉師培（1884—1919）早年組過「齊民社」，發行過《齊民報》，突出「齊民」這個名稱，也充分反映了上述的特殊關懷。

我稱呼這一個思路為「扶弱主義」。晚清「扶弱主義」的出現有其現實背景，即清代後期全國性的戰爭、災荒、苛稅及離亂激發了人們對弱者處境的關懷。另一方面也有理論的刺激，清末傳入的進化思想從反方面挑起了一股思索「弱者」的思潮。關於這一點，我在〈時間感、歷史觀、思想與社會：進化思想在近代中國〉一文中已經提到：進化論帶來「優勝劣敗」、「強權即是公理」的思維，許多人隱然認為以強凌弱是理所當然，合乎「天演」的事。[6]這方面事例甚多，此處僅舉一個例子。1909 年保定軍校的一個學生童保喧因為受到《天演論》的影響，以至於當他收到一封家信，提及他的叔父在家鄉有「欺貧凌弱」的事情時，居然在日記上說，這是合於「天演」的事，所以是無可奈何的。《童保喧日記》上說：

> 家信言及燃叔一細事，跡近於欺貧凌弱，及談天演而始恍然矣。人不自立，不容於天演界，而人之欺我凌我，則我必思所以復之。舍自立，末由競而進，即天演之所發見也。夫欺貧凌弱，非獨人然，即我亦無不然；非獨人然、我然，即大而國家、種族，小而昆蟲草木，亦無不然。我先貧而後人欺，我先弱而後人凌。是欺、是凌，無關於我，無尤乎人，天演為之也。[7]

像童保喧那樣公開宣稱「以強凌弱」是「天演」之事的人必然不少，這股極端的思想激發了一羣從弱者的角度出發思考的學者。

他們傾向於在中國的思想傳統中搜尋足以支撐其言論的資

6　參見王汎森：〈時間感、歷史觀、思想與社會：進化思想在近代中國〉，收於陳永發主編：《明清帝國及其近現代轉型》（台北：允晨文化實業股份有限公司，2011），頁 369-393。

7　寧海縣政協教文衛體和文史資料委員會編：《童保喧日記》（寧波：寧波出版社，2006），頁 7。

源，同時大量引入西方社會主義、無政府主義，為「弱者」尋找學理上的支持，並以此對抗強權即是公理的主流思想；另一方面，他們也在兩千年來的儒家思想中處處發現對細民的潛在剝削及壓制，並針對中國思想文化中維護君權或權勢階層的潛在思想與學說，或是士人為了鞏固權勢階級所提出的一些思想內涵作一個總批評，章太炎是這個思路的代表人物。

二

近代中國每隔一段時間便形成一種分化或分裂，如西學與中學的對立、古文經與今文經之對立、立憲派與革命派之對立。在章太炎等人身上，我們則看到一種「文明」派與反「文明」派的對峙。梁啟超（1873—1929）與章太炎隱然代表這兩種思想態度。

從章太炎思想軌道的變化，我們可以約略看到他早期奮鬥的主要對象是清代的今文經學、康有為（1858—1927）等，後來則是梁啟超所代表的「文明」派。所謂「文明」派是指一大批相關的內容，「文明」指的是「公理」、「公例」、「公法」、「進化」，以及政治上的代議立憲之論，這些都是晚清新派人士最常用的概念。當時人在許許多多事情上清楚地分出這是「文明」，那是不「文明」；這樣合乎「公理」，那樣不合乎「公理」。

這一股強而有力的新思想勢力，把近代西方「文明」當作是世界普遍的、唯一的道路或階梯，多少帶有強制性，甚至道德的義務性。

「文明」是新知識分子努力的目標，他們所代表的是西方最新的潮流，他們掃蕩、排除在地的、多元性的文化內涵，而且認為對於當時的中國而言，「文明」是一抓就靈的仙藥。有關「文明」、「公理」、「公法」、「公例」的史料非常多，在這裏我並不想廣泛徵引，只以熊月之主編的《晚清新學書目提要》一書中所匯集的一些晚清以來最為流行的書目中的材料為例——這些書目中有當時先進人士對以「文明」為主的一批概念或事物的了解與評價。譬如在政治方面，《晚清新學書目提要》中《增版東西學書錄》一書的〈敘例〉是這樣說的：「言政以公法、公理之書為樞紐。」[8] 也就是說在政治方面，西方的「公法」、「公理」帶有自然規範的性質，是與算術一樣精確、普遍的律則。《增版東西學書錄》的〈敘例〉中還說：「公法、公理之書為立國根本。」[9]

在科學方面，「公理」之規範性更強，譬如「重學之公理」、「電學之公理」、「化學之公理」、「農事公理」、「商學公理」等

8　徐維則：《增版東西學書錄》，收於熊月之主編：《晚清新學書目提要》（上海：上海書店出版社，2007），頁4。

9　同上，頁6。

等，[10] 這類表述俯拾皆是。如徐維則在《天演論》一書的提要中說的「保種」、「保羣」、「自強進化」[11] 是人類真正顛撲不破的「公理」。有人認為地球各國的發展有共同的「公例」，例如《世界史要》的提要說：「甚矣文化之消長與國勢之強弱互為因果，世界雖變遷而皆不能出乎公例之外。」[12] 在當時「深於公理者」是一種新的身份，有此身份者逐漸成為新的知識菁英。

總之，所謂「文明」是以英、法等國的現代文明作為衡量一切的尺度。世界萬國都要用它來度量、都要在近代殖民擴張的西方帝國主義所代表的這座階梯上攀爬，能與它們相同者為「文明」，不同者為「不文明」，有時甚至提高到道德要求的層次。這是晚清以來一股最龐大的驅動力，而章太炎對這股巨大的歷史力量提出的異議，值得特別注意。

章太炎激烈批評所謂「偽文明」，認為「自然規律」、「公理」都屬於「四惑」。他在這方面的言論很值得注意，〈四惑論〉中說：「公理者，猶云眾所同認之界域」，「是故天理之名，不如公理，可以見其制之自人也」，「而今之言公理者，於男女飲食之事，放

---

10 詳見徐維則：《增版東西學書錄》，收於熊月之主編：《晚清新學書目提要》中《力學入門》、《電學入門》、《化學入門》、《農書初級》、《富國策》的提要，頁 56、82-83、103、104、106。

11 徐維則：《增版東西學書錄》，收於熊月之主編：《晚清新學書目提要》，頁 139。

12 沈兆禕：《新學書目提要》，收於熊月之主編：《晚清新學書目提要》，頁 454。

任無遮」，「若其以世界為本根，以陵藉个人之自主，其束縛人亦與言天理者相若。彼其言曰：不與社會相扶助者，是違公理；隱遁者，是違公理；自裁者，是違公理。其所謂公，非以眾所同認為公，而以己之學說所趨為公。」而且說人「非為世界而生，非為社會而生，非為國家而生，非互為他人而生。」又說：「此謂齊物，與公理之見有殊」，「責人以『無記』以上，而謂之曰公理，則束縛人亦甚矣」，「今之持公理者，本不越恆情界域，而汲汲與自裁以厲禁，何所執持而得有此無上高權耶」，「彼非世界之傭奴，而安得以公理檢柙之」，「言公理者，以社會長存之力抑制个人，則束縛無時而斷」，「言公理者，以社會抑制个人，則無所逃於宙合」。[13]

在談到進化時，太炎說：「然則所謂進者，本由根識迷妄所成，而非實有此進」，「雖然，進化者，由外緣牽引以成，而人心所向，不悉在是。幸福增進，一部人類所盲從也，他部人類，則或有反對此者」，「有所進者，不得不先有所處，而最初所處之點，惟是獸性。循其所處之點，日進不已，亦惟是擴張獸性。」[14]

章太炎對帝國主義提出強烈異議，甚至對代議、立憲等最時

13 章太炎：〈四惑論〉，《章太炎全集》第四冊（上海：上海人民出版社，1985），頁444-449。

14 同上，頁449-450。

筆的政治思想也嗤之以鼻。他代表了當時的一派人，這派人有若干共同使用的詞彙（譬如劉師培亦痛責「偽文明」），而無政府主義往往成為他們用來對抗「文明派」論述最現成的武器。

「國家思想」與對「國家思想」的批判也是兩條路線的分歧點。晚清以來思想界的主旋律是引入近代西方的「國家主義」或「帝國主義」。張佛泉（1908—1994）的〈梁啟超國家觀念之形成〉，對梁氏的「國家主義」在近代中國的重要影響已有相當深入的討論，[15] 我們可以說，經過梁啟超的闡釋與發揚，「國家思想」深入人心。它一方面是革除只知有「朝廷」不知有「國家」的舊思想，以培養現代「國民」為目標；另一方面也豔羨西方的「民族帝國主義」，認為中國若是要成為「歷史的」民族，則必須有能力參與國家之間的殘酷競爭。

在章太炎與劉師培等人的言論中我們往往能看到這種全面性的對抗。劉師培即曾說過：「第一邪說即國家」。[16] 章太炎則主張回到「自性」、「個體」，對任何組織、團體，從「國家」到西方的帝國主義，都採取激烈的批判態度。他說：「國家之自性，是假

15　張佛泉：〈梁啟超國家觀念之形成〉，《政治學報》第一期（1971 年 9 月），頁 1-66。

16　劉師培：〈戒學政法歌〉，收於萬國仕輯校：《劉師培遺書補遺》（揚州：廣陵書社，2008），下冊，頁 854。

有者，非實有者」，「國家之事業，是最鄙賤者，非最神聖者」。[17] 他認為不管團體組織，或是「社會」都是虛假的：「余以為眾力集成之事，直無一可寶貴者」，[18] 故到處區別有自性或無自性，而其目標是要建構一個由個體所組成的，充分尊重個體的社會。章太炎有時候是以「五無」——「無政府」、「無聚落」、「無人類」、「無眾生」、「無世界」來表示這種理想，有時候則是以無政府主義式的想像來表達。

前面提到過，梁啟超在他的許多文章中，主張近代西方文明代表現代的、進化的「公理」，所以也就將當時許多新的、帶有進步意味的理念與價值和西方帝國主義等同起來，好像「公理」是西方帝國主義國家所獨有，這也引起許多人的不滿。用魯迅（1881—1936）的話說：「公理和正義，都被『正人君子』拿去了，所以我已經一無所有」，[19] 魯迅的文章是針對一批所謂「正人君子」而發的，不過它還可以推廣到其他的脈絡來使用：如果連「公理」都歸西方所有，那麼我們也就「一無所有」了。章太炎主張重視各民族之歷史傳統，以「文明」為醜惡之詞，以「公理」為虛幻之

17 章太炎：〈國家論〉，《章太炎全集》第四冊，頁 457。

18 同上，頁 462。

19 魯迅：〈「公理」之所在〉，《而已集》，《魯迅全集》（台北：唐山出版社，1989），第五冊，頁 94。

物，他認為如果中國願意自安於「野」，則西方帝國主義者也沒有理由因為它不「文明」，而認為自己有道德義務去改變它。章氏解釋「絜矩」，說它不只是指「己所不欲，勿施於人」，同時也是「己所欲，勿施於人」，即在表達對西方帝國主義者壟斷「公理」、「文明」的深沉抗議。

關於上述這一點，我認為當時思想界還有其他一些微弱的呼聲。譬如某些人筆下對「性質」的強調，即認為每一個民族，每個國家都有它自己的「性質」，而不必然要服從一個普遍的西方。我個人注意到在《晚清新學書目提要》中有這方面的主張，如《歐美政教紀原》的提要中說：「著者宗旨以地球立國各有性質，政教不能強同，法之政教不能行之於英，則歐美政教安能行之於東亞哉？」《日本國會紀原》的提要中說：「蓋變法必合國民性質，徒襲皮毛安能獲益？」《普魯士地方自治行政說》的提要中說：「普魯士為日耳曼列邦之一，故所行自治行政之法屢經審定，其合於國民性質。」[20]

當時也有人察覺到所謂「公法」帶有野蠻性，[21] 也察覺到所謂

20　顧燮光：《譯書經眼錄》，收於熊月之主編：《晚清新學書目提要》，頁 256、258-259。

21　徐維則在《萬國公法》的提要中說：「是本多據羅馬及近時舊案，未能悉本公理，而所採又未全備，安得明斯學者考求近年各國辦理之成案，取其合於公理者一一輯注，匯為一編」。熊月之主編：《晚清新學書目提要》，頁 39。

「文明」每每帶有侵略性，如《世界史要》:「顧泰西以文明自詡，雄長地球之心，凌滅他人之志，視世界中無一國可與相並。」[22] 但這些畢竟是相當微少的例子。

前面提到的章太炎等人，反對西方的「新學」、「新理」是放諸四海皆準的普遍性與排他性真理。然而，正因為章氏經歷過一段兩列火車對駛的時段，故在此對抗的過程中，他的思維往往會不自覺地依附在「新學」、「新理」的架構上，使得他的思考並不能完全擺脫西學。

章氏不滿足於舊的，也反對新的（西方的「新學」與「新理」），日本的思想史家河田悌一曾用「否定思想家」一詞來形容章太炎，真是一個傳神的刻畫。章氏正是用一系列的「否定」來建構他的思想特質。他對於未來絕不提出一個簡單的答案。這種態度對時人似乎有一定的影響。魯迅《野草》中的幾首詩，彷彿即是這種情境的寫照，「於天上看見深淵」，[23] 在所有人們認為充滿無限希望的普遍趨勢或潮流中，看到一種深刻的不適合性。

章太炎本人比較不為這種複雜的思想格局所困擾，然而他的弟子們往往深受這種矛盾或不確定感的覆壓，在新文化運動前後，章氏弟子分裂成各種不同主張，有的極激進，有的又很保

22　沈兆褘：《新學書目提要》，收於熊月之主編：《晚清新學書目提要》，頁 455。

23　魯迅：〈墓碣文〉，《野草》，《魯迅全集》第三冊，頁 53。

守，這種格局的形成，恐怕與章氏思想體系的複雜性之影響分不開。

三

章太炎在思想最活躍的時期，既反對毫無保留地吸收西學，卻又對傳統重新加以塑造。當時他舉出了一個重要的資源，認為有一個更大、更深刻、更具涵蓋性的體系可以將中西之學都置放在它的掌中。他心目中的這個體系是佛學、印度哲學。只有擁有一個更廣、更強、更犀利的系統，才能在積極意義上將晚清以來強勢的西學及萎靡不振的中學問題做一個有生機的解決。對章太炎而言，佛學不只能解決危機，同時指出一種新的境界。章太炎的《齊物論釋》等書便展現出一種既擁抱此世，又能物我雙遣的境界。對章太炎而言，佛學與印度哲學不只是在哲學思想層面上，同時也在政治、社會方面提供資源。章氏對西方哲學思想或議會政治理想採取批判的態度，常見的根據是佛學或印度哲學。

在這裏我要借用麥金泰爾（Alasdair Chalmers MacIntyre, 1929—）的「認識危機」（epistemological crisis）。「認識論的危機」有若干特色：第一，原先的普遍通則現在不靈了，也沒辦法用來推測未來；第二，由於傳統內部互相之間並不一致

（incoherence），所有原先認可的標準、可理解性、理性都被質疑。[24] 我個人認為當一種舊文化處在危機之時，不只這個「傳統」的本身不足以解釋當前情境，以前的標準變得不適用，人們往往連對這個傳統的表述語言都覺得捉襟見肘，章太炎的思想發展深刻地反映了這個危機。我曾在為《中國哲學百科全書》所寫的一篇章太炎短傳中提到，章氏後來是以佛學作為基準，重新評判中國歷史上各時代思想之境界，[25] 而且廣泛地應用佛學來詮釋自先秦諸子以下一直到宋明理學的思想，佛學才是大如來佛的掌心，它足以提供一套概念及語言去理解及說明先秦以來所有的思想，而中國思想本身反而難以做到同樣的事，也就是說中國的思想語言出現了一種危機，已經不足以用來說明中國古代思想的精微之處，並做更進一步深入的釐清與判斷。譬如章氏在給吳承仕（1884—1939）的信中說：「乃悟〈人間世〉篇：『耳目內通』、『虛室生白』之說，即內典所謂三輪清淨神變教誡世人」，又說「至餘姚所謂良知，大概與藏識相似。要之言自證分為近，但見暴流恆轉，未睹不生不滅之真如，原不可云至道」，又說「明道、象山、慈湖、白沙、陽明所得各有深淺，要皆可用。唯周、張、邵、朱

24 Alasdair Chalmers MacIntyre, *The Tasks of Philosophy* (Cambridge: Cambridge university Press, 2006), pp.3-23.

25 Antonio S. Cua ed., "Zhang Binglin (Chang Ping-lin)", in *Encyclopedia of Chinese Philosophy* (London: Routlege Press, 2003), pp. 854-857.

亦近天魔之見，當屏絕耳」。[26] 不過佛學及印度哲學的重大影響在章氏後期逐漸褪去，對傳統的歷史文化、中國固有的政法美俗的關注等成為後期的重心。但是章氏始終不是簡單的回歸，而是主張「自國」、「自心」，才是解決一個國家民族的思想文化所有問題的根本。[27]

「近代中國反傳統思潮的興起」，是我撰寫這本書時最為關心的主題，因為「去傳統化」是整個中國歷史上的「一大事因緣」，影響之大，很難估計。不管自覺或不自覺，章太炎都為這個運動起了推波助瀾的作用，故《章太炎的思想（1868—1919）》書中有不少篇幅是在說明這位國學大師為何竟對「去傳統化」起過重大的作用。

在寫完這本書後不久，「傳統的非傳統性」一詞便常常出現在我腦海裏。在每一個時代、每個地方、人們如何使用傳統，都不可能一樣。不管是思想、政治、權力都如氣體般在社會中不斷周流。我們受限於線性因果觀的影響，往往忽略了這種全空間性

26　馬勇編：《章太炎書信集》（石家莊：河北人民出版社，2003），頁 296、307、309。

27　這一類的話，充分代表了章氏後來的思想旨趣，譬如〈論教育的根本要從自國自心發出來〉一文的標題，即顯現此一旨趣。又如在提到道德問題時，章太炎說：「中國的道德說，從三代兩漢到現在，總是漸漸變來，並不純和古代一樣。就偶然還有不愜意處，也只該由自己想法子改正，不必照別國的法子改正。」〈經的大意〉，收於章念馳編訂，《章太炎演講集》（上海：上海人民出版社，2011），頁 74-75。

的、複雜的、無時不刻都存在的交互辯證、交互對話與交互影響。

許多時候，事物的變化宛如一粒鹽置放在風中，是四面八方的風作用於一粒鹽。其中當然有主、從之別，但它總是受從四面八方而來的風的「薰習」，再回過頭影響四面八方。這些作用像是「不能以一瞬」的漩渦般前進，在這種不斷循環對流、辯證、互動、周流的狀態中，「傳統」也像風中的一粒鹽，它的面貌不斷改變。尤其在激烈變動的時代，隨着它在時代脈絡中的地位之不同，其意義也不斷變換。

在這裏，劉咸炘（1896—1932）以「風」講歷史的說法，使得我們在回頭重新審視章太炎思想的軌跡時有了一些新的理解，這也是為甚麼我在《執拗的低音》中有一章講「風」的緣故。

時代關懷與歷史解釋[1]

韋伯（Max Weber, 1864—1920）說人是尋求「意義」的動物，又說人是懸掛在自己編織的意義之網的動物。「意義」對於人有如此之重要性，學者也不例外，許多科學家都以這樣或那樣的方式為自己的研究工作找到一種意義。愛因斯坦（Albert Einstein, 1879—1955）說他的學術工作是為了尋找真理，這是一種「意義」；而居里夫人（Marie Curie, 1867—1934）則認為她的工作是為了造福社會，所以她發現鐳之後並不申請專利，這也是一種「意義」。前後兩種「意義」固有所別，然其為「意義」則一。

許多史學工作者也不可避免地要面臨「意義」的問題。「意義」千殊萬別，但尋求「意義」之動機，恐怕是不能全免除的。

1　本文是 2007 年 3 月，我在成功大學「法鼓人文講座」的講稿，原題是「再論史家與時代——以『史學二陳』為例」。

一旦牽涉到「意義」，歷史著作便不可能不與史家個人的關懷及時代完全隔絕。

1973 年，余英時先生在香港新亞書院作「史學、史家與時代」的演講，他提出了這個帶有長遠意義的論題，作了一場膾炙人口的演講。在余先生的演講中，史家、史學與時代的關係，基本上在前期是以蘭克學派及受其影響之各國史家為例，他們認為至少在理想上，有可以完全客觀還原歷史真相的可能（what really had happened），而且在談及史家或時代時，基本上採取防禦的態度（「捍禦之使不能入」），或多或少認為兩者是一場你死我活的拉鋸戰，像宋明理學在討論天理與人欲的關係一樣，彼進一尺則此退一尺，此進一尺則彼退一尺。余先生指出，即使如此，他們的史學往往也不自覺地反映了時代的關懷。

余先生說，馬志尼（Giuseppe Mazzini, 1805—1872）說他讀一本歷史著作，往往只要讀上前二十頁，就能明白作者個人的觀點。包括蘭克（Leopold von Ranke, 1795—1886）本人也不是完全客觀的人，閱讀他的書就會發現，蘭克對法國大革命的研究即反映了他的保守心態。蘭克為日爾曼人，因此特別關心日爾曼國族的歷史發展。可見即使是希望儘量保持客觀以還原歷史的史家，仍然無法完全做到。至於在英國，像卡爾（E. H. Carr, 1892—

1982）認為歷史是過去與現在不間斷的對話；[2] 在美國，像查爾斯・比爾德（Charles A. Beard, 1874—1948）等人對史學客觀性的挑戰，都是顯例。余先生在演講中並舉了一些中國史的例子，他指出王國維（1877—1927）〈殷周制度論〉及郭沫若（1892—1978）的《十批判書》等名著如何受史家現實關懷的強烈影響。[3]

一

現在離余先生 1973 年的演講已有三十多年，三十年前史學界的主流理論與三十年後有所不同。三十年前史學客觀性是主流，三十年後後現代主義當令出現許多極端的看法，譬如傅柯（Michel Foucault, 1926—1984）曾經說過「我所寫的歷史都是當前的歷史，我的歷史著作就像爆竹，等他發揮現代的作用，就消失了」，或是說「所有的對歷史文獻的解讀都是誤讀」，[4] 很難找到歷史中真正的意涵，沒有作者，作者已經死亡，作者看起來好像存在，其實不存在。在此史學思潮之下，史家、時代與著作的關係與過去不同；現在似乎只剩下時代，沒有史學，沒有作者。

---

2 E.H. Carr, *What Is History?* (New York: Vintage Books, 1961), p.35.

3 余英時：〈史學、史家與時代〉，《歷史與思想》（台北：聯經出版事業公司，1978），頁 247-270。

4 參閱黃進興《後現代主義與史學研究》一書中討論傅柯的部分。黃進興：《後現代主義與史學研究》（台北：三民書局，2006），頁 9-53。

不過，經過後現代主義洗禮之後，對了解「史學」、「史家」與「時代」這個三元問題似乎有一些新的視角。後現代主義分析時代與作品，把史學家書寫的過程，史家和時代的作用，所有我們隱而不察的種種，毫不留情地揭露出來，追問到底。所以在分析「史學」、「史家」與「時代」這三角關係時，後現代主義對「敘事」（narrative）、「情節化過程」（emplotment）的分析，便有助於我們從一個更敏銳的角度去理解史家的寫作過程中，為了權力策略或是為了呼應時代與現實，所進行的種種工作。

不過我並不想在這裏多談後現代情境下的歷史問題，我想把問題倒轉過來。過去討論史學、史家與時代時，史家與時代代表的是主觀的、隨時流轉的不確定因素，在建構客觀的歷史著作時，它們是非常有害的。這種情形確實經常發生，尤其看多了過去半世紀一些「以論代史」的歷史研究之後，對於「史隨事變」、「史隨術變」，更興起無限的戒心。不過此處要說的是，我們當然應該以古鑒今，用歷史來幫助我們理解與應付時代與世變。但如果我們細心閱讀一些膾炙人口的歷史著作，往往會反過來發現時代與史家的經歷提供了一雙獨特的眼睛，幫助人們看到過去視而不見的現象，或是開顯了過去不識其曲折意義的歷史面相。

所以我在這裏要突出強調的是，「史家」、「時代」與「史學」之間，不總是你死我活的拉鋸戰。我想舉例說明，主觀的、對時代處境的關懷以及史家的生活經驗，如何幫助他們把握另一層次的歷史事實；過去與現代的對話不見得一定破壞史學的客觀性，主觀的生活經驗不但不全然破壞客觀的重建，而且還可能有幫助；它們有時候幫助史家將手電筒照到一些原先忽略或視而不見的角落或層面。借用伽達默爾（Hans George Gadamer, 1900—2002）的話說，這是「視域的融合」（fusion of horizons）。在這些情況下，史家主觀的思想與意志，與客觀的歷史建構趨於一致，不必為了傳達自己想對時代發出的信息而扭曲手中的歷史，主觀與客觀合而為一。

此處必須強調，我充分了解過度的現在心態（present-minded）對歷史客觀性的破壞，我也充分了解過度強調伽達默爾「視域的融合」或是李凱爾特（Heinrich John Rickert, 1863—1936）的理論，都可能帶來極端的歷史相對主義。此處我所講的是一種在儘可能想重建客觀史實的前提下，具有分寸感的實踐。用中國話來說，這種歷史實踐或許可以稱為「二義」：它同時是主觀的，也是客觀的。

陳寅恪（1890—1969）曾說，「詩若不是有兩個意思，便不是好詩」，[5] 我的解讀是：好的詩有「二義」，一是詩本身之義，一是作者所寄寓於其間的時代之關懷。歷史研究也常不可避免的有

5　黃萱（1910—2001）：〈懷念陳寅恪教授在十四年工作中的點滴回憶〉，收於張傑、楊燕麗選編：《追憶陳寅恪》（北京：社會科學文獻出版社，1999），頁 35。

「二義」，一是所研究之史事，一是作者的生命經驗與時代之關懷。此「二義」是兩者同時存在或互相依存。

史家的「二義」性表現在各式各樣的史學實踐中，第一要談到「時代之眼」（period's eye）[6] 與選題。在紛紜無限的「過去」中，為甚麼要選取某一個主題進行研究，將之寫成「歷史」？「選取」本身是一件意義非常繁複的行動（德國社會學家盧曼〔Niklas Luhmann, 1927—1998〕對「選取」有相當深入的分析）。

「選取」的另一面的歷史被刻意遺忘，雖然不必然與時代有關，但是無可否認的，常常有着時代的影子。在「選」與「不選」的時候，主觀的判斷與客觀的歷史便形成某種同一性。在某些特定時刻，古今歷史的彷彿性變得異常明顯，論述歷史與論述當代往往被等同起來。譬如姚從吾（1894—1970）在日本侵略華北期間曾進行關於耶律楚材（1190—1244）的研究，闡發「耶律楚材在蒙古侵入內地時對漢文化的種種匡救事業」；可是他給傅斯年（1896—1950）的信中說，因為怕給人鼓勵日本侵略者的聯想，所以當時不準備發表。[7]

在爭論抗日或不抗日時，蔣廷黻（1896—1965）寫了〈琦善

6　在這裏我借用藝術史家貢布里希（Ernst Gombrich, 1909—2001）的詞彙。

7　「姚從吾致傅斯年」（1935 年 5 月 3 日），中央研究院歷史語言研究所藏「傅斯年檔案」（II: 345-1）。

與鴉片戰爭〉，認為在鴉片戰爭時，琦善（1790—1854）等被攻擊為主和議的人未必是錯，而主戰派未必可取。儘管蔣廷黻的文章寫得相當忠實，但他一旦選擇了這個題目，則主觀的價值判斷與客觀歷史便形成了同一性。此文一出，馬上引起極大爭論，人們很快把琦善與蔣介石（1887—1975）化為一人，而蔣廷黻的主觀與他的研究也形成了同一性。過去琦善一直被視為是誤國的奸臣，他與鴉片戰爭的問題，人們大多不屑於進行嚴肅的史學研究；經過蔣廷黻這一研究，不管人們贊成與否，至少使得琦善這一部分的歷史變得清楚起來。我舉這個例子是想說明時代的關懷、史家個人的價值判斷，可能幫助人們照見過去不為人重視的歷史陰暗角落，既是時代的，也是史家的，同時也是史學的，三者套疊在一起。這種「套疊」，而不是拉鋸式的關係，也是一種「二義」的現象。

說到這裏，我要跳出正題，講一點其他的事。

大概在 2006 年或 2007 年初，我曾經收到香港一位外國古董商的電子郵件，說有一批陳寅恪的遺稿待售，他們多方打聽之後，認為史語所可能會感到興趣，並且附上一份目錄。我粗閱一下，發現大部分是陳寅恪先生已發表文章的草稿或助手代謄的抄件、學習語文的筆記，還有中山大學歷史系的開會通知單，史料價值不如想像的高，加上對方索價極高，所以我們最後謝絕了。

但是正因為這個偶然的事件，我請史語所的傅斯年圖書館找出一些陳寅恪當年發表在《史語所集刊》的原稿。首先映入眼簾的是〈讀崔鶯鶯傳〉，這篇短文後來收入《元白詩箋證稿》，是我相當熟悉的著作。不過這次初讀原稿，[8] 最搶眼的仍然是他講到在道德習俗強烈變動的時代，具有才能卻不守禮法之人，如何巧妙應用新舊兩種道德標準為自己循環取利的現象。他講元稹（779—831）與崔鶯鶯的關係時說：

> 縱覽史乘，凡士大夫階級之轉移升降，往往與道德標準及社會風習之變遷有關。當其新舊蛻嬗之間際，常呈一紛紜綜錯之情態，即新道德標準與舊道德標準，新社會風習與舊社會風習並存雜用。各是其是，而互非其非也……值此道德標準社會風習紛亂變易之時，此轉移升降之士大夫階級之人，有賢不肖拙巧之分別，而其賢者拙者，常感受苦痛，終於消滅而後已。其不肖者巧者，則多享受歡樂，往往富貴榮顯，身泰名遂。其故何也？由於善利用或不

8 這次初讀原稿，同時又見到原稿後面的附信，大概是寅恪先生將原稿寄到所裏之後，對其中一段感到不安，所以希望所中同仁代從承印的商務印書館抽回刪去；為了怕商務偷懶不肯照辦，信中還交代了一些具體策略，可以看出其為文及思考人事之細密慎重。

善利用此兩種以上不同之標準及習俗，以應付此環境而已。[9]

這一段話常被引用，大家恐怕也都知道，在兩種以上道德或習俗標準之間循環取利的現象，事實上即發生在陳寅恪所熟悉的晚清民國這一階段，尤其是「其賢者拙者，常感受苦痛，終於消滅而後已。其不肖者巧者，則多享受歡樂，往往富貴榮顯，身泰名遂」，也一定是陳寅恪當時日常生活中見到太多這一類的例子，所以對這個現象了解得特別深刻，形成他解析元稹行為模式的基礎，而這正是陳寅恪善用「時代之眼」的收穫，即一方面是史學研究本身之義，另一方面是史家寄寓於其間的時代感懷。

陳寅恪與王國維對兩種以上的標準之間循環取利的現象都一樣敏感，而且也一樣鄙視。我忘了誰曾回憶說，王國維之所以始終帶瓜皮帽、作清遺民，未必是因為他如何地愛戴清廷，主要是因為他看不起一批在辛亥革命前後行為不一致、變得太快，藉以弋獲個人利益的人。恐怕也因為這種敏感性，使得他在〈殷周制度論〉中論及殷周兩朝的更迭之時的隱微曲折之處，也有不少神來之筆。

陳寅恪每好用「知人論世」為學，這是「二義」的另一種表

9　陳寅恪：〈豔詩及悼亡詩〉，《元白詩箋證稿》（上海：上海古籍出版社，1978），頁82。

示。譬如中日戰爭期間他在淪陷的香港讀《建炎以來繫年要錄》，因為現實的境遇，而更懂得宋代首都淪陷的實況。我猜這正像是在顯微鏡下看切片，把焦距調到一個合適的情況，眼前的一切突然清楚起來。又如他在〈論再生緣〉中說「年來讀史，於知人論事之旨稍有所得」；[10] 反過來說，也可能是「年來歷世，於史籍中人世隱微之處，轉有所得」。這兩者是往復循環、互相影響、不可分割。

我的淺見以為，「知人論事之旨」不是泛語，而是一個重點，它使得陳寅恪的不少歷史著作帶有一種三棱鏡的特質，「時代」、「史學」、「史家」三者套疊在一起。陳寅恪在〈論再生緣〉中以同情的角度看到種種過去的人所讀而不知的曲折，尤其是「則知端生心中於吾國當日奉為金科玉律之君父夫三綱，皆欲藉此等描寫以摧破之也」，[11] 如果不是生在近代婦女解放思潮的時代，而自己又親歷婦女解放之實境，恐怕也不易有前述的見解。

接着我想以對〈論韓愈〉一文的討論，來為陳寅恪的部分作結。我一直到最近才有機會詳閱《吳宓日記續編》，這是我早想

10　陳寅恪：〈論再生緣〉，《寒柳堂集》（上海：上海古籍出版社，1980），頁 56。

11　同上，頁 59。

讀的一部書，不過它到 2006 年才出版。[12] 吳宓（1894—1978）在 1961 年千里迢迢地由四川跑到廣州見陳寅恪一節，早已是膾炙人口的佳話，所以我推測《吳宓日記續編》中對這一時期陳寅恪的思想狀態必定有詳細的記載。果然不出所料，在 1961 年 8 月 30 日至 9 月 1 日之間兩人的談話中，陳寅恪顯示出他對中共領導層宣佈向蘇聯一面倒表示極大的不滿，他認為當時中國應該作美、蘇以外第三勢力（如印尼等國）之領袖，另一方面認為任何一個民族應堅守其獨立性及自主性，絕無向任何其他國家一面倒之道理。[13] 吳宓指明陳寅恪當時所寫〈論韓愈〉一文標舉韓愈（768—824）之歷史地位時，特別提到「韓愈辟佛，實取其保衞中國固有之社會制度，其所辟者印度佛教之『出家』生活耳」，即是有感於向蘇聯一面倒而發。[14]〈論韓愈〉一文是大家所熟悉的，經過《吳宓日記》的幫助，我才憬悟這篇短文中投射了一種特殊的時代關懷，同時我也推測陳氏為文時因為受到時代環境的促發，而對韓愈在固守本位文化方面的貢獻才特別突出加以闡發，這也是一種「二義」性。

12　吳宓著，吳學昭整理註釋：《吳宓日記續編》（北京：生活・讀書・新知三聯書店，2006）。

13　同上，第五冊，頁 160-163。

14　同上，頁 163。

陳垣（1880—1971）一向與陳寅恪並稱「史學二陳」，所以我接着要以陳垣的《通鑒胡注表微》為例。1950 年初，陳垣在給老友的一封信中講他史學思想的幾次變化：

> 九・一八以前，為同學講嘉定錢氏（大昕，1728—1804）之學；九・一八以後，世變日亟，乃改顧氏（炎武，1613—1682）《日知錄》，注意事功，以為經世之學在是矣。北京淪陷後，北方士氣萎靡，乃講全謝山（祖望，1705—1755）之學以振之。謝山排斥降人，激發故國思想。所有《輯要》、《佛考》、《諍記》、《道考》、《表微》，皆此時作品，以為報國之道至此矣。所著已刊者數十萬言，言道、言僧、言史、言考據，皆託詞，其實斥漢奸、斥日寇、責當政耳。[15]

我覺得這段話中「言道、言僧、言史、言考據，皆託詞，其實斥漢奸、斥日寇、責當政耳」是言過其實，即使到了今天人們仍把《明季滇黔佛教考》、《清初僧諍記》、《南宋初河北新道教考》及《通鑒胡注表微》當作嚴肅的史學著作看，沒有甚麼人認為它們只是表達時代關懷的「託詞」。比較恰當的說法是：它們既表達

15 劉乃和（1918—1998）等著：《陳垣年譜配圖長編》，下冊（瀋陽：遼海出版社，2000），頁 546。

時代的處境、史家的關懷，同時也發掘了歷史的事象，三者「套疊」在一起，如果只視為「託詞」，則未免是對上述研究工作的一種貶損。

以上幾種書皆作於中日戰爭時期。《清初僧諍記》中講「法門中故國派與新朝派之間的矛盾」，藉抨擊變節僧人以影射在淪陷區中媚事新朝之漢奸；《南宋初河北新道教考》認為河北三教皆宋之遺民，表彰他們藉宗教以維持民族情懷之情形，[16] 這些都是大家耳熟能詳的。此處只想從另一方面來說，時代處境及生活經歷也幫助了陳垣映照出過去不為人所重視的歷史，並揭顯出前人所未觸及的複雜層面。不過以《通鑒胡注表微》（以下簡稱《表微》）一書為例，陳垣想藉它揭顯淪陷區中之民族大義，但是時代的演變超過撰史的速度，《表微》尚未出版而日本已投降矣。

陳垣於 1943 年開始寫《表微》，1945 年完成，前後共花三年時間。他描述當時自己的研究工作是「近又進一步，頗提倡有意義之史學」。[17] 寫《表微》時的陳垣，住在北京日本佔領區，每天觸目所及就是「華」、「夷」之別，守節與漢奸、狷介與醜態等，高度對比的世相在生活舞台中赤裸裸地演出，而他自己也時常必須在種種中間進行抉擇。

16 同上，頁 455-456。

17 同上，頁 482。

陳垣的學生柴德賡（1908—1970）在《勵耘書屋問學記》中已經將當日漢奸奔走日人之門的光怪陸離現象，與《明季滇黔佛教考》及《表微》中特定的部分作了比對。[18] 柴德賡說，當時北方漢奸投降派，一種是在政治上失意已久的北洋餘孽，藉依附日本作為東山再起之資；另一種是日本留學生，過去在英美留學生之下忍氣吞聲，現在可以依附於日人勢力之下，一吐抑悶之氣。陳垣寫《明季滇黔佛教考》中之和尚見月讀體（1601—1679），當他的朋友木陳忞（1596—1674）作了清朝國師大和尚，路過南京前來看他時，見月對徒弟說，木陳是以國師大和尚的身份來對見月驕傲，真是一錢不值！依柴德賡看，陳垣當時遇到很多類似狀況，故寫見月其實是在寫他自己。書中還寫了清初餘慶縣令鄒秉浩告發錢邦芑（？—1673），陳垣說「鄒秉浩小官僚，奉命作走狗，可憐人也」，其實是因北京有個小漢奸總是纏着陳垣，陳非常痛恨，常罵他「小官僚」、「走狗」。柴氏又說，陳垣自幼熟讀《通鑑》，但對胡注並無多大感覺。抗戰時讀《通鑑》胡注，讀到「臣妾之辱，唯晉、宋為然，嗚呼痛哉」，才恍然大悟《通鑑》胡注中所隱含的深意。故陳垣常說：「我們理解胡三省（1230—1302）的注，要比前人理解得更清楚、更深刻；因為我們和胡三省的思想、

18　柴德賡：〈陳垣先生的學識〉，收於陳智超編：《勵耘書屋問學記（增訂本）》（北京：生活・讀書・新知三聯書店，2006），頁 92-99。

生活更接近，大家都處在異族的殘酷統治下。」因為目睹了那樣一個時代，所以才能解開胡三省所留下的密碼，用陳垣自己的話說：

> 當國土被侵陵，或分割時，則此種意識特著。身之（胡三省）生民族意識顯著之世，故能了解而發揮之，非其世，讀其書，不知其意味之深長也。[19]

這段引文中「非其世，讀其書，不知其意味之深長也」，即無異於告訴我們，陳垣當日的生活情境是一把開啟歷史密門的鑰匙。

在這樣緊張的生活環境下，他發現原先被清人視為歷史地理專家或考據專家的胡三省，其實是一位有意義的史家，在他那些對《通鑒》進行客觀嚴謹的註釋中，陳垣讀出隱藏在其間的華夷之義。

史家實踐中含有各個層次的表陳（formulations），清楚地感知某些現象的重要性並特別將之突顯出來，是非常重要的一步；而從把握到一些歷史現象再細細看出其中複雜精微的層面，又是另一步。我推斷對當時的陳垣而言，時代境況與個人的關懷及

19 陳垣：〈夷夏篇第十六〉，《通鑒胡注表微》（北京：科學出版社，1958），頁 307。

日常生活舞台中之所見，形成了一種強烈的意識及參照架構，史家的注意力與理解力遂慢慢凝聚起來，像手電筒的光一樣，照向某些特定的地方，將原來平鋪雜陳在許多東西之間的物事框定出來，將原來粗鬆、稀落的，轉成有脈絡及有意義的。此處我僅舉《通鑒胡注表微》中的幾個段落，這些段落應該配着胡三省之注一起讀，才能比較清楚掌握其曲折，但因文煩，故此處從略。

顯然是因目睹北平淪陷區的現狀，陳垣說偽齊之立，有許多人是因親友已從劉豫（1073—1146），自己也跟着下海。他說：

> 為國，則不能顧及親與友矣。偽齊之立，有背祖國而從劉豫者，自諉牽於私誼也，亦終與劉豫偕亡而已矣。[20]

又如他因身居淪陷區，而對《通鑒胡注》中有關淪陷區人民的地位感受特別敏銳，如：

> 魏主與臧質往復書，雖寥寥數行，於民族意識，可謂發揮盡致。是時中原雖為魏所據，而其民皆曾奉漢晉正朔，固不忘中國也。[21]

20　陳垣：〈倫紀篇第十三〉，《通鑒胡注表微》，頁 243-244。

21　陳垣：〈夷夏篇第十六〉，《通鑒胡注表微》，頁 319。

又如：

由是觀之，則視淪陷之民為蠻貊者，東發（黃震，1213—1281）所不取也。然果是「衣冠人物」，必不顯於戎狄之朝，其顯於戎狄之朝者，特降虜耳，曷足貴乎！此身之所以不滿於陳慶之之言也。[22]

又如下面一段，儼然是當時淪陷區與國民政府統治區之狀況：

古今人情，相去不遠也。至正朔之在江南，乃當時民族意識所公判，非口舌可得而爭。[23]

又如：

裴植以華驕人，許敬仁則以變於夷自得，其凡鄙又在裴植下，君子可以觀世變矣。[24]

22 同上，頁 321。

23 同上，頁 322。

24 同上，頁 320。

又如：

> 張彝父子恨種人之縱橫，不立乎其朝可也，立乎其朝而欲排抑其人，非天下之至愚者乎！[25]

以上數條，有的是如非親歷其時代，未必看出胡注之原意；有的是即使看得出來，也未必會特別加以突出表述。陳垣《通鑒胡注表微》中〈感慨篇第九〉有一段話：

> 然溫公（司馬光，1019—1086）所值，猶是靖康以前；身之所值，乃在祥興以後。感慨之論，溫公有之，黍離麥秀之情，非溫公論中所能有也，必值身之之世，然後能道之。[26]

在「必值身之之世，然後能道之」一語中，陳垣已經點明史家在不同之世，有不同的感懷，對歷史也有不同的領悟，《表微》一書中可以看出歷代史家因所處時代之不同，而與歷史形成的對話關係之不同。一樣的史事，從元代以降，像一塊回音石般矗立在那裏；從元初的胡三省，清初的萬斯同（1638—1702）、全謝

25　同上。

26　陳垣：〈感慨篇第九〉，《通鑒胡注表微》，頁 160。

山，到民國的陳垣，因為「身之所值」不同，一次又一次看到不同的層次與意義。

當然，《表微》中也有些推論過當之處，尤其是為了擴大篇幅，也有一些考所不必考的地方，但整體而言，想要認識胡三省《通鑒注》的內在意涵，這部書也值得參考，它是胡三省的，同時也是陳垣的，同時也是時代的。

「史學二陳」以客觀徵實之學聞名，而其有得於「時代」及「史家」之生活經歷如此。

但是我必須強調，以上所述只是歷史研究中的一個斷面，並不是所有歷史著作皆有「二義」性，或是所有歷史著作皆應該有「二義」性（譬如說西方漢學家就不大可能關心中國人所關心的種種現實問題），但是「二義」確實是討論史家、時代與史學時不可忽略的一個面相。

回到文章一開始時所提到的，不管是受蘭克史學或是受實證主義史學的影響，人們隱隱然認為取消史家的關懷與「時代」的因素時，史學研究才比較能客觀，或是要取消「現在」與「過去」的對話才能比較客觀。前面的討論說明，真正的歷史實踐並不全部如此。

二

談史家與時代，不能不提「史家究竟能為他的時代做些甚麼」的問題。從清末民初「新史學」以來，史學工作者往往具備兩種性質：第一，相信歷史可以有趨近真實性的可能，並且認為這是史學工作者的基本任務；第二，關心歷史研究的現實任務。到今天，除了深度服膺後現代主義理論者之外，這兩個要素恐怕仍然是史學工作者的最大公約數。但是，既要客觀，又要有現實意義，兩者之間是不是可能順利調和在一起？我的看法是，在早期，也就是相信歷史可以發明「公理」、「公例」時，對這個課題的態度是樂觀的；後來蘭克實證史學流行之後，則變得比較困難。

晚清以來，不管是文明史或單線進化的歷史觀，也都不難說明史學的現實任務，梁啟超（1873—1929）的言論可以作為代表。他在〈中國史敍論〉、〈新史學〉這兩篇里程碑式的文字中即以重新定義史家之任務作開始：歷史是認識人群進化的歷程，史家的任務是一方面以進化的觀點重新撰寫歷史，另一方面是從中發現公理公例之所在，以作為國民精神之指引。[27] 史家是研究者、發現者，也是指導者，這幾重身份缺一不可，否則梁氏不會一再發出「史界革命不起，則中國不可救」這樣的豪語。[28]

梁任公區分新舊史家的標準之一，即是舊史家不能發明「公

27 梁啟超：〈中國史敍論〉，收於《飲冰室文集》（台北：中華書局，1970），第二冊，卷之六，頁 1-12；〈新史學〉，收於《飲冰室文集》，第二冊，卷之九，頁 1-32。

28 梁啟超：〈新史學 ‧ 中國之舊史〉：「史界革命不起，則吾國遂不可救」，頁 7。

理」，指導國民之精神。歷史是有「義務」的，史家的任務是在指出「義務」是甚麼，「而進化之理不能明，歷史之義務不能盡」。[29] 新史家是能發明「公理」，然後就此公例加以「提倡」之，他說：「雖曰天演日進之公理，不得不然，然所以講求發明而提倡之者，又豈可緩耶？」[30]

譬如受進化論影響的史家的眼前有一個清楚的歷史進化的目標，史家的任務在指出它並提倡它。胡適（1891—1962）在《白話文學史》中的幾段話即表明了這一點，他說：「我要人人都知道國語文學乃是一千幾百年歷史進化的產兒」，所以他寫《白話文學史》，正是要弄清楚「這個歷史進化的趨勢」，今天的任務是要發揮過去那些開路先鋒所沒有做完的事業，加以「有意識」的提倡。胡適說：「歷史進化有兩種，一種是完全自然的演化，一種是順着自然的趨勢，加上人力的督促」，史家要作的就是「人力的督促」。[31]

左派史家更容易回答他們作為史學工作者的任務了，翦伯贊（1898—1968）說歷史要成為「戰鬥的指南」，也就表明了歷史

29 梁啟超：〈堯舜為中國中央君權濫觴考〉，《飲冰室文集》，第二冊，卷之六，頁 23。

30 梁啟超：〈國家思想變遷異同論〉，《飲冰室文集》，第二冊，卷之六，頁 12。

31 胡適：〈引子〉，《白話文學史》，收於《胡適作品集（19）》（台北：遠流出版事業股份有限公司，1988），頁 16。

研究在他們眼中是與革命事業之推展分不開的。以一九二〇年代馬克思主義史學的五階段論為例，它以一種很強勁的勢頭指導着革命事業，史家的工作是論證並幫助推廣一個階段進入下一個階段，最後達到社會主義的天堂。

「史家的任務」在過去是一個最容易回答，而現在變得非常困難的課題。傳統史家與時代的關係是非常確定的，史學能幫助人們鑒往知來、提供道德勸誡等非常實際的功能。我隨便從書架上抽出一本《錫金識小錄》，在書的一開始便宣稱貫串這部志書的目的是「防流弊、彰幽隱、勵末俗、端風化」，[32] 所以編者從不懷疑他的歷史研究對於時代有無作用。

在一九二〇年代，科學史學、蘭克實證史學在史學界產生了莫大的影響，為了建立史學的客觀性，上述新史學流派多以自然科學為模型，並反對史學與現實、史學與道德的關聯，也相當程度質疑了史家與時代的密切聯繫。近二、三十年來，經過社會科學、後現代主義史學等一波又一波新史學潮流洗禮之後，今天的史學工作者恐怕已經很久不想史學與現實的關聯這個問題了。如果各位問，我也必須承認，我可能提出的答案恐怕是很令人失望的。我反對為了遷就現實的需要而任意打扮筆下的歷史人物，我

32　黃印：《錫金識小錄》，收於無錫文獻叢刊編輯委員會編：《無錫文獻叢刊》第一輯（台北：無錫同鄉會，1972），〈(顧)序〉，頁3。

也認為扭曲的歷史不可能持久。陳寅恪的助手黃萱曾說陳氏的客觀徵實之史學是「存真理以為政治服務」，[33] 我覺得「為政治服務」稍嫌刺眼，我主張的是「存真實以關聯呼應現實」。

「關聯呼應」（correlation）是我從神學家保羅 ・ 田立克（Paul Tillich, 1886—1965）的《系統神學》（*Systematic Theology*）中學到的一個觀念。田立克的書中問了一個問題：如何在不扭曲神的信息的前提下，又使它能「關聯呼應」每一個時代的需要？當然，神學與史學性質不同，不可同日而語，不過如果能勉強借用，我想用它來說明，史學工作者一方面是發掘考察歷史真相，因為是真相，而不是扭曲的歷史，可以為現實提供有價值的養料。

如果有一位情報局長想了解敵人，他派出的探員中有一個人提供真相，有一個人提供迎合局長的假設或期望的信息，當然是前一個人提供的情報比較有價值。美國情報單位不斷迎合領袖而再三提到伊拉克存有「大規模毀滅性武器」的荒唐故事，正好說明我前面所提出的論點。同樣的，如果我們期待史家的研究成為我們時代的「啦啦隊」，所得到的將會是「大規模毀滅性武器」式的答案。

再回到「關聯呼應」這個問題上，我認為史學工作中的「二

33　黃萱：〈懷念陳寅恪教授 —— 在十四年工作中的點滴回憶〉，頁 34。

義性」即是一方面忠實建立史實，一方面「關聯呼應」時代的表述。一個關心時代的史學家是有可能將他的關懷、時代境遇與史學工作套疊在一起，成為一面三稜鏡，映照他所屬的時代。

最後且讓我以一段個人的告白來結束今天的演講。從我唸台大歷史系以來，以上的問題便始終困擾着我，在我寫《古史辨運動的興起：一個思想史的分析》時，[34] 事實上心中仍然想着這個問題，我希望自己將來對這個問題有更恰當的看法。

34 王汎森：《古史辨運動的興起：一個思想史的分析》（台北：允晨文化實業股份有限公司，1987）。

日文版《執拗的低音》序

拙著《執拗的低音》的書名是從已故丸山真男（Maruyama Masao, 1914—1996）教授的文章而來的，日文版的書名改為《近代中國思想裏執拗的低音》。該書是我於 2011 年在復旦大學文史研究院的光華講座的稿子，當時的院長是葛兆光教授。

這本書的中文版面世之後，我突然有一種莫名所以的想法，希望能有一個日文版，遂商之於一橋大學的佐藤仁史教授，承他俞允，開始了日文本版的翻譯工作，這件翻譯工作帶給佐藤教授很大的負擔，我深覺抱歉，也非常感謝。趁着日文本殺青有望之際動筆寫這篇序論，主要是想延伸討論本書中的三個主題，一是「風」與歷史解釋，二是歷史研究的任務之一是發掘歷史上各種「音調」，第三部分是史學如何幫助人們免於陷入將某些現象或價值「本質化」的誤區。

「風」是中國傳統文化中非常具有特色的概念，只要翻開辭典，「風土」、「風化」、「風水」、「風光」、「風向」、「風色」、「風味」、「風波」、「風度」、「風格」、「風氣」等字眼便撲面而來，足見「風」在中國歷史觀中是一個何等重要的觀念。我深知「風」這個概念仍嫌籠統，需要經過現代語言的轉換。但如何以現代語言、概念來描述「風」從形成到衰落的過程，是個艱難的課題，必須俟諸他日。

本書中主要是從歷史的角度談「風」，首先要引龔自珍（1792—1841）的《釋風》:「古人之世，倐而為今之世，今人之世，倐而為後之世，旋轉簸盪而不已，萬狀而無狀，萬形而無形，風之本義也有然。引申焉，假借焉，為起於蘋末之風，為怒於土囊之口之風，如昌闔、不周、明庶之風，非本義矣。客曰：從虫之義，可得聞乎？曰：不從虫，則余無以知之矣！」「天地至頑也，得倮虫而靈。天地至凝也，得倮虫而散。然而天地至老壽也，得倮虫而死，天地猶旋轉簸盪於虫，矧虫之自為旋轉而簸盪者哉？」[1]

「風」的成因及形成方式很多，我覺得這是一道非常複雜深厚的習題，或許應等搜集幾百個個案之後，才能較好地加以把握。大體而言，最初要有極力鼓吹一種「風」的個人或群體，通

1　龔自珍：〈釋風〉，《龔自珍全集》（上海：上海古籍出版社，1999），頁 128。

常這群人的態度是堅強而不容他人辯駁的，同時要有能「受風」之群眾，兩者互為因源，啄啐同時，不停交互旋轉而成「風」。最初，鼓吹者常常只是少數幾個人，一如清代葉夢珠在《閱世編》中所說：「士風之升降也，不知始自何人。大約一二人唱之，眾從而和之。和之者眾，遂成風俗，不可猝變。殆其變也，亦始於一、二人，而成於眾和。」[2]

在歷史上，往往有少數幾個現實地位不高的人，靠着幾篇文章或是幾次演講，而與一群群眾的關注相遇合，一圈圈擴大而形成一股風，甚至形成風捲殘雲之勢。在這裏我僅從明清二代舉出幾個例子。譬如明代古文運動，李夢陽（1472—1529）等人出身帝國的邊緣地區，而且當時李夢陽只是一介小小郎官，在眾人厭倦了台閣體，以及它所涵帶的一種平板、停滯，甚至令人感到窒息的風氣之時，靠着幾篇文章強烈鮮活的主張及文壇人脈，他們居然捲起一個萬人景從的復古運動，改變文壇及時代文化的氛圍。此即王世貞（1526—1590）為何景明（1483—1521）作序時所說的：「是二君子挾草莽，倡微言，非有父兄師友之素，而奪天下已嚮之利而自為德，於乎，難哉！」[3]

2　葉夢珠撰，來新夏點校：《閱世編》卷四（北京：中華書局，2007），頁 94。

3　王世貞：〈何大復集序〉，收於何景明著，李淑毅等點校：《何大復集》（河南：中州古籍出版社，1989），頁 4。

晚明竟陵文學家鍾惺（1574—1625）、譚元春（1586—1637）也是一樣。在錢謙益（1582—1664）看來，鍾、譚毫無學問，文章中有許多不通、矛盾的字句，以及錯誤、低俗可笑的經典註解。但他們標舉一種主張，選了《古詩歸》及《唐詩歸》表達一種鮮明強烈的宗旨。當時人們多少了解鍾、譚的文章有種不足，但人們厭倦了先後七子所帶出的肥賦詩風，認為他們帶領大家掙脫了原先的羈絆，帶出一種求新求奇的詩風。鍾、譚在晚明文化界，包括文學、思想等層面的實際影響非常之大。從許多不大為人所重視的文集都可以看到他們響應鍾、譚的情形，我將來會在別的地方討論到，此處不贅。

在清代中期，惠棟（1697—1758）以一個低級官員，靠幾篇考證文字而掀起反宋崇古的考證學風。我們在這裏並不評論惠棟的學術，只是想舉他作為例子說明，一旦幾篇文字能與「時風」和「眾勢」相遇合，即使惠棟當時實際地位不高也有機會掀起一代之「風」。

在「風」的形成過程中，「人」與整個時代的「時會」相合：在「時會」之中，個人成為它的「agent」，而「agent」與大環境因緣為用情形，一如朱熹（1130—1200）講「理」與「氣」的關係時所說的「人騎在馬上」，或是用黑格爾（Georg Wilhelm Friedrich Hegel, 1770—1831）的話，拿破崙（Napoléon Bonaparte, 1769—1821）是乘在馬上的「宇宙魂」。正如魯一士（Josiah Royce,

1855—1916）在《黑格爾學述》中所說的，在如此風潮澎湃之時，個人不可能與世無涉，而一方面是偉大的個人一呼萬應，另一方面「宇宙也用一種新的方法把它龐大的無人格的勢力強壓在個人身上，把個人當作工具使用。」[4]

「風」的第二種型式是由信息、輿論、價格等等帶動產生的。以下將以哈耶克（Friedrich August von Hayek, 1899—1992）的若干論點為例，哈耶克當然沒有「風」的概念，但我想借用他討論價格與人群的抉擇與經濟行為等問題的看法來探討「風」的形成。哈耶克這方面的討論很多，在這裏我主要是引用他的兩篇文章〈人類價值的三個淵源〉及〈作為一種發現過程的競爭〉。哈耶克認為：「文明的基本工具 —— 語言、道德、法律和貨幣 —— 都是自生自發之過程的結果，而不是設計的結果。」[5] 如果借用他的觀點來談「風」，則有些「風」的形成是無法規劃、設計的。沒有人能規劃眾人的經濟行為，人的經濟行為是在「價格」的驅動之下，調動分散的個人知識，在自身自發、偶然、競爭之中，由無數個人不同的動機與行為「耦合」而形成的。或是在價格的調動

4　魯一士著，賀麟譯：《黑格爾學述》（台北：商務印書館，1976）頁 52、147。

5　F. A. Hayek, "The Three Source of Human Values", *Law, Legislation and Liberty* (The University of Chicago Press, 1979), Vol.3, pp.153-176. 中譯本為馮・哈耶克著，鄧正來譯：〈人類價值的三個淵源〉，《作為一種發現過程的競爭 —— 哈耶克經濟學、歷史學論文集》（北京：首都經濟貿易大學出版社，2014），頁 209。

作用之下，無數個人在此價格之下所做的對個人最有利的經濟安排而自然形成的。哈耶克說：「價格的主要作用不是指導人們如何行為，而是做甚麼事」，它們「複合而成的複雜結構」，[6] 形成了「偶合秩序」。

哈耶克說：「（以）廣泛分散的信息為基礎，範圍廣大的社會勞動分工，完全是憑靠人們對那些源出於市場過程的非人格信號的運用而成為可能的」，[7]「競爭產生了一種非人力的強制，它迫使無數個人必須以一種任何刻意的指令或指示都不能促成的方式去調整他們的生活方式。」[8] 在價格體系下，個人以自己最佳的利益做出選擇，為每個人的選擇，「耦合」在一起，形成「自發秩序」，或是像我說的「風」一般。

哈耶克說：「我們乃是在無意識中，偶然進入這種經濟向度

6 F. A. Hayek, "Competitions as a Discovery Procedure", *New Studies: in Philosophy, Politics, Economics and the History of Ideas* (London: Routledge & Kegan Paul, 1982), pp.179-190. 中譯本為馮・哈耶克著，鄧正來譯：〈作為一種發現過程的競爭〉，《作為一種發現過程的競爭 —— 哈耶克經濟學、歷史學論文集》，頁 39。

7 F. A. Hayek, "The Three Source of Human Values", *Law, Legislation and Liberty.* 中譯本為馮・哈耶克，鄧正來譯：〈人類價值的三個淵源〉，《作為一種發現過程的競爭 —— 哈耶克經濟學、歷史學論文集》，頁 208。

8 F. A. Hayek, "Competitions as a Discovery Procedure", *New Studies: in Philosophy, Politics, Economics and the History of Ideas.* 中譯本為馮・哈耶克著，鄧正來譯：〈作為一種發現過程的競爭〉，《作為一種發現過程的競爭 —— 哈耶克經濟學、歷史學論文集》，頁 49。

的。」[9] 當然哈耶克偶而也提到少數個人促發重大變化的作用，他說：「只有當少數創意且有能力嘗試新方法的人能夠使眾人感到有必要效仿他們，並且同時又能夠為眾人指引方向的時候，風俗習慣才可能發生必要的變化。」

前面提到，哈耶克從未提到「風」之類的概念，但我把他的「自發秩序」之說挪過來解釋「風」的一種形成 —— 它是價格、信息、謠言，或是愛國、民族主義等，至少初看起來不是那麼人格性因素所形成的調動性力量，使得人們在它的影響之下為自己做選擇，如果眾多人的選擇產生「耦合」，便可能形成「風」。在講過兩種類型的「風」的形成之後，我想強調，這兩種型式雖然存在某種區分，但兩者之間往往也在過程中互相交纏，循環往復、互相反饋。

接着，我想強調一點：在人類歷史發展過程中，吸引人們跟着盤旋而起的通常都是一些「部分」性的東西。有時是一些思想、一些概念、一些措辭。有時是人們在某一時刻認為有價值的、美善的、渴望的，能彌補其空虛的東西，或是不景氣、低收入、災荒或對精英政治徹底失望等等所造成的，或者根本是一些偶然性

---

9 F. A. Hayek, "The Three Source of Human Values", *Law, Legislation and Liberty.* 中譯本為馮・哈耶克，鄧正來譯：〈人類價值的三個淵源〉，《作為一種發現過程的競爭 —— 哈耶克經濟學、歷史學論文集》，頁 211。

所造成的。其中有許多從後人的眼光看來恐怕是「荒唐無稽」，無法以合理的理由加以解釋的，譬如晉代人以牛為貴，捨馬而愛牛，風尚所在，實在不能知其所以然。[10] 它們不一定有智慧、合邏輯、平正通達、合於道德倫理、或合於傳統文化標準，也未必經得起嚴謹的知識檢證，有時候甚至不合於現實利益的算計 [11] 能夠吸收、調動成風的質素一直在變，舊的吸引人的質素可能在一段時間之後消失得無影無蹤，並被人們驚詫不已的新質素所取代。這正像龔自珍在〈釋風〉中所形容的「條而為」古，「條而為」今。

譬如，2019 年 6 月在里斯本召開的一個政治心理學研討會中，從事選舉調查的學者說，原來用以調查候選人被接受度的量表中測量指標需要大幅更換。以前的指標可能是長相、談吐、政見、遠景、專業素養等等，但他們發現在近年的選舉中這些指標測不準了。人們發現一個以前並未納入的指標：「真實性」（authenticity）更為關鍵。選民們現在在乎的是候選人是不是「真誠」、「真實」，是不是與我一樣、讓我感到舒服，證諸近十多年來，世界各地實然突現一大批並非最初預料所及的素人的政治領

10 金毓黻著，《金毓黻文集》編輯整理組校點：《靜晤室日記》（瀋陽：遼瀋書社，1993），頁 7414。

11 譬如在法國大革命的過程中，巴黎市民起着非常重要的作用，如今回頭去看，每每是一陣又一陣的「風」。

袖，則「真實性」作為一個重要的新指標顯然是有道理的。

接着我要談為甚麼要用「風」來補充歷史的思考。柳詒徵（1880—1956）在《國史要義》中注意到劉咸炘（1896—1932）的「觀史迹之風勢為史識」，認為專業史家經常侷限於事實始末的研究。柳詒徵認為史家除了要窮究「事實本末」之外，還要闡釋「史迹風勢」，他提醒我們歷史研究不只是事實的研究，還有更長遠、更複雜的「風勢」之變遷起落，史家要「察勢觀風」，要觀察一代風氣之形成及衰落，他認為這是培養史識的一種辦法。他又說劉咸炘標舉《禮記》中所說《尚書》的價值是「疏通知遠」，而「疏通知遠」即是「察勢觀風」的意思：一方面觀察事實之始末（入），同時察風氣之變遷（出），並找出每一代特具之「事象風氣」。[12]

此外，我以為「風」的觀念可以幫助我們稍稍從線性歷史觀的框架解脫出來，非線性地思考歷史事件之起落。譬如歷史發展「倏而為古之世，倏而為今之世」，「倏起倏落」的性質，也提醒我們注意當「風」旋轉簸盪之時，非定點之間的影響與傳遞，或不斷互為因果的關係。或提醒人們把握來回往復的，甚至是四面八方的運動形式，或把握到在語言之外，「非概念性」的因素的作用。或者用龔自珍的話說是「萬形而無形」，變化萬狀，甚至

12　以上見柳詒徵：《國史要義》，頁 108-109、118。

沒有固定型態、固定軌道、固定因果的人事活動所構成的歷史。或是弱者如何影響強者，後來者改變先行者，被殖民者的某些生活質素如何像風倒吹回去影響他們的殖民者，並改變殖民帝國的思想、文化等。

沒有人能限制天上大風，只能在某一個範圍內吹盪，在民主選舉中我們經常看到某個政治人物的聲勢暴升引起大風，盤旋不去時，如颶風吹向各地，即使他的名字不出現在其他地方的選票中，但大風所形成的「複合代理人形象」，會將他與當地某些候選人形象複合在一起，而成為隱形的投票對象。史學家如拘執於有形跡的證據，則未必能把握這類現象。

「風」，有小風，有大風，有一時之風，有綿延一代或數代的風。任何一個時代多有幾股競合無定的歷史力量(「風」)。而且在眾股力量中，如果剛好有一股「大風」正在冉冉旋起，人們不只應注意「大風」所帶來的直接影響，同時也應觀察與它糾纏的各股歷史力量相應產生的新變化。以上所舉，只是針對線性歷史因果觀所想到的幾個例子。

「風」是一道複雜的習題，有許許多多的問題值得探討，譬如在「風」中的個人的角色與行動；在「風」中的群眾、社會、文化處於甚麼地位？某種社會、政治、文化、經濟等背景如何支撐一種「風」？或甚麼社會、政治條件的變化使得某種「風」消逝得無影無蹤等等。

代結論：「真理使人得以自由」

（一）歷史研究在於發掘過去的各種「音調」

我一直認為歷史是很多強弱不同、位於不同層次的力量同時在往前跑，彼此間有競合關係，有的成為主流，有的成為潛流，有的從非主流以某種不盡相同的面目又成為主流。幾年前我曾替史語所的《古今論衡》寫了一篇短文，討論近世歷史中反對印刷以及希望大規模把書燒掉的言論，即是一例。我們以前看歷史一直是單線的，只寫印刷術勝利的一面，而忽略了在印刷術大行的時代，還是有不少人持不同意見。而且抄本跟印本每每不能截然分開，它們的流量在特定時期往往幾乎難分高下。所以我們採取只看印本的歷史作用而忽略抄本的態度，未必符合歷史的事實。

在本書中我提到一個例子，如果不注意歷史的過程中有好幾股處於不同層次的力量在競爭，便無法理解列根（Ronald Reagan，1911—2004，美國第四十任總統）為甚麼會當選總統。因為我們看一九六〇年代以來的美國思想往往只看到學生運動和激進團體的力量，忘了保守派也在那邊動員，在轉換形式，像擦火柴一樣點燃一片片乾草，只有把這些放入我們視野之後，才能多少解釋在經過六十年代激進運動狂烈的洗禮之後，保守的列根為何能在 1981 年當選總統。

我從來不認為歷史只是勝利的那一方，歷史上本來就不乏具有重大意義的失敗。而且如果沒有了解到歷史有多股力量在發展、競逐，的確很難理解若干歷史現象。

我談「執拗的低音」的另一個因緣，是在多年前生病時，意識到自己對宋明理學的「心體」的了解，都是依據百年來新派學者的看法，傾向認為沒有「心體」這個東西。可是後來我發現狀況未必如此，而開始進一步反思，反思近百年來激進與過度西化的思潮，如何影響我們對歷史的了解和認識。如果不重新反思，我們可能會將許多當代現象本質化，認為人類就是這個樣子，忘了還有其他可能性。

我把二十世紀過度受功利主義跟科學主義影響的對古代的歷史文化詮釋，比喻為具有特殊性格的情報局長。這些情報局長因為個性太獨斷，總期望派出去的情報員所帶回來的情報全部都符合他的預想。可是派遣情報員本來就是為了了解事情的真相，如果情報員只想呼應局長的想法，那麼為何還要千辛萬苦派人出去收集情報呢？研究歷史也是一樣，如果只是為了把過去的歷史打扮成現代人喜聞樂見的樣子，那還研究它作甚麼呢？

不過，近代有些舊派人物往往為了抵抗新派而走向另一個極端，我認為他們也有把另一個極端的說法加以本質化的危險。像錢穆（1895—1990）這樣了不起的大師，我有時也不免覺得他偶而也會有一種潛在的思路，好像只要跟近代西方完全相反的就是對的，就是純正中國古代的。無論如何，他們對近代西方功利主義和科學主義有很深入的反省與批判。[13]

我個人認為史學工作者的任務很多，其中有一個是發掘歷史中的各種音調（不只是低音），並釐清它們之間的層次，免得讀者誤以為一個時代只有一種單音，或只有一種主旋律。

（二）歷史是一種擴充心量之學

按照英國歷史學家卡爾（E. H. Carr, 1892—1982）的定義，歷史就是「過去與現在不間斷的對話」。歷史本來就不可能完全獨立於現實關懷。我常比喻歷史研究跟現實的關係，就像你拍打籃球，每次拍打在地上時，球體都要受到各種力量的影響而略有改變。

我覺得歷史意識對社會和個人都是很重要的資產。它使我們在考慮、反思與觀察事情時都可以有個縱深。但歷史意識並不容易定義，我傾向的定義之一是，「當一個人具備歷史意識時，在他的意識中，歷史上發生的事情跟他之間有處於同一個時代的感受」，所以必須衡量它、審度它，從中吸取教訓。如果歷史上發生的事情並沒有與我們產生「同時代」感，那跟我們就沒甚麼實際的關係了。如果歷史上某些東西成為思考的資源，形成同代

13　有些被認為是保守思想家的人物可能並不保守，像王國維其實受到西方或日本的影響，其實一點都不保守。王國維的好朋友孫德謙就曾經指出這一點。

感，我就稱這種意識的形成及狀態為「歷史意識」。

我正準備寫一本小冊子，主題大概是：「歷史是一種擴充心量之學」，[14] 因為我感覺到現代社會有重大的歷史意識危機。我在大學唸書時都還沒有這種危機感，那時候感覺過去的歷史與我們的生活是可以有同代感的，但現在感覺好像甚麼都不相干。「不相干」是很值得研究的問題，現在已經越來越難回答，歷史跟我們的社會到底有甚麼樣的關係。

現代人因為歷史意識不足，滿眼所見都只是當代，很容易把我們所處的這個環境、所看到的東西，當作是人類自然而然的東西，也就是把現狀本質化，忽略了人類歷史上其實有過多元、豐富的可能性。人類的經驗並不只有這一刻才是對的，或是只有這一刻才是最進步、最有價值的，過去可能也有我們可以取法的資源，而且未來也還會再改變。

我覺得歷史是一種負擔，也可以是一種解放。我所指的負擔就像尼采（Friedrich Wilhelm Nietzsche, 1844—1900）在《歷史對於人生的利弊》裏所批評的，但尼采批評的是德國歷史學家蘭克（Leopold von Ranke, 1795—1886）以來的歷史主義，將歷史片段化、碎片化，甚至跟現實脫節。其實，歷史有解放的功能。如果

14　編註：本書已出版，參見王汎森：《歷史是擴充心量之學》（北京：生活 · 讀書 · 新知三聯書店，2024）。

沒有打開歷史的視野，很可能就不知道「心」和「物」的二元分割其實是近一兩百年才從西方發展出來的。而將「心」「身」分開來討論本來就有極大的危險性。如果沒有歷史視野，就會將「心」和「身」二分當成是討論人的一種本質化的東西。

例如，二十一世紀強調的是自身利益（self-interest）與競爭，很多人都認為，這個觀點是來自於亞當・斯密（Adam Smith, 1723—1790）的《國富論》。可是阿瑪迪亞・森（Amartya Sen, 1933—）重新審視亞當・斯密的著作，就發現他所講的並沒有那麼厲害。他所討論的自身利益與競爭還在一定的範圍以內，是有分寸的。如果有此歷史意識，就不會本質化現狀，就不會以為拼命達到關鍵績效指標（KPI）才是我們現在唯一該走的路。

無論如何，我們都應該以多元、縱深的角度來看許多事情。對我來說，「回顧」本身也是一種解放。龔自珍的一篇短文提到：歷史是「大出入」—— 大的「出」跟「入」。意思就是說，你要進到歷史的內部，也要走到外部來看它。只有這樣，歷史才不會成為是一種負擔，並保持批判與靈活的觀察態度。例如，坦克車在第二次世界大戰以前是用來輔佐陸軍的。如果墨守前規，就只能相信它只有這個用途。可是第二次世界大戰時，德國竟將它們集結起來作為打擊的主力，原有的戰爭型態完全改變了。這就是既了解坦克車的歷史，又進行破壞性創新的實例。

以我個人的研究為例，我主要從事十五世紀以降到近代的思想史研究，我首先想了解到的是近世社會以及近代思想的形成，簡單地說，是甚麼造就了近代？是甚麼造就了我們今天的思想與生活？透過這些歷史研究，我也知道了這些形成過程中原本是有許多條路可走的，我們不應該把近代歷史中當令的勢力本質化，以為本來只有這條道路。

（三）真理使人得以自由

歷史學者要怎麼看待爭奪詮釋的問題？我認為統治者不可能永遠壓抑得住歷史真相。世新大學有一位傳播學教授的文章中曾經統計，在「二・二八」事件之後的幾十年，台灣的媒體與歷史課本中提到「二・二八」的次數非常之少。可是當有一天它暴衝出來的時候，就面臨很難收拾的局面。台灣那些年壓制記憶的政策是錯的，它錯失了和解的機會，即你充分了解我的歷史，我也充分了解你的歷史，並尋求互相諒解、尋求和諧的機會。和諧並不表示大家都要完全相同，而是應該儘量站在更高的基礎上，追尋互為主體的互動。

我覺得正確面對歷史的方法，是讓人們抒發、讓人們進行多元化的歷史書寫，同時在人群之間尋求了解與和解的可能性。就像晚清民初一些思想家認為，當時世界最強的國家是有民主有議會的國家。為甚麼？因為這些體制讓人們的意見得以表達出來，得以集各種人的聰明才智成為國家的力量。

《聖經》裏有一句話:「真理使人得以自由」(約翰福音 8:32)。我反對政府用權力壟斷歷史，就像國民黨說孫中山從頭到尾都居於領導地位，可是孫中山有很多年已經處在政治的邊緣。用政治的力量操弄歷史，一旦真相全部暴露，對統治會非常不利。

我們應該以民主、自由的思想作為歷史編纂的前提，就是所謂歷史要有「大出入」的「出」，出到外面看這些歷史，要有自由、平等和人權的原則，不應該走入任何一個極端，然後要有「入」，進入歷史研究的園地，講求如何寫好歷史。我基本上認為一個歷史工作者要抱持合乎理性的態度，要對自由民主有體認，任何事情都要有君子風度，要有不言自明的良善共識，準備包容更多的東西。

長遠來說，我相信《聖經》裏「真理使人得自由」那句話，蔡元培(1868—1940)就說過，做學問不要被意識形態或現實的功利所扭曲，只有真實的東西才能長遠地留下來。